에베소서 강해

그리스도인
어떻게 살 것인가

에베소서에서 만나는 승리의 비결

그리스도인 어떻게 살 것인가

the Ephesians

에베소서에서 만나는 승리의 비결   이승희 지음

익투스

추천사

　오늘날 우리가 잊고 살아가는 단어들이 있습니다. 승리, 감격, 환희, 기쁨 같은 단어들입니다. 세상 속에서 분투하며 사회를 변화시키기보다는 현실에 안주하는 생활에 익숙해져 있기 때문입니다. 그러나 그러한 삶은 성경이 가르치는 그리스도인의 삶이 아닙니다.

　저자는 이러한 현실을 아파하며 그동안 많은 그리스도인이 제대로 밟아보지 못한 믿음의 땅으로 우리를 부릅니다. 그곳은 평화로운 야유회가 열리는 곳이 아닙니다. 오히려 치열한 영적 전투가 벌어지고 있는 벌판입니다. 그러나 거기서 그리스도인은 위대한 승리를 경험하고 자신의 삶의 의미를 새롭게 발견하게 됩니다.

　이 책은 익숙해진 실패를 떨치고, 승리를 꿈꾸며 새롭게 도전하도록 부릅니다. 공허한 논쟁을 하며 시간을 허비하도록 부추기지 않습니다. 안일했던 삶을 버리고 주님을 위해 살도록 이끕니다. 때로는 군가처럼 힘찬 리듬으로 우리의 나태한 마음을 일깨우고, 때로는 따뜻한 격려로 우리의 낙심한 마음을 일으켜 세우며, 다시 복음을 위해 살 수 있도록 다독입니다.

독자들은 이 책을 통해 목회의 경험 속에서 우러나온 지혜로 이 시대의 성도들을 권면하는 저자의 신앙의 영향력을 느끼게 될 것입니다. 이 책은 스스로 치열한 삶의 현장에서 먼저 성경을 따라 살아가고자 분투하며, 성도들이 더욱 풍성하게 성경의 진리를 누리며 감격스러운 신앙생활을 하도록 돕는 저자의 모습을 엿보게 합니다. 삶에 대한 깊은 고민 없이는 영생에 대해 말할 수 없으며, 분투하는 삶에 대한 부담 없이는 영원한 안식에 대해 말할 수 없습니다.

그런 점에서 이 책은 신앙과 실제의 삶을 이어주는 적실성이 있습니다. 특히 본문 중간중간에 등장하는 적절한 예화는 독서의 속도와 몰입도를 높여줍니다. 더욱이 성경에 대한 풍부한 해설과 우리의 현실에 대한 저자의 넓은 이해는 승리의 감격이 있는 삶으로 나아가고자 하는 의지를 북돋우기에 충분합니다. 많은 성도들이 이 책을 읽고 새로운 삶에 대한 희망과 용기를 얻게 되기를 바랍니다.

김남준 목사 _열린교회

추천사

그리스도인이라면 누구나 강단에서 말씀이 샘처럼 솟아나는 교회를 사모하고 꿈꿀 것입니다. 칼빈에게 참된 교회의 첫 번째 표식은 말씀이 바르게 선포되는 교회였습니다. 이 책의 저자도 동일한 철학을 갖고 있는 것으로 여겨지는데, 그것은 "교회는 말씀이 풍성해야 교회답습니다"라는 저자의 말에서 확인할 수 있습니다. 이 한마디 속에 저자의 교회관과 목회 철학이 잘 담겨져 있습니다.

이 책은 에베소서를 강해하거나 배우기를 원하는 모든 사람에게 많은 유익과 도전을 줄 것이라고 확신합니다. 삶의 경험과 목회 경험, 본문의 역사적 배경과 정확한 의미 파악, 삶의 적용에 이르기까지 많은 것이 한 권의 책에 풍성하게 녹아져 있습니다. 이 책은 몇 가지 점에서 에베소서 연구의 중요한 안내서가 될 것입니다.

첫째, 성경 원문에 대한 이해가 깊고 분명합니다. 저자는 원어의 의미를 깊이 연구하고 그 의미를 메시지로 승화시키는 탁월한 안목을 갖고 있습니다. 설교할 때 원어를 깊이 연구하고 살피는 일은 쉽지 않습니다. 원어의 의미를 정확하게 파악하는 것은 원어에 대한 훈련이 선행되지 않으면 힘든 일입니다.

둘째, 성경 본문에 충실합니다. 저자는 성경 본문의 의미가 무엇이며, 오늘을 살고 있는 우리에게 주는 메시지가 무엇인지를 잘 제시하고 있습니다. 뛰어난 본문 해석은 성경을 영감된 하나님의 살아 있는 말씀으로 믿는 바른 성경관, 성경 애독, 성경 해석 방법론의 훈련이 요구되는 어려운 작업입니다.

셋째, 신학이 있는 메시지입니다. 저자는 장로교 목회자로서 개혁주의 신학이라는 분명한 기준을 가지고 성경 본문을 해석하고 적용을 이끌어냅니다. 때로는 자유주의 신학자들의 잘못된 성경 해석이나 성경관, 신학을 비판하는 것도 주저하지 않습니다.

넷째, 무엇보다 쉽고 간결하여 내용이 잘 전달됩니다. 언어는 표현과 의미 전달이 생명입니다. 에베소서 강해는 자칫 신학적으로 어렵고 진부해질 수 있는데, 이 책은 전혀 그렇지 않습니다. 문장이 매우 간결하고 읽기 쉬운데다 삶의 적용도 뛰어납니다.

이 책이 단순히 한 권의 설교집이 아닌 목회자와 평신도 모두에게 성경에 대한 안목과 통찰력을 제공함으로써 한국 교회의 강단을 한 차원 더 높여주고 풍요롭게 만들어줄 것이라고 생각합니다. 종교개혁 501주년을 맞는 이 중요한 시점에 한국 교회 안에 다시 말씀으로 돌아가는 진정한 말씀 운동이 일어나길 간절히 소망합니다.

박용규 교수 _총신 신대원

저자 서문

러디어드 키플링(Joseph Rudyard Kipling)이 쓴 『정글북』은 늑대소년을 모티브로 합니다. 그런데 간혹 실제로 이런 일이 벌어져 놀라기도 합니다. 어린 시절 밀림에 버려져 동물 무리와 살다가 뒤늦게 구조된 사람들의 이야기입니다. 이들에게 문명 사회의 삶은 낯설고 불편할 뿐입니다. 인간으로 태어났지만 인간임을 알지 못하고 마땅히 누리며 살도록 주어진 능력이 있음도 몰랐습니다. 그로 인해 주어진 것을 누리지 못하고 발전할 가능성도 차단되어버렸습니다.

이러한 비극이 그리스도인들에게도 벌어지고 있습니다. 하나님의 놀라운 은혜와 사랑으로 주님의 자녀가 되었지만 세상 사람들과 별반 다를 바 없이 성도로서의 정체성과 기쁨을 잊어버린 채 살고 있는 성도들이 많습니다. 자신이 어떻게 구원받았고 하나님으로부터 어떤 은혜의 선물이 주어졌는지, 성도로서 누릴 수 있는 특권이 무엇인지 알지 못한 채 살아가고 있는 것입니다.

에베소서를 통해 그리스도인으로서 정체성을 바로 세워나가고 싶다는 간절함으로 이 책을 출간하게 되었습니다. 에베소서는 바울 신학의 핵심이 잘 나타나 있는 서신서입니다. 로마서가 성도들이 반드시 알아야 하는 구원의 과정을 다루는 신앙의 정수라고 한다면, 에베소서는 교회 된 성도들이 알고 누려야 하는 핵심을 정리한 신앙의 주석입니다. 에베소서를 믿음의 표준으로 삼는다면 건강한 그리스도인이 될 수 있을 것입니다.

바울은 성도들이 훈련된 영적 군사가 되기를 원했습니다. 오늘날도 예외는 아닙니다. 혼탁한 시대에 영적 분별력을 갖춘 사람, 하나님의 부르심에 합당한 사람, 전신 갑주를 입고 영적 싸움을 승리로 이끌 사람을 하나님은 찾으십니다. 에베소서는 그러한 하나님의 사람을 만들어주는 도구로 사용되어 성도들이 방향성을 찾게 할 것입니다.

이 책을 대하는 모든 그리스도인의 정체성이 확립되어 날마다 기쁨이 넘치는 삶을 살고, 온전한 그리스도인의 정병으로 세상이라는 영적 싸움터에서 날마다 승리의 깃발을 꽂을 수 있기를 기도합니다.

마지막으로 기도와 말씀의 원천인 반야월교회 성도님들께 감사를 전하며, 부족한 글을 정성스럽게 책으로 출간해주신 총회 익투스 출판사 여러분의 노고에도 깊이 감사를 드립니다. 이 모든 영광을 하나님께 올립니다.

2018년 10월

이승희

Contents

04   추천사
08   저자 서문

1부
놀라우신 구원사역

14   1. 그리스도인의 정체성 (1:1~2)
24   2. 찬송하리로다 하나님의 사랑을 (1:3~6)
34   3. 찬송하리로다 예수님의 은혜를 (1:7~12)
44   4. 찬송하리로다 성령님의 역사를 (1:13~14)

2부
그리스도인의 자화상

56   5. 주님의 몸인 공동체 (1:15~23)
66   6. 능력 있는 생활 (1:19~23)
76   7. 그때는 죽었고 지금은 살아 있다 (2:1~10)
86   8. 걸작 인생 (2:7~10)
96   9. 담을 허물고 한 몸이 되라 (2:11~22)

3부

은혜의 풍성함과 교회

108   10. 함께 지어져 가는 우리 (2:20~22)

118   11. 하나님의 은혜의 경륜 (3:1~13)

128   12. 하나님의 풍성함으로 채우라 (3:14~21)

138   13. 하나 됨을 힘써 지키라 (4:1~6)

148   14. 하늘의 선물인 은사 (4:7~16)

4부

다시 쓰는 천로역정

160   15. 옛사람을 벗어버리라 (4:17~22)

170   16. 새사람을 입으라 (4:22~32)

180   17. 하나님을 본받는 사람 (5:1~7)

190   18. 빛의 자녀들 (5:8~14)

200   19. 지혜로운 인생 관리 (5:15~21)

Contents

5부
새사람의 실천 원리

- 212 20. 새사람 아내 (5:22~24)
- 222 21. 새사람 남편 (5:25~33)
- 232 22. 새사람 자녀 (6:1~3)
- 242 23. 새사람 부모 (6:4)
- 252 24. 새사람의 일터 (6:5~9)

6부
영적 전투를 위한 전신 갑주

- 264 25. 영적 전투 준비 (6:10~11)
- 274 26. 영적 전투 자세 (6:12~13)
- 284 27. 전신 갑주의 방어 (6:14~17)
- 294 28. 전신 갑주의 승리 (6:14~17)
- 304 29. 영적 군사의 간구 (6:18)
- 314 30. 영적 군사의 도고 (6:18~24)

1부
놀라우신 구원사역

1. 그리스도인의 정체성(1:1~2) • 14
2. 찬송하리로다 하나님의 사랑을(1:3~6) • 24
3. 찬송하리로다 예수님의 은혜를(1:7~12) • 34
4. 찬송하리로다 성령님의 역사를(1:13~14) • 44

1
그리스도인의 정체성
엡 1:1~2

—

하나님의 뜻으로 말미암아
그리스도 예수의 사도 된 바울은
에베소에 있는 성도들과
그리스도 예수 안에 있는 신실한 자들에게
편지하노니 하나님 우리 아버지와
주 예수 그리스도로부터 은혜와 평강이
너희에게 있을지어다

(엡 1:1~2)

궁극적 질문

우리의 인생은 자의식에 달려 있습니다. 신앙생활도 마찬가지입니다. 똑같은 신앙생활을 해도 기쁨과 소망 가운데 거하는 사람이 있는가 하면, 비관적이고 절망적인 생활을 하는 사람도 있습니다. 이 모든 것이 자의식 때문입니다. 그래서 나 자신을 잘 이해하는 것이 매우 중요합니다.

에베소서는 바로 이런 문제에 대한 진리를 우리에게 전해줍니다. 에베소서 전체가 '나는 누구인가, 그리스도인은 누구인가'라는 물음에 대한 답변입니다. 이 물음은 인생의 궁극적인 질문이기도 합니다.

프린스턴 신학교 교장이었던 존 매케이 목사는 "내 인생이 이 자리에 이러한 모습으로 있게 된 것은 에베소서 덕분이다"라고 말했습니다. 신학자 윌리엄 바클레이는 "인간이 쓴 글 가운데 가장 아름답고 귀한 것 하나를 뽑으라면 나는 주저함 없이 에베소서를 뽑겠다"라고 했습니다. 종교개혁자 존 칼빈 역시 에베소서를 자신이 가장 사랑하는 성경이라고 언급했습니다.

사람답게 사는 법, 그리스도인으로서 사는 법을 분명하게 인식하는 것은 우리에게 매우 중요한 일입니다. 에베소서는 바로 그러한 내용을 담고 있으므로 이들의 말은 결코 과장이 아닐 것입니다. 따라서 유대 격언처럼 자신의 옷을 팔아 책을 사는 간절한 마음으로 에베소서를 묵상해야 합니다.

아데미 문화 가운데 사는 법

먼저 에베소서의 배경을 이해하는 것이 중요합니다. 에베소서는 바울이 에베소(Ephesus)에 보낸 편지입니다. 에베소는 고대 그리스의 항구 도시로 해변을 따라 배들이 정박했다가 떠나는 지리적 요충지였습니다. 사통팔달로 교통이 좋은 에베소는 무역이 왕성하여 사람들의 왕래가 많은 부유한 도시였습니다.

또한 에베소에는 고대 7대 불가사의 중 하나로 여겨지는 아데미 신전이 있었습니다. 현재는 기둥만 몇 개 남아 있는데, 그 크기를 가늠해볼 때 당시에 얼마나 웅장했는지를 짐작할 수 있습니다. 아데미(Artemis)는 달의 여신, 사냥의 여신으로 로마 사람들은 디아나(Diana)라고 불렀습니다. 아데미 여신의 신상 모습을 보면 가슴이 여럿 있는데, 이는 다산(多産)과 풍요를 상징하는 것으로 사람들에게 인기가 많았습니다. 예나 지금이나 풍요와 다산, 부요는 모든 사람들이 가장 원하는 것입니다. 아데미 여신이 얼마나 중요했는지를 알 수 있습니다.

에베소는 이렇게 무역과 종교의 도시로, 무역을 하려는 사람과 신전을 구경하고 경배하려는 사람들로 가득했습니다. 물질과 풍요의 집합체인 에베소는 자연스럽게 성적으로도 문란한 환락의 도시가 되었습니다. 당시 에베소는 이미 수세식 화장실을 사용할 정도로 발달해 있었고 공중 목욕탕, 도서관, 지하 터널 같은 문명을 누렸을 뿐만 아니라 매춘도 성행했습니다. 매춘하는 장소에는 돌에 발바닥 크기를 그려놓고 발 크기가 맞는 성인은 자유롭게 출입하도록 합법적인 운영을 했습니다. 이런 것을 통해 우리는 이들의 일상생활이 어떠했는지를 엿볼 수 있습니다.

이러한 문화 속에서 함께 살아야 했던 그리스도인들에게는 무엇이 가장 절실히 필요했을까요? 에베소에 사는 그리스도인은 자신이 세상 사람들과 무엇이 다른지, 어떻게 사는 것이 하나님을 믿는 자답게 사는 것인지를 아는 것이 가장 중요했습니다. 우리도 마찬가지입니다. 자신이 누구인지를 알고, 세상 가운데 하나님의 백성으로서 정체성을 갖고 사는 것이 가장 중요한 갈망이 되어야 합니다.

폐허로 남을 것인가

오늘날 터키의 '에베소' 지역을 방문하면 찬란했던 도시의 모습은 사라지고 폐허만이 관광객들을 맞이하고 있습니다. 그런데 모습만 폐허가 아니라 터키는 현재 기독교와 거리가 먼 나라가 되었습니다. 여기서 우리는 현재 신앙의 모습은 현재만이 아니라 미래의 것이라는 사실을 알 수 있습니다. 그리스도인의 정체성이 지금 분명하지 않으면 여러 세대를 거쳐서 결국 기독교와는 먼 곳으로 나아가게 됩니다. 우리가 누구인지를 잘 가르치지 않으면 결국 다 무너지게 되는 법입니다.

정체성은 매우 중요합니다. 이스라엘의 유대인들은 정체성 교육만은 매우 잘했습니다. 그들은 오랫동안 땅을 잃고 방황했지만 타국에

흩어져 있어도 정체성을 확고하게 유지하여 오늘날 무시하지 못할 강한 나라로 인정받고 있습니다. 그들은 수시로 영성 훈련을 통해 정신 무장을 합니다. 젊은이들에게 '너희는 유대인이다, 너희는 선민이다'라는 민족적 정체성을 강하게 불어넣어 줍니다. 그 결과로 오늘날 이들이 전 세계의 정치와 경제를 쥐락펴락하고 있습니다.

자녀들을 잘 먹이고, 잘 입히고, 좋은 곳에서 살게 하는 것은 중요합니다. 그런데 여기서 멈추면 안 됩니다. 이것보다 더 중요하고 우선인 것은 '너는 그리스도인이다'라는 생각을 확고하게 심어주는 것입니다. 우리가 하나님의 백성이요 주의 자녀라는 사실을 굳게 심어 주어야 합니다. 아데미 문화 가운데 스러져가기 쉬운 오늘날에도 에베소서를 통해 우리 자신부터 영적으로 무장해야 합니다.

성인의 후광은 보이지 않아도

"하나님의 뜻으로 말미암아 그리스도 예수의 사도 된 바울은 에베소에 있는 성도들과 그리스도 예수 안에 있는 신실한 자들에게 편지하노니"(엡 1:1).

바울은 에베소에 있는 그리스도인들을 '성도'라고 부르고 있습니다. 이것은 에베소에 사는 그리스도인들을 말하기도 하고 에베소 교회 교인들을 지칭하기도 합니다. 그런데 '성도'라는 단어를 그냥 읽으면 아무런 감동이 없습니다. 영어로는 '세인츠(saints)'로서 '성인들', '성자들'입니다. 성인이라는 말은 아무에게나 쓰는 말이 아닙니다. 마더

테레사처럼 자신을 온전히 희생하며 사는 사람이나 위인에게 사용하는 단어입니다. 성인들의 그림에는 대체로 머리에 후광이 그려져 있는데, 이는 그들이 보통 사람이 아니라는 점을 나타냅니다.

17세기에 제임스 마틴이라는 신부는 성인이 되는 열 가지 기준을 제시했습니다. 가톨릭 신자로서 죽은 이후에 보편적으로 존경을 받고, 조사를 통해 그럴 만한 인물임을 입증할 수 있어야 하며, 바티칸에 보고를 할 때도 이 인물과 관련한 기적이 있어야 합니다. 이렇듯 까다로운 과정을 거쳐 성인으로 지정되기에 사람들에게 성인이라는 이미지는 아주 위대하게 인식됩니다.

그런데 성경은 다릅니다. 예수 그리스도 안에 있으면 모두가 성인이라고 선포합니다. 사람들에 의해 만들어지거나 돈을 투자하여 조사해서 성립하는 것이 아니라 예수 그리스도 안에 있으면 성도라고 말합니다. 하나님께서는 우리의 신분을 성인으로, 성도로 여기십니다. 우리 자신은 그렇게 생각하기 힘든데, 하나님께서 그렇게 여겨주신다는 것입니다.

예전에 권사님들과 영정 사진으로 쓰기 위해 찍은 사진 뒤에 후광 동그라미를 크게 하나 그리자고 대화를 한 적이 있습니다. 우스갯소리지만 우리 그리스도인들에게는 이러한 자존 의식이 필요합니다. 우리는 물론 죄를 지은 허물 많은 인생입니다. 돌아보면 얼마나 후회스럽고 부끄러운 인생인지 말로 다할 수 없습니다. 요한일서 1장 8절에서는 "만일 우리가 죄가 없다고 말하면 스스로 속이고 또 진리가 우리 속에 있지 아니할 것이요"라고 말씀합니다. 우리의 실제 모습은 연약하기 그지없습니다. 그럼에도 불구하고 하나님께서 귀하게 여기신 우리의 신분은 바뀌지 않습니다. 우리가 완벽해서 아버지가 되고, 완벽해서 어머니가 되는 것이 아닙니다. 아버지가 되었기에 온전한 아버지가 되려고 노력하고, 어머니가 되었기에 어머니 역할을 제대로 하려고 애쓰는 것입니다. 이처럼 하나님께서는 먼저 우리를 성인으로 인정해주시고, 그러한 삶을 살기를 바라십니다.

두 주소를 갖고 있는 사람

에베소서는 우리를 "그리스도 예수 안에 있는 신실한 자"라고 밝힙니다. 그런데 여기에서 "에베소에 있는 성도들"이라고 쓸 때와 똑같은 '엔(év)'을 사용합니다. 하나는 공간적인 현주소를, 또 하나는 실존적인 현주소를 말하는 것입니다. 공간적으로 에베소에 있는 성도들인 동시에 예수 그리스도 안에 있는 자들이라는 것입니다.

우리 역시 두 차원의 현주소를 갖고 있습니다. 내가 사는 지역의 주소와 나의 본질인 '그리스도 예수 안에'라는 번지입니다. 만약 우리의 주소가 사는 동네 주소만이라면 우리가 처한 상황과 조건, 환경을 뛰어넘지 못할 것입니다. 삶의 자리가 아프면 아파야 하고, 가난하면 비참하기만 할 것입니다. 그러나 우리에게는 환경과 조건을 뛰어넘는 또 하나의 주소가 있습니다. 바로 '그리스도 예수 안에'라는 주소입니다. 모든 일을 뛰어넘고 극복할 수 있다는 말입니다.

사도 바울이 말하듯이 "우리가 사방으로 욱여쌈을 당하여도 싸이지 아니하며 답답한 일을 당하여도 낙심하지 아니"(고후 4:8)할 수 있는 이유, 두려워하지 않을 수 있는 이유는 바로 예수님 안에 있다는 것입니다. 이 땅에서의 삶이 힘들어도 예수 안에 있다면 서울에 있든, 대구에 있든, 또 다른 어떤 나라에 있더라도 나는 지역을 뛰어넘는 하나님의 은혜 가운데 있는 것입니다.

미군 부대의 캠프가 전 세계 여러 곳에 있습니다. 그런데 그들은 그 나라 법의 지배를 받지 않고 자신의 나라인 미국 법의 지배를 받습니다. 마찬가지로 에베소에 사는 그리스도인들은 그리스도 예수 안에 있는 주님의 통치 아래 사는 자들입니다. 그리고 우리 역시 현실적인 환경과 조건을 초월할 수 있는 능력을 부여받은 사람입니다. 에베소에 살지만 그리스도 예수 안에서 하나님 나라를 누리는 자들처럼, 우리 역시 주님 안에서 그리스도의 왕국 백성으로 살아야 합니다. 미군이 전 세계에서 본국의 법과 명절을 지키듯이 그리스도인은 이 땅에서 그리스도의 문화를 가지고 살아야 합니다. 그래서 우리는 "초막이나 궁궐이나 내 주 예수 모신 곳이 그 어디나 하늘나라"(찬송가 438장)라고 찬양할 수 있는 것입니다. 이 사실을 망각하고 산다면 참으로 슬픈 일입니다. 이것을 잊어버리면 우리는 탄식하고, 때로는 절망하며 살 수밖에 없습니다.

사도 바울은 기쁨의 원천을 확고하게 세웠습니다. 그는 에베소서뿐 아니라 빌립보서의 말씀을 통해서도 이것을 확증해줍니다.

"그러면 무엇이냐 겉치레로 하나 참으로 하나 무슨 방도로 하든지 전파되는 것은 그리스도니 이로써 나는 기뻐하고 또한 기뻐하리라"(빌 1:18).

바울은 억울하게 감옥에 갇혀 있습니다. 그런데 평소에 바울을 시기하던 사람들 중 어떤 이들이 바울을 흉내내어 복음을 증거합니다. 그들의 모습은 순수한 마음에서 비롯된 것이라기보다는 바울을 화나게 하는 모양새입니다. 그런데도 바울은 기뻐합니다. 만약 바울이 지리적인 현주소만 생각하고 있다면 속이 뒤집히는 일이었을 것입니다. 그러나 바울은 그리스도 예수 안에 있음을 믿습니다. 그래서 그 모든 것을 초월하고 진심으로 기뻐할 수 있었습니다.

"주 안에서 항상 기뻐하라 내가 다시 말하노니 기뻐하라"(빌 4:4).

상황을 역전시키는 위대한 비밀

'그리스도 안에(ἐν Χριστός)' 있다는 것은 상황을 역전시키는 위대한 비밀입니다. 나는 약하고 부족하지만 나와 함께 있는 예수 그리스도 때문에 모든 것을 할 수 있다는 자신감을 얻게 됩니다(빌 4:13). 우리는 세상에서 좀더 당당해져야 합니다. 세상에 줄을 대고 자존심을 굽히며 어떻게든 잘살아보려고 하는 모든 행위를 중단해야 합니다. 입술에서 절망과 탄식의 소리만 나오는 생활을 중단해야 합니다. 우리는 에베소에 있으나 그리스도 예수 안에 있습니다. 예수 그리스도 안에 있는 자들은 예수 안에 있는 모든 유익한 것들을 누리게 됩니다.

"하나님 우리 아버지와 주 예수 그리스도로부터 은혜와 평강이 너희에게 있을지어다"(엡 1:2).

'은혜(χάρις)'의 원 의미는 '사람들 중에 복리를 가져다주는 것'입니다. 하나님에게서 복의 산물들이 쏟아져 나옵니다. '평강(εἰρήνη)'은 평화로서, 전쟁의 종식입니다. 여기저기서 포탄이 날아다니고 굉음이 들리고 사람들이 죽어나가는 아비규환의 현장에서 갑자기 포성과 굉음이 종결된 상태를 의미합니다. 삶은 전쟁터인데 그 전쟁이 중지되는 것은 얼마나 큰 사건입니까? 이러한 평강이 하나님에게서 온다는 것입니다. 세상은 평강을 줄 수 없습니다. 오늘 내 편이 되어주던 사람이 내일 뒤통수를 칠 수 있습니다. 또 세상의 유익들이 내게로 흘러들어오던 파이프라인이 갑자기 터지거나 막힐 수도 있습니다. 그런데 하나님에게서 오는 은혜와 평강의 파이프라인은 막히거나 터지는 법이 없습니다. 우리에게 사도 바울이 에베소서 서두에서부터 가장 먼저 알려주고 싶은 진리가 바로 이 특권과 은혜입니다.

2
찬송하리로다
하나님의 사랑을
엡 1:3~6

―

찬송하리로다
하나님 곧 우리 주 예수 그리스도의
아버지께서 그리스도 안에서
하늘에 속한 모든 신령한 복을
우리에게 주시되
(엡 1:3)

하나님의 복이 그리스도인에게 주어집니다. 그런데 그 복을 사도 바울은 "하늘에 속한 모든 신령한 복"(3절)이라고 말씀합니다. 성경은 땅에 속한 복과 하늘에 속한 복을 구분 짓습니다. 에베소서 원문에는 1장 3~14절까지 쉼표도 없는 하나의 문장으로 되어 있습니다. 인사를 마치자마자 숨 막히게 중요한 것을 전달하려는 바울의 흥분된 마음이 여기에 담겨 있습니다. 그것은 바로 땅의 복과 차원이 다른 하늘의 복이 있는데, 우리가 그것을 이미 받았음을 알기 원한다는 것입니다. 이 복은 삼위일체 하나님께서 주신 것입니다. 우리는 이것을 각각 나누어 살펴봐야 합니다. 먼저 성부 하나님이 주신 복으로 우리를 '선택'하신 은혜의 복입니다.

황홀한 하늘의 복

"곧 창세 전에 그리스도 안에서 우리를 택하사"(엡 1:4).

선택은 남다른 구별과 대우를 의미합니다. 따라서 선택 자체가 특별한 은혜입니다. 하나님께서 우리를 선택하셨다는 사실에 우리가 받는 모든 은혜가 함축되어 있습니다. 우리는 하나님의 택함을 받아 신앙을 갖게 되었고 예배를 드리는 구별된 인생을 살게 되었습니다. 선택은 구원뿐 아니라 우리가 이 땅에서 누리는 최고의 복입니다. 사실 이 중요한 '선택의 교리'는 많은 신학적인 논쟁의 중심에 있습니다. 이 교리를 중심으로 많은 교파가 나뉘었고 심지어 이단들도 생겨났습니다. 하지만 성경은 분명하게 하나님께서 우리를 선택하셨다고 증거하며, 그것은 논쟁이나 어려운 짐이 아니라 우리에게 복이라고 확언합니다.

우리가 하나님의 사람으로 새 삶을 사는 첫 번째 출발점이 바로 하나님의 선택입니다. 선택의 복에서부터 시작됩니다. 선택하셨기에 우리의 믿음의 삶이 시작될 수 있었고, 선택되었기에 하나님과의 관계가 형성될 수 있었습니다. 그래서 선택의 진리를 자세히 살펴보는 것이 중요합니다.

찾아와 주시는 복

선택의 주체는 하나님입니다. 하나님이 선택하셨습니다. 그래서 우리의 감사와 찬송의 대상은 하나님이어야 합니다. 인간이 하나님을 선택했다고 가르치는 말씀은 성경 어디에서도 찾아볼 수 없습니다. "너희가 나를 택한 것이 아니요 내가 너희를 택하여 세웠나니 이는 너희로 가서 열매를 맺게 하고 또 너희 열매가 항상 있게 하여 내 이름으로 아버지께 무엇을 구하든지 다 받게 하려 함이라"(요 15:16).

우리는 본질적으로 하나님을 추구하고 선택할 능력이 없는 자들입니다. 우리가 하나님을 선택하지 않으니 당연히 우리는 하나님과 아무런 관련이 없는 자들이었습니다. 로마서 3장 11~12절의 말씀처럼 인간 중에 누구도 "깨닫는 자도 없고 하나님을 찾는 자도 없고 다 치우쳐 함께 무익하게 되고 선을 행하는 자는 없나니 하나도 없기" 때문입니다.

본질적으로 죄인인 인간은 스스로 하나님을 찾을 만한 능력도, 지식도 없습니다. 전적으로 부패한 존재이고 전적으로 무능력합니다. 이것이 인간의 근본입니다. 어떤 일부분이 타락한 것이 아니라 우리의 전부가 부패했기 때문에 스스로는 하나님을 찾지도, 부르지도 않습니다. 그래서 우리를 구원하기 위해 하나님께서 직접 찾아와 우리를 선택하셨습니다. 선택은 차별성과 구별을 전제로 합니다. 따라서 선택받은 자는 무한한 복을 받은 자입니다. 그러니 선택의 은혜를 누리는 자는 이 특별한 은혜로 인해 하나님께 찬송을 드릴 수밖에 없습니다.

땅만 쳐다본다면

에베소 교인들은 눈에 보이는 땅의 복만을 바라보고 있습니다. 그러나 바울은 그들이 하늘의 복을 알기를 바라며 그것이 바로 신령한 복, 선택이라는 점을 밝힙니다. 이것은 우리에게도 동일합니다. 우리도 복이라고 하면 전부 땅에 있는 것들을 말합니다. 좀더 잘 먹고, 잘 입고, 좀더 많이 가지고, 남들보다 뛰어난 것을 복이라고 생각합니다. 그래서 이것을 가진 사람들은 으스대고 살아갑니다.

그런데 많은 사람들이 이러한 복을 누리지 못합니다. 신앙인들도 이런 것들이 없을 때 비참해 합니다. 좀더 갖지 못하고, 더 많이 배우지 못하고, 남들보다 더 아름답지 못하면 복이 없다고 생각해서 우울해하고 낙심하고 스스로를 비하하며 살아갑니다. 그러나 성경은

'아니다, 하늘의 복을 주목하라. 하나님께서 너희를 선택하셨다'라고 말씀합니다.

땅의 세계는 우리에게 소중합니다. 삶의 터전이기 때문입니다. 그러나 세상은 땅만으로 이루어진 것이 아닙니다. 더 분명한 하늘의 실체가 있습니다. 영적인 세계가 있습니다. 그래서 땅의 것이 전부인 양 생각해서는 안 됩니다. 하늘에 속한 은혜, 하나님께서 우리를 인정하고 선택해주셨다는 사실을 언제나 기억해야 합니다.

선택에 담겨진 비밀들

하나님께서는 우리를 "창세 전"(4절)에 선택하셨습니다. 창세(創世)라는 말의 원어에는 세상을 뜻하는 단어인 '코스모스(κόσμος)' 앞에 '카타볼레(καταβολη)'라는 단어가 있습니다. '카타볼레'는 농부가 씨를 뿌리는 것을 말합니다. 즉 "창세 전"이란 땅에 씨를 뿌리기 전이라는 말입니다.

씨가 뿌려져야 수확을 기대할 수 있습니다. 그런데 씨 자체가 없는 상태에서 뭔가 이루어졌다는 것입니다. 하나님께서 나의 씨가 뿌려지기도 전에, 내 형질이 갖추어지기도 전에, 내가 어떤 사람이고 어떤 능력을 가졌는지에 대한 조건이 있기도 전에 나를 선택하셨다는 것입니다. 이는 무조건적인 선택을 의미합니다. 이것은 인간의 생각을 뛰어넘는 차원의 이야기이기에 많은 의혹을 일으킵니다. 어떤 됨됨이를 보지 않고 누구는 선택하고 누구는 선택하지 않았다는 것인데, 그것이 과연 공평한지 의문을 갖게 합니다. 어떤 사람은 어차피 선택되고 안 되고는 하나님께 달려 있으니 아무렇게나 살아도 된다고 생각하기도 합니다.

하지만 이것은 하나님의 크신 은혜를 바라보지 않고 좁디좁은 인간의 생각으로 판단하는 잘못을 범하는 것입니다. 마치 맛있는 밥을 한 그릇 주면 감사히 먹어야 하는데, 젓가락으로 휘저으며 그 속에 돌이 있나 없나를 먼저 살피는 것과 같습니다. 사람들은 자신이 완벽하게 이해하지 못하는 진리는 은혜로 받지 않고 논쟁거리로 여기는 경향이 있습니다. 선택의 신비는 머리로 이해하는 것이 아니라 가슴으로 찬양하는 것이어야 합니다.

바울은 에베소 교인들에게 "그리스도 안에" 있는 자들은 하나님의 선택을 받은 자들인데, 그 선택은 우리의 행위나 능력으로 된 것이 아니라 은혜로 주어진 것임을 강조합니다. 동기는 바로 하나님의 사랑입니다. 내가 누구에게 사랑을 받고 있는지 아는 것은 매우 중요합니다. 사랑을 받고 있어도 사랑받고 있다는 것을 알지 못하면 안타까운 일입니다. 부모는 자식을 사랑합니다. 그래서 간섭도 하고 이래라저래라 하는데, 자식이 그 사랑을 알지 못하면 원망과 불평과 반항으로 나타날 수밖에 없습니다. 만약 하나님의 사랑을 알지 못하면 우리의 부족한 삶 때문에 신앙생활은 늘 불안할 것입니다. 오히려 하나님께서 나를 선택하셨다는 사실이 불안의 요소가 될 수도 있습니다. 바르게 살지 못할 때가 많기 때문입니다. 그래서 하나님께서 우리를 선택하신 것은 "사랑 안에서"(4절) 된 것임을 확신해야 합니다.

신분에 맞는 삶

하나님의 선택은 우리 삶의 방향을 제시합니다. 그것은 바로 "그 앞에 거룩하고 흠이 없게 하시려고"(4절)입니다. "기록되었으되 내가 거룩하니 너희도 거룩할지어다 하셨느니라"(벧전 1:16)라고 성경은 말씀합니다.

거룩하신 하나님과 교제하고 함께 살려면 우리도 거룩하기 위해서 힘써야 합니다. 거룩이 내면적인 것이라면 흠이 없는 것은 외면적인 것입니다. 하나님께서는 구별되고 흠이 없는 인생으로 살게 하려고 우리를 선택하셨습니다. 이것을 이루기 위해서 하나님은 먼저 우리의 신분을 바꾸고 그러한 삶이 되도록 날마다 변화시키십니다.

만약 하나님이 나를 목사로 선택하셨다는 사실을 알게 되었다면 목사다운 삶을 살기 위해 애를 써야 할 것입니다. 목사가 되었는데 주일에 놀러 다니고 세속적인 오락만을 즐긴다면 사람들이 어떻게 생각하겠습니까? 목사답지 않다고 생각하고 이해하지 못할 것입니다. 마찬가지입니다. 거룩하게 여김을 받은 자들은 거룩에 합당하게 살아야 합니다.

우리는 완전한 인간이 아닙니다. 그러나 바뀐 신분에 합당한 삶을 살도록 애써야 합니다. 날마다 변화되어야 하고, 날마다 거룩한 성품을 가진 흠 없는 존재로 살도록 힘써야 합니다. 하나님께서는 우리를 먼저 선택하여 신분을 바꾸고 이제 그 신분에 합당하게 살기를 원하십니다.

입양된 자녀의 특권

하나님의 선택을 받아 우리는 하나님의 아들이 되었습니다(5절). 이 아들은 양자를 의미합니다. 우리가 원래 하나님의 아들이 아니었는데 하나님의 아들로 입양되었다는 말입니다. 하나님의 친아들은 예수 그리스도입니다. 합당치 않은 자를 아들이 되게 하셨으니 이것이 참으로 복입니다.

이 말씀을 더 잘 이해하기 위해서는 로마의 가족 제도를 알아야 합니다. 당시에는 아버지의 권위가 절대적이었습니다. 이것을 '아버지의 권력(파트리아 포테스타스, patria potestas)'이라고 불렀는데 자식의 생사여탈권도 가지고 있을 정도였습니다. 그런 문화에서 어떤 사람이 아들로 입양된다면 법적으로 인정되어 아버지의 모든 재산이 그에게 상속됩니다.

우리가 잘 아는 〈벤허(Ben-Hur, 1959)〉라는 영화가 있습니다. 이 영화는 로마 시대의 문화를 잘 보여줍니다. 주인공인 유다 벤허는 여러 사건을 거쳐 노예 신분으로 전락합니다. 어느 권력자의 노예가 된 벤허는 주인의 사랑을 받아 양자가 됩니다. 그리고 주인의 반지를 갖게 되는데 그것은 곧 상속자가 되었다는 표식입니다. 권력자의 양자가 된다는 것은 엄청난 신분의 변화입니다. 피 한 방울 섞이지 않았어도 양자가 되는 순간 엄청난 변화가 일어납니다. 그것도 종이었던 사람이 느끼는 변화는 매우 클 것입니다.

마찬가지로 하나님께서 우리를 선택하여 하나님의 아들이 되게 하셨다는 것은 최고의 복입니다. 그러므로 우리가 하나님을 아버지라고 부를 때 그냥 불러서는 안 됩니다. 내가 하나님의 양자가 되었다는 점을 인식해야 합니다. 하나님의 상속자이며 하나님의 절대적인 사랑의 대상이 된 것입니다. 그러니 찬송이 나올 수밖에 없습니다(6절). 양자의 신분은 어떤 조건이나 노력 때문이 아니라 '거저 주시는' 은혜이기에 찬양의 이유가 되는 것입니다. 우리가 이러한 사랑을 받기 이전의 상태를 생각해보면 더욱 명확해집니다.

"그때에 너희는 그 가운데서 행하여 이 세상 풍조를 따르고 공중의 권세 잡은 자를 따랐으니 곧 지금 불순종의 아들들 가운데서 역사하는 영이라"(엡 2:2).

우리는 "본질상 진노의 자녀"(엡 2:3)로서 마귀의 자식이었습니다. 그런데 하나님의 자녀가 된 것입니다. 이것은 말로 다할 수 없는 은혜입니다. 이 복은 세상의 어떤 수치로도 환산할 수 없으며 어떤 것으로도 측량할 수 없습니다. 세상에 속한 복이 아니라 하늘에 속한 복이기 때문입니다. 직장의 복, 남편의 복, 아내의 복, 물질의 복, 건강의 복이 없다고 원망하고 좌절하지 마십시오. 우리는 세상이 줄 수 없는 복을 그리스도 안에서 이미 받았습니다.

찬송의 이유

하나님의 선택을 받아 하나님의 자녀가 되었다는 사실은 이 험한 세상에서 우리가 춤추며 기뻐할 수 있는 삶의 원동력이 됩니다. 이 복을 받은 자가 하나님께 마땅히 드려야 할 것은 찬송입니다. 이것이 바로 우리가 예배드리는 이유입니다. 이런 감사 헌금 제목을 보았으면 좋겠습니다.

"오늘도 하나님을 아버지라고 부를 수 있어서 감사합니다."

우리는 대개 어떤 좋은 일로 인해서 감사하게 됩니다. 그것 자체로도 귀한 일이지만, 그 감사는 그리 오래가지 못하고 금세 사라집니다. 생일이 되어 꽃다발을 받으면 기쁘지만, 일주일만 지나도 화려한 꽃은 쓰레기가 됩니다. 이 땅의 복은 아무리 좋은 것이어도 금방 지나갈 것들뿐입니다. 그러나 하늘의 복은 다릅니다. 그것은 영원하신 하나님의 복입니다. 이 땅의 이유보다도 하늘에 속한 신령한 복을 주신 것을 우리의 감사와 찬양의 이유로 삼아야 합니다.

하나님께서는 우리가 하나님께 받은 신령한 복을 기억하고, 그 복으로 인해 감사하고 찬양하기를 원하십니다. 이전에 내가 하나님을 찬양하고 높이지 못한 이유는 자신이 받은 복을 알지 못했기 때문입니다. 땅의 것들만 생각하니 원망과 불평이 많았던 것입니다. 그러나 이제는 바뀌어야 합니다. 하나님의 큰 은혜와 신령한 복을 받고 사는 사람답게 하나님께 감사와 찬송을 드려야 합니다. 하나님께 모든 것을 상속받은 자답게 영적으로 부유하게 된 자로서 살아야 합니다.

3
찬송하리로다
예수님의 은혜를
엡 1:7~12

―

우리는 그리스도 안에서
그의 은혜의 풍성함을 따라 그의 피로 말미암아
속량 곧 죄 사함을 받았느니라
이는 그가 모든 지혜와 총명을 우리에게
넘치게 하사 그 뜻의 비밀을 우리에게 알리신 것이요
(엡 1:7~9)

에베소서를 묵상할 때 주목해서 보아야 할 표현은 "그리스도 안에서"입니다. 에베소서에는 '엔 크리스토스(ἐν Χριστός)'라는 말이 계속해서 반복됩니다. 그리스도 안에 있는 것을 강조하는 동시에 그리스도 안에 있는 자들이 어떤 자들인지를 말씀하기 위함입니다. 그리고 "그리스도 안에서"와 함께 반복적으로 나타나는 두 단어를 살펴봐야 하는데, 첫째는 '풍성', 둘째는 '충만'입니다. "은혜의 풍성함"과 "하나님의 충만으로 말미암아"라는 표현이 2~4장에 걸쳐 나타납니다. 두 단어는 그리스도 안에 있는 복의 성격을 잘 나타내줍니다. 하나님의 복이 그리스도를 통해서 우리에게 풍성함과 충만함으로 주어졌다는 것입니다. 풍성한 복이 충만하게 주어졌으니 정말 귀한 은혜입니다.

신령한 복도 식상해지는가

그리스도 안에 있는 은혜를 받은 우리가 그 은혜의 풍성함과 충만함을 느끼지 못하는 것은 안타까운 일입니다. 신령한 복에 대한 감사를 잃어버렸다는 것은 큰 문제입니다. 많은 이들이 은혜를 주신 하나님께 감사하지도 않고 감격해 하지도 않습니다. 반면에 세상의 작은 것들에 대해서는 감동을 받습니다. 드라마를 보면서 눈물을 흘리기도 하고, 인사나 감사의 카드를 받고 고맙다고 표현을 합니다. 별것 아닌 작은 선물 하나를 받고시도 무적 기뻐합니다. 그런데 하나님께 신령한 하늘의 복을 받았다는 사실에는 시큰둥합니다. 교회에서 너무 자주 듣는 말씀이라 식상해져 있는 경우가 많습니다. 정말 복음의 가치를 몰라서 그런 것은 아닐 것입니다. 귀한 것임을 알고 있지만 그 은혜를 망각하게 하고 감사나 감격을 빼앗는 방해 세력이 있기 때문입니다.

"그중에 이 세상의 신이 믿지 아니하는 자들의 마음을 혼미하게 하여 그리스도의 영광의 복음의 광채가 비치지 못하게 함이니 그리스도는 하나님의 형상이니라"(고후 4:4).

세상의 악령이 사람들의 마음을 혼미하게 하고 생각을 어지럽게 만들어 영광스러운 복음의 광채 앞에서도 무감각해지도록 만들었다는 것입니다. 이것은 믿지 않는 자들만의 문제가 아니라 우리 모두의 문제입니다. 하늘의 복에 집중하지 않고 감사하지 않으며 원망과 불평과 낙심 가운데 살고 있다면 영적인 전쟁에서 지고 있는 것입니다. 교회에 나오는 것은 대단히 중요하지만 그것이 전부가 아닙니다. 하나님께서 주신 복음에 대한 감사와 감격이 없다면 귀한 인생과 세월이 낭비되고 있는 것입니다. 하나님의 말씀을 붙잡고 다시 일어서야 합니다. 우리에게 주신 복을 다시 깊이 묵상해야 합니다.

죄인을 구원하기 위한 몸값

우리는 예수 그리스도로 말미암아 속량, 즉 죄 사함을 받았습니다(7절). 속량이란 '몸값을 지불하는 속전(贖錢)'이라는 뜻입니다. 우리의 몸값이 지불되었다는 것입니다. 성경에는 구속의 의미를 나타내는 단어가 많습니다. 대략 정리해보면 여섯 가지 정도가 되는데 각각 다양한 의미의 단어들이 공통적으로 가지고 있는 것이 '대가를 지불하고 사다'라는 뜻입니다.

속량은 사람을 살 때 사용하는 단어입니다. 주로 종이나 노예로 있는 자의 몸값을 지불하여 그를 소유하거나, 돈을 지불하여 자유인으로 만들어줄 때 사용되었습니다. 그런데 이 단어를 지금 에베소교회 성도들과 그리스도 안에 있는 모든 자에게 쓰고 있는 것입니다. 우리를 구하기 위해서 몸값을 지불해야 했다는 의미가 전제됩니다. 우리가 속량되어야 할 존재였다는 말입니다. 우리는 죄인으로서 죄의 종이었기 때문입니다.

"진실로 진실로 너희에게 이르노니 죄를 범하는 자마다 죄의 종이라"(요 8:34).

죄를 짓는 자는 단순히 죄를 지었다는 사실로 끝나는 것이 아니라 죄의 종으로서, 노예로서 일해야 했습니다. 따라서 죄의 종인 우리를 하나님께서 구출하시기 위해서 몸값을 지불해야만 했습니다. 고린도전서 6장 19~20절에는 "너희 몸은 너희가 하나님께로부터 받은바 너희 가운데 계신 성령의 전인 줄을 알지 못하느냐 너희는 너희 자신의 것이 아니라 값으로 산 것이 되었으니 그런즉 너희 몸으로 하나님께 영광을 돌리라"고 말씀하십니다. '너희는 너희의 것이 아니다. 너희는 죄의 것이었는데 하나님께서 값을 지불하고 너희를 사셨기 때문에 너희는 하나님의 것, 곧 그리스도의 것이 되었다'라는 것입니다.

우리를 살 때 하나님께서는 금이나 은이나 돈으로 값을 지불하지 않았습니다. 속량의 수단은 눈에 보이는 세상의 값비싼 것들이 아니었습니다. 우리 죄의 무게가 세상의 가치로 환산해서 살 수 없을 정도로 무거웠기 때문입니다. 하나님께서는 예수 그리스도의 보혈로 우리를 사셨습니다. 우리의 몸값으로 예수님의 보혈을 지불했다는 말입니다. 이처럼 우리를 예수 그리스도의 가치로 여겨주신 것은 하나님의 크신 은혜입니다.

해방된 자유의 노래

속량된 것을 에베소서 1장 7절에서는 "죄 사함"이라고 말씀합니다. '사함'의 헬라어는 '압헤신(ἄφεσιν)'으로 어떤 것에서 면제되는 것을 말합니다. 죄를 지은 자에게 있는 모든 형벌이 면제되었다는 것입니다. 죄로 인해 당연히 받아야 하는 죗값, 모든 벌에서 해방되어 이제 완전히 자유라는 것입니다. 죄의 삯은 사망(롬 6:23)인데 예수님께서 우리를 위해 자신의 몸을 주시고 우리는 그 모든 벌에서 면제된 것입니다. 우리 대신 예수님께서 십자가에서 영원한 저주의 형벌을 받아 속량 받은 우리는 자유인이 되었습니다. 더 이상 형벌이 없는 자요, 참으로 복을 받은 자가 된 것입니다. 찬송가 257장 2절은 이렇게 시작합니다.

"금이나 은같이 없어질 보배로 속죄함 받은 것 아니오 거룩한 하나님 어린양 예수의 그 피로 속죄함 얻었네."

속죄는 금이나 은이 아니라 주님의 보혈로, 대신 죽으신 은혜로 이루어졌습니다. 그러니 구원받은 자는 얼마나 큰 가치 있는 인생으로 여겨지게 된 것입니까? 주님께 받은 복에 내가 한 일이 없기에 우리는 감사함으로 찬송할 수밖에 없습니다. 주인의 희생을 통해 해방된 노예가 할 일은 감격으로 찬양을 드리는 일뿐입니다.

속죄의 은혜는 인간이 누릴 수 있는 가장 큰 은혜의 복입니다. 성찬식 때마다 우리가 나누는 은혜가 바로 이것입니다. 주님의 몸과 피를 나누고 마시면서 우리를 속량하신 은혜의 복을 기억하는 것입니다. 주님은 친히 이것을 기념하며 가르치셨습니다. 감사와 감격을 쉽게 잃어버리는 우리를 위해서 친절하게 교육시켜주신 것입니다. 주님의 희생과 주신 복에 대해서 우리가 할 일은 기억하고 감사하고 찬양하며 영광을 드리는 일을 계속하는 것입니다. 신앙의 선배들은 성찬식을 할 때 속량의 은혜를 깊이 알아 그 은혜에 감격하고 감사하면서 한없이 울었습니다. 우리도 그래야 합니다.

무엇을 감사해야 하나

유대인에게는 속죄일이 가장 큰 명절이었습니다. 속죄일을 '욤 키푸르(כפור יום, Yom Kippur, 레 23:27)'라고 불렀는데, '키푸르'란 '거룩'이라는 말입니다. 속죄일은 곧 거룩한 날입니다. 속죄일에는 정결하고 깨끗한 염소 두 마리를 준비하여 한 마리는 목을 쳐서 제사장이 속죄소에서 그 피를 뿌렸습니다. 그런데 다른 한 마리는 죽이지 않습니다. 대신 제사장이 그 머리 위에 손을 얹고 기도했습니다. 우리의 모든 허물과 죄를 그 짐승에게 전가하는 것입니다. 그리고 그 짐승을 멀리 광야로 내몰아서 다시 돌아오지 못하게 했습니다. 이것은 우리의 죄가 완전히 떠나가는 것을 의미합니다.

희생제물이 되신 예수 그리스도께서는 십자가를 지고 예루살렘 성 안에서 고난 받은 후 성 밖으로 나가셨습니다. 그림자인 구약의 제사를 예수님은 친히 실현해 보이셨습니다.

"이는 죄를 위한 짐승의 피는 대제사장이 가지고 성소에 들어가고 그 육체는 영문 밖에서 불사름이라 그러므로 예수도 자기 피로써 백성을 거룩하게 하려고 성문 밖에서 고난을 받으셨느니라"(히 13:11~12).

주님의 희생과 성취로 우리는 영원한 용서, 죄 사함의 복을 받았습니다. 30여 년 동안 목회하면서 성도들의 수많은 감사를 들을 수 있었습니다. 그것은 참으로 복된 일이었습니다. '집을 주셔서 감사합니다, 직장을 주셔서 감사합니다, 자녀를 합격시켜주셔서 감사합니다'와 같은 제목을 많이 보았습니다. 그런데 '속량의 은혜를 주신 것에 감사합니다, 주님께서 베풀어주신 죄 사함의 은혜에 감사합니다'와 같은 제목은 잘 보지 못했습니다. 눈에 보이는 땅의 복만을 보고 사는 우리는 매우 연약한 존재입니다.

하나님께서는 우리가 하늘에 속한 복을 받았다는 사실을 알기를 원하십니다. 이러한 감사는 직접 실천해봐야 합니다. 의식적으로라도 하나님께서 주신 영적인 복에 감사하는 훈련을 해야 합니다. 속량의 은혜에 감사하고 감격하는 것은 매우 중요한 영적 생활입니다.

미스터리를 푸는 열쇠를 받은 자

예수님께 받은 은혜는 속량의 복으로 끝나지 않습니다. 우리는 계시의 은혜를 동시에 받았습니다. '계시' 하면 신비로운 느낌이 들고 비밀스럽게 느껴집니다. 하지만 계시는 정반대의 의미입니다. 계시란 우리에게 밝히 드러난 것을 말합니다. 단어 자체가 베일을 벗고 활짝 보여 밝히는 것을 말합니다. 계시를 자신만 아는 비밀스러운 것으로 말하는 사람들이 많은데, 사실은 다 알도록 하는 것이 계시입니다.

"이는 그가 모든 지혜와 총명을 우리에게 넘치게 하사 그 뜻의 비밀을 우리에게 알리신 것이요"(엡 1:8~9).

원래 비밀이었던 것을 우리가 알 수 있도록 지혜와 총명을 주셨다는 것입니다. 비밀 곧 미스터리(Mystery)를 우리에게 알게 해주신 것입니다. 가끔 기도한다고 하는 분들이 자기가 계시를 받았다는 말을 합니다. 남들은 다 모르는데 자기 혼자만 안다는 것입니다.

성경 66권은 하나님의 뜻의 비밀을 우리에게 알게 하신 하나님의 계시의 책입니다. 성경 전체가 부족함이 없는 계시로서 다른 어떤 것이 필요 없습니다. 성경 66권으로 계시는 종결되었고, 그 성경이 우리가 알아야 할 충분한 진리입니다. 목회자는 단지 성도들에게 쉽고 분명하게 성경을 풀어 설명하는 도구로 쓰임 받는 것일 뿐, 성경은 보는 이들에게 주신 신리의 책입니다. 이 신리의 계시가 바로 예수 그리스도를 통해 우리에게 주어졌습니다. 예수님을 통해서 우리는 성경을 이해하고, 진리를 깨닫고, 구속의 비밀을 알게 되었습니다.

계시의 목적은 숨기는 것이 아니라 드러내는 것입니다. 이런 의미에서 볼 때 우리 모두는 계시를 받은 자입니다.

하나님께서는 우리에게 지혜와 총명을 주어 그 뜻의 비밀을 알게 해주셨습니다. 지혜는 객관적인 영감입니다. 객관적인 영감을 주관적으로 이해하도록 하는 것이 총명입니다. 총명이 없으면 객관적인 진리를 깨닫지 못하고, 지혜가 없으면 자기 생각대로, 자기 좋은 대로, 독선적으로 이해하여 본말이 바뀌게 됩니다. 그래서 우리에게 지혜와 총명을 함께 주어 이 진리를 믿고 깨닫게 해주신 것입니다. 이러한 하나님의 은혜로 우리가 하늘의 신령한 복음의 진리를 믿고 알게 된 것입니다. 이것이 하나님께서 그리스도를 통해 주신 복입니다. 하나님의 은혜의 조명이 없으면 성경 말씀을 아무리 많이 읽어도 믿을 수 없습니다.

가이사랴 빌립보에서 예수께서 제자들에게 질문하셨습니다.

"사람들이 나를 누구라고 하더냐?"

어떤 이들은 선지자라 하고 어떤 이들은 엘리야라고도 한다며 대답이 분분합니다. 그러자 주님은 "너희는 나를 누구라 하느냐?" 하고 물으십니다. 이 대화는 계시의 은혜를 받은 자와 받지 않은 자의 차이를 분명하게 보여줍니다. 계시의 은혜를 받지 못한 사람들은 예수님을 제대로 알지 못하는 것이 정상입니다. 그러나 베드로처럼 은혜를 받은 자는 분명하게 대답합니다.

"주는 그리스도시요 살아 계신 하나님의 아들이시니이다"(마 16:16).

베드로의 대답에 예수님은 기뻐하며 "이를 네게 알게 한 이는 혈

육이 아니요 하늘에 계신 내 아버지시니라"(마 16:17) 하고 말씀하십니다. 그러면서 시몬에게 "복이 있도다"라고 선포하십니다. 복 받은 사람만이 예수님이 그리스도시요 살아 계신 하나님의 아들인 것을 알 수 있습니다.

하나님의 말씀을 듣고 고개가 끄덕여지는 것, 내게 주시는 말씀이라는 확신이 들어 "아멘"이라고 응답하는 것, 이것은 특별한 은혜입니다. 전도를 해보면 압니다. 논리적으로, 구체적으로 설명을 해준다고 믿는 것이 아닙니다. 우리 자신을 되돌아보면 누가 논리적으로 상세하게 설명을 해준 적도 없는데 어느 날부터 믿고 있습니다. 그것은 신비입니다. 세상 사람들은 천국과 예수님을 보여주면 믿겠다고 말합니다. 그들은 모르는 것입니다. 보여서 믿는 것이 아니고, 믿어서 보이는 것입니다. 아무리 토론을 많이 해도 좁혀지지 않습니다. 받은 복이 다르기 때문에 어쩔 수 없습니다(마 13:11). 계시의 은혜, 그 복을 받은 사람만이 이 비밀을 깨달아 믿고 구원을 받게 됩니다. 하나님의 복을 받은 자만이 믿게 되고 누릴 수 있는, 상상할 수 없이 큰 복입니다.

4
찬송하리로다
성령님의 역사를

엡 1:13~14

—

그 안에서 너희도 진리의 말씀 곧
너희의 구원의 복음을 듣고 그 안에서 또한 믿어
약속의 성령으로 인치심을 받았으니
이는 우리 기업의 보증이 되사 그 얻으신 것을
속량하시고 그의 영광을 찬송하게 하려 하심이라
(엡 1:13~14)

우리나라에도 내한하여 공연한 레나 마리아(Lena Maria, 1968~)는 스웨덴 출신의 복음송 가수입니다. 그녀는 양팔이 없고 두 다리로 균형을 잡을 수 없는 몸으로 출생했습니다. 그럼에도 불구하고 자신의 인생을 억울하다고 생각하지 않고 세계 곳곳을 다니며 하나님이 주신 은혜가 놀랍고, 그 복이 크다고 노래하며 찬양하고 있습니다. 사랑하는 남자에게 사랑의 반지를 받았으나 그것을 낄 손가락이 없어서 목에 걸고 행복하다고 고백하는 그녀의 모습은 참으로 감동적입니다. 절망과 아픔의 인생이었지만 그녀의 믿음과 자신을 극복한 불굴의 의지는 우리를 되돌아보게 합니다. 우리는 건강한 몸으로 얼마나 많은 불평과 불만 속에서 살고 있습니까!

영어 단어의 '행복(happy)'은 '발생하다, 생기다(happen)'와 어근이 같습니다. 즉 행복은 외적인 환경과 조건에서 오는 것이 아니라 내 속에서 생겨나는 것입니다. 행복이란 내가 처한 환경과 내가 가진 어떤 조건에서 주어지는 것이 아닙니다.

하나님의 복이 지속적인 은혜가 되려면

에베소서를 쓸 때 바울은 로마의 깊은 감옥 속에 있었습니다. 그의 억울한 심정과 답답한, 절망의 이유를 우리는 공감할 수 있습니다. 그러나 바울은 하나님을 찬송합니다. 그는 하나님의 사랑과 그리스도의 은혜로 행복이 넘쳐 찬양하지 않을 수 없었습니다.

그런데 아무리 기쁜 마음이라도 시간이 지나면 달라집니다. 나아지지 않는 삶의 현장은 우리를 지치게 합니다. 마음속에 의심이 생기고 갈등이 일어납니다. 이처럼 연약한 우리에게 주신 하늘의 복은 확실한 보증으로 주어질 때 굳게 확신할 수 있습니다. 그래서 바울은 성령님께서 우리에게 행하신 분명한 역사를 확인해주고 있는 것입니다. 성령님께서 주시는 은혜로 우리의 기쁨은 확신 가운데 지속될 수 있습니다. 이처럼 우리의 연약함을 고려하시는 하나님의 은혜에 언제나 감사를 드리게 됩니다.

우리 안에 계셔서 역사하심

성령님이 주시는 큰 복 중에 하나는 '내주하심'입니다. '내주하신다'는 것은 우리와 함께 사는 것을 의미합니다. 우리를 다스리시는 위로부터 오는 하나님의 은혜도 크지만, 우리 안에 계셔서 우리와 함께 하시는 은혜는 더욱 놀랍습니다.

에베소서 1장 13절에서는 성령님을 "약속의 성령"으로 표현합니다. 성령님은 구약에서부터 신약에 이르기까지 그리고 예수님에 의해서 우리에게 오실 분으로 약속되어 있었습니다. 예수님은 승천하시면서 두려움으로 떨고 있는 제자들에게 다른 보혜사를 보내주겠다고 약속하셨습니다(요 14:16). 그분이 바로 예수님과 본질상 동일한 권능의 성령님이십니다. 예수님은, 성령님이 오시면 약속하신 모든 것이 성취될 것이며, 그분이 하시는 일은 우리가 복음을 받아 믿게 하는 것이라고 말씀하셨습니다.

"내가 아버지께로부터 너희에게 보낼 보혜사 곧 아버지께로부터 나오시는 진리의 성령이 오실 때에 그가 나를 증언하실 것이요"(요 15:26).

에베소서에서도 성령님께서 오셔서 우리로 하여금 구원의 복음을 듣고 그 안에서 또한 믿게 하신다고 말씀합니다. 우리가 예수님을 구세주로 믿고 하나님을 아버지로 부르게 된 것은 성령님의 역사가 아니면 불가능합니다.

"그러므로 내가 너희에게 알리노니 하나님의 영으로 말하는 자는 누구든지 예수를 저주할 자라 하지 아니하고 또 성령으로 아니하고는 누구든지 예수를 주시라 할 수 없느니라"(고전 12:3).

사람의 지혜와 지식으로 예수님을 믿고 영접하는 것은 불가능합니다. 건성으로 어떤 말을 내뱉을 수 있을지는 모릅니다. 그러나 심령의 고백으로 예수님을 주인으로 받아들이고, 하나님을 아버지라고 부를 뿐 아니라 자신의 인생을 맡기는 것은 오직 성령님의 역사를 통해서만 가능합니다.

인도해주심을 따라서

성령님께서는 우리 안에 내주하심으로 은혜의 지배를 시작합니다. 내주하고 함께 거주함으로 동행하셔서 우리의 인생길을 인도해주십니다.

"이와 같이 성령도 우리의 연약함을 도우시나니 우리는 마땅히 기도할 바를 알지 못하나 오직 성령이 말할 수 없는 탄식으로 우리를 위하여 친히 간구하시느니라"(롬 8:26).

사람은 자신이 원하는 것을 기도하고 간구합니다. 그런데 우리가 얼마나 연약하고 어리석은지 마땅히 기도할 바를 알지 못한다고 합니다. 우리는 기도하지 않아 방황하고 실수하며 넘어지기 일쑤입니다. 이런 우리를 성령께서 도우신다는 것은 참으로 은혜입니다. 무엇을 간절히 구해야 하는지를 깨닫게 해준다는 것입니다. 성령께서 우리의 인생길을 인도하신다는 사실을 알고 믿을 때 얼마나 든든한지 모릅니다.

남편이 없다고 기죽지 마십시오. 성령께서 남편이 되십니다. 내 뒤를 봐줄 만한 든든한 배경이 없다고 주눅 들지 마십시오. 성령께서 나와 함께 계시며 나를 든든히 지켜주십니다. 우리는 더러 실족하고 실수하고 연약해서 넘어지기 일쑤나 주님은 우리 인생길을 인도해주십니다. 심지어 넘어지고 구덩이에 빠져도 하나님께서는 궁극적으로 우리를 인도하여 "합력하여 선을 이루게" 하십니다(롬 8:28).

성령님께서 나와 함께 계신 것을 믿는 사람은 견고한 믿음으로 성장해갈 수 있습니다. 성령님의 인도하심을 기억하는 것은 안전 장치가 완벽하게 되어 있는 곳을 지나가는 것과 마찬가지입니다. 우리는 세상에서 당당하게 살 근거가 있는 자들이니 믿음으로 발을 내딛기를 바랍니다. 어린 자녀가 부모님을 의심 없이 믿고 의지하여 모든 것을 맡기는 것처럼 우리 아버지 되시는 하나님께 자신의 삶을 맡기는 자에게 하나님의 평안과 인도하심이 있을 것입니다.

인침은 불가침

성령의 은혜는 인치심으로 나타납니다(13절). 인을 쳤다는 것은 도장을 찍었다는 것으로 성령의 도장은 하나님께서 우리를 하나님의 소유, 하나님의 기업으로 삼으셨다는 의미입니다. 도장은 소유를 의미합니다. 바울 시대의 사람들은 자신의 소유에 도장을 찍어서 아무도 손대지 못하게 했습니다. 만약 왕이 도장을 찍었다면 그것은 왕 외에는 누구도 열 수 없고, 만질 수도 없다는 불가침을 뜻합니다. 그런데 만왕의 왕이신 하나님께서 도장을 찍으셨습니다. 그것은 그 누구도 건드릴 수 없는 존재가 된 것을 의미합니다.

"그러나 너희는 택하신 족속이요 왕 같은 제사장들이요 거룩한 나라요 그의 소유가 된 백성이니 이는 너희를 어두운 데서 불러내어 그의 기이한 빛에 들어가게 하신 이의 아름다운 덕을 선포하게 하려 하심이라"(벧전 2:9).

하나님의 소유 된 백성이란 하나님의 것이 확실하다고 인정받는 것을 말합니다. 성령께서 인을 친 것은 어느 누구도 훼손할 수 없습니다. 우리는 원래 이방인이었지만 이제는 하나님의 기업이 되었고, 성령께서 인을 치셨으니 누구도 손대지 못하는 존귀한 자가 되었습니다. 그러니 우리와 하나님 사이를 벌어지게 하려는 모든 악한 시도는 실패하게 될 것입니다.

성령의 인치심은 하나님의 사랑이 우리에게서 한순간도 떠나지 않는다는 사실을 확인시켜줍니다. 이 세상의 어떤 것도 우리를 그리스도의 사랑에서 끊을 수 없습니다(롬 8:35). 우리가 강하거나 가치가 있어서가 아니라 우리 안에 성령께서 계셔서 하나님의 귀한 소유로 인정받게 되었기 때문입니다.

유효성의 인

성령의 인은 유효성(有效性)의 의미가 있습니다.
"하나님의 성령을 근심하게 하지 말라 그 안에서 너희가 구원의 날까지 인치심을 받았느니라"(엡 4:30).

구원의 날까지 인을 쳤다는 것은 구원이 유효하게 된 것을 말합니다. 구원은 우리가 예수님을 믿게 된 어느 한 시점만을 의미하지 않습니다. 구원은 과거와 현재와 미래의 의미로 쓰입니다. 우리는 과거에 예수님을 믿고 구원을 받았습니다. 현재 우리는 구원을 이루어 가고 있으며, 미래에 구원은 완성될 것입니다.

구원받은 신분은 확실하게 되었지만 그 구원은 과정 중에 있습니다. 쉽게 말하면 자동차 면허증을 취득해서 운전할 수 있는 자격이 주어졌다 해도 아직 베스트 드라이버가 되지 않은 것과 같습니다. 운전을 잘하려면 훈련과 시간이 필요합니다. 우리는 구원을 이미 받았지만 아직 완성된 것은 아닙니다. 그래서 "두렵고 떨림으로"(빌 2:12) 구원을 이루어가야 합니다. 마지막 때에 주님께서 재림하신 후 주님의 보좌 앞에서 우리의 신분과 완전한 수준의 구원이 이루어지게 될 것입니다.

그렇다고 지금 받은 구원이 불완전한 것은 아닙니다. 지금으로도 우리는 천국에 가지만, 종말의 때에 비로소 우리의 구원이 완성될 것입니다. 성령께서 인을 치신 것은 우리의 구원이 확실하다는 것입니다. 천국에 갈 때까지, 구원이 완성될 때까지 변하지 않는다는 것을 말해줍니다.

이 세상의 계약은 변화무쌍합니다. 확실하게 약속해도 변경될 때가 많습니다. 부도가 나서 파기되는 경우도 있습니다. 도장을 찍고 미리 계획을 세워도 마찬가지입니다. 상황이 달라지면 계약은 파기되기 십상입니다. 하지만 하나님은 다릅니다. 하나님의 중요한 속성 중 하나가 바로 불변함입니다. 완전하고 전능하신 하나님께서는 뜻을 변경하거나 철회하지 않으십니다. 성령님이 인을 치셨다는 것은 우리를 향한 구원 계획이 불변함을 말해줍니다. 구원의 인은 영원히 유효함을 말해줍니다.

파기할 수 없는 계약

성령께서는 인을 칠 뿐 아니라 보증하십니다(14절). 성령께서 보증이 되신다는 것은 성령께서 보증을 선다는 말로 설명해도 틀리지 않습니다. 그런데 이 말씀은 사실 너 강력한 것, 그 자신이 보증금이 된 것을 말합니다. 보증금이란 담보로 미리 주는 돈입니다. 파기되거나 변개되지 않도록 계약의 안전함을 보장하는 일환으로 주는 것입니다. 그런데 문제는 부도가 날 수 있다는 것입니다. 계약이 제대로 성사되지 않으면 파기될 수 있습니다. 그래서 보증금을 주는 쪽에서는 최대한 조금 주려고 하고, 받는 쪽에서는 될 수 있는 대로 많이 받으려고 합니다.

그런데 하나님께서 주시는 보증은 세상의 불완전하고 아슬아슬한 보증과는 차원이 다릅니다. 하나님은 전능하시고, 진실하시며, 변함이 없으신 분입니다. 우리를 구원하시고, 하나님의 기업으로 삼을 때 성령님을 보증으로 주셨습니다. 성령님을 보증으로 주었다는 것은 삼위 하나님 자신을 걸고 보장하시는 것을 말합니다. 그러니 이 계약은 파기할 수가 없습니다.

우리를 향한 하나님의 사랑과 은혜는 이처럼 확고한 보장 위에 세워져 있습니다. 그러니 환난이나 곤고나 박해나 기근이나 적신이나 위험이나 칼로도 방해되지 않으며, 어떤 것도 하나님과 우리를 끊을 수 없습니다(롬 8:35).

성령님을 보증으로 주신 하나님께서는 우리에게 어떤 것도 아끼지 않습니다.

"자기 아들을 아끼지 아니하시고 우리 모든 사람을 위하여 내주신 이가 어찌 그 아들과 함께 모든 것을 우리에게 주시지 아니하겠느냐"(롬 8:32).

심지어 하나님 자신을 주셨습니다. 그 하나님께서 우리에게 모든 것을 주겠다고 약속하십니다. 하나님께서 계약하신 구원의 은혜는 계속되는 은혜의 충만함입니다.

포기하지 않으시는 하나님

하나님은 우리를 절대로 포기하지 않으십니다. 성령님을 보증으로 주신 하나님께서는 이미 우리를 사랑하고 구원하기로 작정하여 은혜를 베풀어주십니다. 우리의 연약함과 부족함에도 불구하고 결코 포기하지 않기로 계획하셨습니다. 아무리 사탄이 방해해도 마침내 우리를 구원하실 것입니다.

하나님께서는 하나님 자신을 주실 정도로 우리를 귀하게 여기십니다. 그리고 우리를 포기하지 않으십니다. 그 하나님을 기억하면서 우리 역시 자신의 인생을 포기해서는 안 됩니다. 눈앞에 펼쳐진 여러 환경과 조건 때문에 좌절해서는 안 됩니다. 낙심하고 절망해서는 안 됩니다. 잠시 넘어지더라도 일어서야 합니다. 성령님께서 주신 은혜를 기억하면서 다시 일어나 하나님께 찬양으로 영광 드려야 합니다.

지금은 아무리 힘들고 미래가 암담해 보이고 세상에 나 홀로 있는 것 같아도, 우리에게 주시는 변함없는 언약의 사랑과 복을 기억해야 합니다. 그러면 바울처럼 감옥 속에서도, 레나 마리아처럼 두 팔이 없어도 기쁨으로 찬양할 수 있습니다. 성부 하나님의 사랑과 성자 예수님의 은혜와 성령님의 역사하심으로 우리는 행복한 존재가 되었습니다. 우리가 할 일은 성삼위 하나님을 찬양하는 일뿐입니다.

2부
그리스도인의 자화상

5. 주님의 몸인 공동체(1:15~23) • 56
6. 능력 있는 생활(1:19~23) • 66
7. 그때는 죽었고 지금은 살아 있다(2:1~10) • 76
8. 걸작 인생(2:7~10) • 86
9. 담을 허물고 한 몸이 되라(2:11~22) • 96

5
주님의 몸인 공동체
엡 1:15~23

—

또 만물을 그의 발 아래에 복종하게 하시고
그를 만물 위에 교회의 머리로 삼으셨느니라
교회는 그의 몸이니 만물 안에서
만물을 충만하게 하시는 이의 충만함이니라
(엡 1:22~23)

마이클 그랜트(Michael Grant)는 바울에 대한 책(「Saint Paul」, 1976, 1982 재발행)에서 바울이 기독교에 미친 영향을 이렇게 표현합니다.

"바울이 몰고 온 대지진과 같은 영적인 혁명이 없었다면 기독교는 결코 살아남을 수 없었을 것이다."

사도 바울은 큰 지진과도 같은 엄청난 영향력을 끼친 위대한 사람이었습니다. 그의 탁월한 지성과 영적 능력은 누구도 부인할 수 없습니다. 그는 신약성경의 절반이 넘는 분량을 기록하면서 가장 중요한 기독교의 진리를 전해주고 있습니다. 그러나 그의 영향력은 그것만으로 설명할 수 없습니다. 그가 위대한 사도가 될 수 있었던 것은 자신의 정체성에 대한 인식, 영적 체험, 동역자들과의 신앙적 협력관계가 있었기 때문입니다. 그런데 이 모든 것이 바로 교회 공동체를 통해서 주어지는 것들입니다. 따라서 교회가 무엇인지를 아는 것은 자신에 대해 아는 것만큼 중요합니다.

개인에서 집단으로

정체성은 인생의 길을 이끄는 원동력입니다. 무엇 때문에 살며, 어떤 방향으로 나아가야 하는지를 아는 것은 자신에 대한 정체성이 확립될 때 가능합니다. 에베소서 서두에서 바울은 자신에 대한 가장 중요한 사실을 밝히고 있는데, 이것은 수많은 그의 이력 중 가장 중요한 것이었습니다. 즉 "하나님의 뜻으로 말미암아 그리스도 예수의 사도 된 바울"(엡 1:1)입니다. 갈라디아서에서도 "하나님 아버지로 말미암아 사도 된 바울"(갈 1:1)이라고 말합니다.

바울은 자신에 대한 인식과 정체성이 분명했습니다. 다른 많은 서신에서도 그 증거를 볼 수 있습니다. 이것이 그의 사명의식이요, 삶의 원동력이요, 자신에 대한 가치요, 인생의 목표였습니다. '내가 아이들의 아버지다, 어머니다'라는 인식으로 자식을 위해 모든 것을 참아내고 견디며 몸을 아끼지 않고 일을 해서 키워내는 것처럼, 바울 자신에 대한 정체성이 그를 위대한 사역으로 이끌었습니다. 에베소서는 바울뿐 아니라 우리도 하나님의 특별한 복을 받은 사람임을 확인시켜줍니다.

이제 바울의 설명은 개인에 대한 내용에서 집단에 대한 내용으로 바뀝니다. 지금까지는 '너희'라고 언급하면서 성도 개인을 염두에 두었다면, 이제는 교회로 그 주체를 바꾸고 있습니다. 하나님 나라는 개인의 구원에 머물지 않고 교회로, 공동체로 확대되어 나아가는 것입니다. 우리의 시선도 나에 대한 관심과 관점에서 끝나는 것이 아니라 하나님의 관점, 하나님 나라의 큰 관점으로 나아가야 합니다.

한 몸 공동체

먼저 바울은 교회가 무엇인지를 가르쳐줍니다. 우리가 교회인데, 교회는 예수님을 머리로 모시고 있는 그리스도의 몸(엡 1:22~23)입니다. 예수님은 만물을 다스리시는 우주의 통치권자입니다. 그 예수님께서 교회의 머리가 되시고 우리는 그리스도의 몸을 이루고 있다는 것입니다. 성경은 이 점을 여러 번 강조합니다.

"너희는 그리스도의 몸이요 지체의 각 부분이라"(고전 12:27).

우리는 예수님의 몸이며 지체의 각 부분입니다. 한 사람 한 사람은 다 연결되어 있습니다. 상황이 다르고 성격이 다르고 은사도 다르지만, 우리 모두가 하나로 연결되어 있습니다. 함께 기뻐하고, 함께 고통을 겪는 한 몸입니다. 그래서 공유하여 조화를 이루게 되어 있습니다. 손끝이 다치면 손끝만 아프고 끝나는 것이 아닙니다. 다친 손끝 때문에 열이 납니다. 이것 때문에 잠도 잘 자지 못하고 심장이 벌렁거리기까지 합니다. 한 몸이어서 그렇습니다.

물컵을 들고 있는데 오른손 검지가 아파서 힘을 줄 수 없어 불안합니다. 그러자 오른손이 말하기 전에 왼손이 와서 컵을 받칩니다. 그러고는 왼손이 "기분 나쁘네. 너도 손이고 나도 손인데 나는 왜 네 밑에 들어가서 받치고 있어야 하는 거야?" 하고 말할까요? 우리 몸은 그런 법이 없습니다. 스스로 본능적으로 뛰어들어와서 손을 받쳐 물을 잘 먹도록 도와줍니다. 한 몸이기 때문입니다.

교회는 이런 것입니다. 교회는 철저하게 한 몸 의식을 갖고 있어야 합니다. 현대 교회의 약점은 한 몸 공동체 의식이 약화되었다는 것입니다. '내 신앙생활이니 나만 잘하면 되지. 하나님과 나의 개인적인 관계만 좋으면 되는 거야'라는 생각은 착각입니다. 신앙은 절대로 개인적인 차원에 머물지 않습니다. 구원받은 자로 태어나는 순간, 거듭나는 순간 각 개인은 이 공동체와 함께 가족 운명체로 태어난 것입니다. 우리가 부모님의 피를 받아 태어난 순간 아버지, 어머니와 관계가 맺어집니다. 이미 태어난 형제, 앞으로 태어날 동생과도 내가 원하든 원치 않든 관계가 맺어집니다. 신앙도 마찬가지입니다. 어느 누구도 홀로 존재할 수 없습니다. 하나님 나라의 백성으로 태어나는 순간 그리스도의 몸을 이루는 한 지체가 되기 때문입니다.

공동체가 깨어질 때

나 혼자 존재할 수 없는데 그것을 부인하고 홀로서기를 하려는 것은 교회를 교회답지 못하게 만드는 것입니다. 성경은 '너희는 한 몸이 되어라' 하고 말씀하지 않고 이미 한 몸인 것을 전제합니다. "평안의 매는 줄로 성령이 하나 되게 하신 것을 힘써 지키라"(엡 4:3)는 말씀처럼, 한 몸 의식을 방해하는 모든 것과 대적하여 서로 사랑하고 용서하고 허물을 덮어주어야 합니다. 한 몸 의식이 약화되면 서로 대립하고 갈등을 표출하게 됩니다. 서로 싸우는 모습을 보일 때 세상은 교회를 비웃게 됩니다. 교회를 공격할 때 사탄은 '분열'이라는 방법을 사용합니다. 한 몸 의식을 버리게 하는 것입니다.

에덴동산에서의 비극은 사탄이 하나님과 인간 사이를 이간질하고, 아담과 하와가 서로 원망하며 불신의 관계가 되도록 한 것입니다. 오늘날 이단들이 교회를 무너뜨리기 위해서 사용하는 방법도 똑같습니다. 목회자와 성도가 서로를 불신하게 만듭니다. 성도들 간의 관계를 허물어버리는 일을 먼저 합니다. 분열이 일어나면 교회가 무너진다는 사실을 잘 알기 때문입니다. 따라서 우리는 한 몸 공동체임을 분명하게 인식하고 하나 됨을 방해하는 모든 사탄적인 일들을 경계해야 합니다.

체험의 신앙

바울이 위대한 사도가 될 수 있었던 것은 그의 뛰어난 지성 때문이기도 하지만 더 중요한 것은 깊이 있는 영적 체험 때문입니다. 지성이 뛰어난 사람은 많이 있습니다. 그러나 바울처럼 하나님께서 주시는 특별한 체험을 하는 것은 차원이 다릅니다. 남다른 체험이 다른 인생을 살게 했습니다. 하나님을 아는 것은 머리로 아는 지식이 아니라 체험적이며 관계적인 지식입니다.

이를 더 잘 이해하려면 에베소서 1장 17절의 "우리 주 예수 그리스도의 하나님, 영광의 아버지께서 지혜와 계시의 영을 너희에게 주사 하나님을 알게 하시고"라는 바울의 기도에서 "알게 하시고"의 의미를 살펴보아야 합니다. 헬라어로 안다는 것은 '그노시스(γνωσις)'인데, 이것은 일반적인 지식을 일컫습니다. 그런데 그노시스 앞에 '~위에'라는 뜻의 전치사 '에피'를 붙여놓은 형태인 '에피그노시스(ἐπίγνωσις)'가 되면 그 의미가 깊어집니다.

17절의 에피그노시스는 지식적으로 아는 것을 넘어 그 지식적인 것이 내게 체험이 되어 깊은 관계를 통하여 알게 되는 것을 의미합니다. 이런 지식은 단순히 아는 것이 아니라 인격적으로나 관계적으로 깊이 알게 된 지식으로, 너무나 분명하게 체험한 진리의 앎이어서 어떤 것에도 흔들리지 않는 상태를 말합니다.

바울은 에베소 교회 성도들이 하나님에 대해서 머리만의 지식으로가 아니라 하나님을 경험하고 체험하고 맛보며 인격적으로 알게 해주시기를 원하는 것입니다. 바울의 기도는 계속 이어집니다.

"너희 마음의 눈을 밝히사 그의 부르심의 소망이 무엇이며 성도 안에서 그 기업의 영광의 풍성함이 무엇이며 그의 힘의 위력으로 역사하심을 따라 믿는 우리에게 베푸신 능력의 지극히 크심이 어떠한 것을 너희로 알게 하시기를 구하노라"(엡 1:18~19).

하나님께서 주신 소망과 영광과 능력을 생생한 체험으로 알게 해달라는 것입니다. "알게"의 원어인 '에이도(εἴδω)' 역시 경험으로 아는 것을 말합니다. 따라서 이 간구의 주된 내용은 '체험하는 공동체가 되게 하소서'입니다. 성경을 머리로 알고 구절 몇 개를 끼워 맞춰서 대단한 것을 아는 듯 젠체하는 것이 아니라 하나님을 맛보아 아는 체험의 공동체가 되게 해달라는 것입니다. 교회는 바로 이 목적을 위해 세워졌습니다. 교회는 근본적으로 하나님을 체험하는 곳이어야 합니다. 교회는 영적인 체험을 함께 나누는 곳이어야 합니다.

마태복음 7장에서 예수님은 마지막 때에 일어날 일들을 말씀하며 경고하십니다. 많은 이들이 자신의 사역과 일을 가지고 주님 앞에 나아갈 때 주님의 반응은 이럴 수 있습니다.

"그때에 내가 그들에게 밝히 말하되 내가 너희를 도무지 알지 못하니 불법을 행하는 자들아 내게서 떠나가라 하리라"(마 7:23).

요즘으로 치면 '나는 교회 목사로서 사역을 했습니다', '나는 교회에서 이런저런 활동을 많이 했습니다', '교회에서 중추적인 역할을 감당했습니다'와 같은 말을 할 때, 주님은 직분이나 신앙의 경력을 우선적으로 보지 않겠다고 말씀하시는 것입니다. 주님과 친밀한 경험과 관계가 없어도 교회에서 일을 할 수 있습니다. 자신의 열심을 가지고, 자신의 기호로, 자아실현을 위해서 할 수 있는 것입니다. 그런데 예수님과 상관없이 종교 활동을 할 수 있다는 사실이 참으로 무섭습니다. 그래서 하나님에 대한 확고부동한 체험이 우리에게 있어야 합니다. 하나님의 능력을 체험하는 공동체가 되어야 합니다. 그럴 때만이 주님이 아시는 주님의 공동체로 인정받을 수 있습니다.

먼저 예배의 동역자가 되라

주님을 위한 사역에 앞서 우리는 먼저 예배자로 거듭나야 합니다. 예배라고 할 때는 공동체가 함께 드리는 예배가 중요합니다. 각 지체는 예배를 통해 함께 그리스도의 몸으로 지음을 받게 됩니다. 바울은 그의 서신들에서 '나의 동역자 누구누구를 너희에게 소개한다'라거나 '나와 함께 사역한 누구누구를 기억해주면 좋겠다'라고 종종 언급합니다.

"철이 철을 날카롭게 하는 것같이 사람이 그의 친구의 얼굴을 빛나게 하느니라"(잠 27:17).

신실한 믿음은 진실한 믿음의 동역자들의 협력을 통해 빛이 나는 법입니다. 바울 혼자 위대한 사역을 감당할 수 없습니다. 하나님의 나라는 충성스러운 일꾼들이 함께 이루어가는 것이기 때문입니다. 바울은 교회의 일원으로 다른 이들과 서로 영향을 주고받으며 사역을 감당했습니다. 혼자 독불장군처럼 일하고, 자신의 사역은 대단한 것으로 여기면서 다른 사람들의 사역은 하찮게 여긴다면 그것은 교만이요, 하나님 나라의 방식이 될 수 없습니다.

진정한 교회 공동체는 예배를 통해 모두 함께 겸손히 주님께 나아가는 공동체입니다. 하나님 앞에서 모두가 엎드려 하나님만이 영광 받으실 분임을 고백하고 찬양과 경배를 드리는 것입니다. 다툼이 있는 곳일지라도 진정한 예배는 하나 되게 하는 능력이 있습니다. 따라서 교회가 진실한 예배 공동체로 거듭나면 예배를 통해 하나님의 치유와 능력을 경험하게 될 것입니다. 그리고 성령의 하나 되게 하시는 능력으로 한 몸 의식도 자연스럽게 생겨날 것입니다. 사역에 앞서 함께 진실한 예배를 드리는 공동체가 되어야 합니다.

주님을 향한 두 개의 기둥, 찬양과 기도

말씀을 믿고 들은 후에 성도들이 해야 할 반응은 찬송과 기도입니다. 에베소서 1장 3~14절은 찬송할 것을 명합니다. 우리의 정체성과 복이 무엇인지 알았으니 마땅히 찬양을 드리라는 것입니다. 15~19절까지는 기도 내용입니다. 우리는 연약하니 하나님의 도우심이 필요하다는 것입니다. 에베소 교인들뿐 아니라 우리에게도 하나님의 도우심이 절실하게 필요합니다. 교회 공동체가 건강하려면 하나님께 드리는 찬송과 하나님을 향한 기도가 왕성해야 합니다. 건강한 신앙생활에는 왕성한 찬양과 간절한 기도, 두 개의 기둥이 굳게 세워져 있습니다. 이 두 가지가 균형을 이루어야 합니다.

어떤 사람은 찬양을 소홀하게 여깁니다. 간혹 금요 예배 같은 때 찬양이 끝날 즈음에 오는 분들이 있습니다. 목사님의 설교나 기도 시간에 맞춰서 온다는 것입니다. 이것은 잘못된 것입니다. 하나님을 알수록 우리가 마땅히 드려야 할 것이 찬양입니다. 찬양이 사라졌다면 마음이 메말라져 있다는 신호입니다. 하나님의 은혜를 깊이 묵상하고 받은 복을 헤아려본다면 찬양하지 않을 수 없습니다.

또 어떤 분은 기도는 짧게 하는 것도 힘들어하면서 찬양은 무척 좋아합니다. 손을 흔들고 손뼉을 치고 눈물을 흘리며 열정적으로 찬양을 합니다. 그런데 성장을 위한 기도는 결핍되어 있습니다. 이러면 감정적으로 신앙생활을 하게 되어 어려운 일에 쉽게 넘어지고 맙니다. 뜨거운 마음은 좋지만 쉽게 식는다면 문제가 많은 것입니다. 만약 찬양과 기도 둘 다 결핍되어 있는 경우라면 더더욱 심각합니다.

찬양을 통해 감사와 하나님을 향한 열정을 일깨우고, 기도를 통해 성장해 나가야 합니다. 찬양과 기도가 균형 잡혀 있다는 것은 이미 주신 것에 대한 감사가 있을 뿐만 아니라 더 주실 것을 간구하는 믿음이 균형을 이루고 있다는 말입니다. 찬양과 기도의 두 기둥이 든든히 세워져 있는 믿음의 건물은 잘 넘어지지 않습니다. 그러므로 기쁨의 찬양이 넘치고 간절한 기도가 있는 공동체가 되어야 합니다.

6
능력 있는 생활
엡 1:19~23

―

그의 능력이 그리스도 안에서 역사하사
죽은 자들 가운데서 다시 살리시고 하늘에서
자기의 오른편에 앉히사
(엡 1:20)

인간이 사용할 수 있는 어휘는 참으로 다양합니다. 그중에 가장 좋아하는 단어는 '행복'입니다. 사람들에게 행복은 최고로 중요합니다. 모두가 행복을 추구합니다. 그런데 실제로는 대부분의 사람이 자신이 불행하다고 여기고 삽니다. 불행한 이유는 가진 것이 부족하여 무엇인가 결핍되어 있다고 생각하기 때문입니다.

그러나 역사를 돌이켜보면 우리는 매우 풍족하고 발달된 문명 가운데 살고 있습니다. 30여 년 전에 세상을 떠난 이들이 다시 살아나 우리의 삶의 현장을 본다면 진보하고 변화된 생활 모습에 큰 충격을 받을 것입니다. 모든 정보가 손끝에 달려 있는 것처럼 스마트폰 하나로 엄청난 일들을 하고 있습니다.

예전에는 도서관이나 병원, 권위자를 찾아가 알아봐야 할 정보들을 인터넷으로 다 듣고 보는 시대가 되었습니다. 먹거리도 얼마나 다양해졌는지 모릅니다. 전에는 영양 결핍으로 병이 왔다면 지금은 너무 많이 먹어서 문제입니다.

우리보다 열악한 환경의 나라에 단기 선교를 다녀온 청년들이 하나님의 은혜에 앞서서 가장 먼저 느끼는 것이 '우리가 너무 잘살고 있구나'라는 것입니다. 그러면서 이제는 '밥투정을 하지 않겠다', '원망이나 불평을 하지 않겠다'고 말하기도 합니다.

이처럼 우리는 가지지 못해서라기보다는 가지고 있는 것을 깨닫지 못해서 불행하게 여기는 경우가 많습니다. 행복은 자신의 상황을 새롭게 깨닫는 것을 통해 오는 것입니다.

비슷해 보여도 근원이 다르다

영적인 부요함도 마찬가지입니다. 우리 자신이 누구인지를 제대로 깨닫는다면 얼마나 풍성한 은혜를 누리고 있는지 놀라게 될 것입니다. 하나님의 은혜와 복은 이 세상의 어떤 것과도 바꿀 수 없는 소중한 것입니다. 에베소서의 복음을 통해 우리가 행복한 자임을 알게 되었다면 이제는 원망을 찬송으로 바꾸고, 힘없는 모습이 아니라 가슴을 펴고 당당하게 살아야 할 것입니다.

"그의 힘의 위력으로 역사하심을 따라 믿는 우리에게 베푸신 능력의 지극히 크심이 어떠한 것을 너희로 알게 하시기를 구하노라"(엡 1:19).

이 말씀에서는 '힘'이라는 단어 하나만 보지 말고 그 다음에 나오는 '위력', '역사', '능력'이라는 표현을 함께 보아야 합니다. 이 구절은 일반적인 힘이 아니라 강력하고 역동적인 에너지가 있는 능력을 하나님께서 우리에게 베풀어주셨다는 것을 말씀합니다. 사도 바울은 우리가 이것을 알기를 원했습니다. 이것을 아는 것과 모르는 것은 천지 차이입니다.

여기서의 능력은 이 땅에서 소통되는 일반적인 능력의 차원을 뛰어넘습니다. 이 땅에서의 능력은 세상을 살아가는 수단이나 돈을 버는 것, 육체적인 힘 같은 것을 말합니다. 이 땅을 살아가는 데에는 이런 능력도 필요하고 중요하지만 그 능력은 상대적입니다. 우리가 법적인 문제를 당하면 법 전문가가 집안에 있으면 좋겠다고 생각하는데 그 법 전문가가 병이 나면 속수무책입니다. 어떤 사람은 영어는 잘하지만 다른 부분에서는 미숙합니다. 이처럼 세상에서의 능력은 어느 한편의 능력이며 한계가 많습니다. 대단한 능력이 있는 것 같아도 사람은 누구나 다른 부분에서는 무능력합니다. 모든 사람이 결핍과 곤란 가운데 인간의 한계를 갖고 있습니다.

그런데 하나님께서 주시는 능력은 하늘로부터 오는 능력입니다. 이 능력은 통하지 않는 것이 없고, 변하지 않으며, 역사하지 못하는 현장도 없습니다. 그런데 하나님께서 이런 대단한 능력을 우리에게 주셨다고 사도 바울은 선언합니다.

"그의 능력이 그리스도 안에서 역사하사 죽은 자들 가운데서 다시 살리시고 하늘에서 자기의 오른편에 앉히사"(엡 1:20).

이 능력은 그리스도 안에서 역사했습니다. 하나님께서 우리에게 베풀어주신 능력은 땅의 것과 구분되는 하나님의 특별한 능력입니다. 이러한 능력을 예수님을 믿는 우리에게 주셨다는 것을 언제나 잊지 말아야 합니다. 그리고 이 능력을 가졌으니 우리는 패잔병처럼 살아서는 안 됩니다.

부활의 능력

그리스도 안에서 역사하신 능력은 바로 부활의 능력을 말합니다. 죽은 자들 가운데서 살리신 하나님의 능력입니다. 이 세상에서 가장 참혹한 것이 죽음입니다. 죽음만큼 처절한 것은 없습니다. 죽음은 다른 기회를 가질 수 없다는 점에서 치명적입니다. 죽음에 누구나 예외가 없다는 점에서 모든 인간은 피할 수 없는 비극의 주인공들입니다. 우리는 죽음을 피하거나 멈출 수 없을 뿐 아니라 죽은 시신도 보전할 수 없습니다. 아무런 장치 없이 그냥 두면 시신은 녹아내려 썩기 시작합니다.

그런데 하나님의 능력이 이 죽음을 이기고 부활하는 것으로 나타났습니다. 비참함의 절정이 죽음이라면, 죽음을 이긴 부활의 능력은 최고의 능력이 아닐 수 없습니다. 우리가 장차 부활한다는 사실은 인간이 가장 두려워해야 할 죽음 앞에서 당당하게 살 수 있다는 것을 말합니다. 그래서 바울은 "사망아 너의 승리가 어디 있느냐 사망아 네가 쏘는 것이 어디 있느냐"(고전 15:55)라고 당당하게 선언합니다.

하나님께서는 예수 그리스도의 부활을 통해 하나님의 능력을 공적 사건으로 드러내어 공공연하게 세상에 알리셨습니다. 그런데 이 부활이 예수님께만 베풀어진 것이 아니라 예수님을 믿는 우리에게도 베풀어져 우리 역시 부활한다고 하니 놀라운 이야기가 아닐 수 없습니다. 이 능력은 너무나 놀라워서 심지어 신학자들 중에도 믿지 않는 자들이 있습니다.

신학자 루돌프 불트만(Rudolf Karl Bultmann, 1884~1976)은 예수님의 부활은 케리그마로 다시 살아나신 것이라고 했습니다. 예수님이 실제로 육체적인 부활을 하신 것이 아니라 예수님이 돌아가신 이후에 제자들에 의해 선포된 말씀 가운데 살아 있게 되었다는 것입니다. 예수님이 단지 메시지 속에서 살아 있게 되었다는 말입니다. 그러면 제자들과 여인들 앞에 예수님이 나타나 손을 만져보라고 하시고 음식도 드신 성경의 사건은 부인되어야 할 것입니다. 실제로 부활을 믿지 않는 사람들은 성경을 내용 그대로 믿지 않습니다.

부활은 사람들이 모두 다 불가능하다고 여기는 것을 가능하게 하신 하나님의 능력입니다. 그래서 이 진리를 믿는 자들에게는 불가능이 없습니다. 부활은 죽음이 끝이라고 생각하는 모든 사람 가운데서 다시 시작할 수 있는 근거를 줍니다. 절망 가운데 인생을 포기하고 싶은 순간에도 부활의 소망을 가진 사람은 일어설 수 있습니다. 부활의 능력이 있는 자에게 사망 선고란 결코 있을 수 없습니다.

"예수께서 이르시되 할 수 있거든이 무슨 말이냐 믿는 자에게는 능히 하지 못할 일이 없느니라 하시니"(막 9:23).

우리는 연약하지만 하나님의 능력을 의지해서 다시 일어나 시작할 수 있습니다. 우리의 인생을 과거에 실패했던 경험에 가두지 마십시오. 부활의 능력이 우리에게 주어져 있습니다.

승리의 능력

인생은 밝은 빛뿐 아니라 어둠을 통과할 때가 많습니다. 어려운 문제들은 필연적으로 다가옵니다. 그럴 때 모든 사람이 어려움을 극복하고 잘 견뎌 승리하기를 바랄 것입니다. 만약 현실의 어려움을 극복하지 못하면 우리는 패배와 실패감으로 가득 차 곤고함의 시간을 보내게 될 것입니다.

그런데 에베소서 1장 20절은 예수님께서 죽음을 이기고 부활하셨을 뿐 아니라 하나님께서 보좌 우편에 앉게 하셨다고 말씀합니다. 죽음을 이기게 하셨을 뿐 아니라 승리의 보좌에 세워 영화롭게 하셨다는 것입니다. 예수님께서는 고난 받으실 때의 비참한 모습이 아니라 모든 것을 다스리시는 통치자로서 영광을 드러내십니다.

"모든 통치와 권세와 능력과 주권"(21절)은 영적 세계의 질서를 묘사하는 말입니다. 이 세상만이 아니라 "오는 세상" 위에 뛰어나게 하시겠다는 것입니다. 그리고 "만물을 그의 발 아래에 복종하게 하시고"(22절) 그를 "교회의 머리"(22절)로 삼으셨다고 말씀합니다. 그리스도는 이제 완전한 승리자의 모습으로 나타나셨습니다. 주님은 부활하셨을 뿐 아니라 세상 위에 세워지셨습니다. 죽음을 이기셨을 뿐 아니라 세상을 이기셨습니다.

이러한 주님 안에 있는 우리는 세상을 두려워해서는 안 됩니다. 예수님께 베푸신 하나님의 능력이 우리에게도 주어져 있으므로 우리는 고난의 과정을 겪는다 해도 마침내 승리자로 세워지게 될 것입니다. 그래서 주님을 믿는 자는 세상에서 담대해야 합니다.

"이것을 너희에게 이르는 것은 너희로 내 안에서 평안을 누리게 하려 함이라 세상에서는 너희가 환난을 당하나 담대하라 내가 세상을 이기었노라"(요 16:33).

하나님을 믿는 사람은 패배 의식을 버리고, 세상 앞에 주눅 들지 않으며, 세상 권세와 통치 앞에서 당당하게 살아야 합니다. 승리의 능력이 이미 우리에게 주어져 있기 때문입니다. 우리가 살아가면서 싸우는 모든 싸움은 이기는 싸움입니다. 하나님의 은혜로 결론이 이미 주어져 있습니다. 예수님께서 이미 이기신 싸움입니다. 승패가 이미 결정 난 싸움이므로 두려움 가운데 지낼 필요가 없습니다.

어렴풋하게 영적인 세계를 믿는 사람들 중에 귀신을 무서워하는 사람들이 많습니다. 그래서 무속 신앙에 빠져 무당을 통해 귀신을 달래려고 합니다. 귀신의 비위를 맞추는 자는 이미 귀신에게 진 자입니다. 예수님을 믿는 사람은 귀신을 꾸짖고 책망하며 명령하는 자입니다. 예수님을 믿는 사람은 가장 연약한 자라도 귀신을 물리칠 수 있는 능력이 있습니다. 그래서 귀신이 예수님을 믿는 주일학교 학생을 이기지 못합니다. 승리의 능력이 그리스도를 통해 그리스도인에게 주어졌기 때문입니다. 따라서 우리는 예수님의 이름으로 세상을 이기는 승리의 믿음을 가져야 합니다.

그리스도의 충만함

천지를 만드실 때 하나님께서는 공허를 아름다움으로 채우셨습니다. 하나님의 능력에는 빈 곳이나 부족함이 존재하지 않습니다. 있어야 할 것이 질서 있게 부족함 없이 드러나는 것이 하나님의 능력이며 지혜입니다.

"교회는 그의 몸이니 만물 안에서 만물을 충만하게 하시는 이의 충만함이니라"(엡 1:23).

'교회'는 건물이 아니라 믿는 성도들을 의미합니다. 하나님께서 그리스도의 몸인 교회에 부족함이 없는 충만함을 주셨습니다. 충만함은 그리스도로 나타납니다. 그래서 교회는 세상을 향해 그리스도가 충만히 드러나도록 해야 합니다. 교회를 통해 사람이나 프로그램이 드러나고 반짝이는 아이디어가 나타서는 안 됩니다. 오직 그리스도가 충만히 나타나야 합니다.

교회가 그리스도로 충만하다는 것은 교회의 주인이 누구인지를 분명하게 보여줍니다. 우리가 속해 있는 장로교회는 민주적인 정치 형태를 갖고 있습니다. 민주적이라고 하면 각 구성원의 의견과 권리가 제일 중요하다고 생각합니다. 만인제사장설을 믿는 우리는 모든 사람이 교회의 주인이라고 오해하기 쉽습니다. 그런데 교회의 주인은 그리스도입니다. 이것을 잊어서는 안 됩니다. 교회는 생태적으로 그리스도께서 주인이 되어 그리스도의 은혜와 능력이 충만한 곳입니다. 따라서 사람이나 특정 그룹이 주인이 되어서는 안 됩니다.

또한 교회는 그리스도가 충만한 곳으로 그리스도와 그리스도의 복음이 충만하게 넘치도록 증거되어야 합니다. 세상을 향해 예수님의 능력이 드러나고, 예수님의 은혜가 세상을 충만히 지배하도록 사명을 감당해야 합니다. 교회는 세상에 끌려가서는 안 되며 "만물 안에서 만물을 충만하게 하시는" 하나님의 능력답게 세상을 인도해가야 합니다. 세상의 시각과 판단을 두려워하지 말고 교회의 사명을 다해야 합니다. 교회에 주어진 사명은 할 수 있고 없고의 문제가 아니라 이미 그 능력을 우리에게 주셨으므로 당연히 해야 할 사명입니다. 교회는 그리스도의 주권 공동체이자 그리스도의 능력 공동체이며, 그리스도의 증거 공동체로 세워졌습니다.

복의 가치를 알아야

남아프리카공화국은 세계적인 보석 생산 국가로 유명합니다. 백인들이 아프리카 땅에 갔을 때 아이들이 빛이 나는 투명한 유리 같은 돌덩어리를 가지고 노는 것을 목격했습니다. 놀랍게도 그것은 다이아몬드 원석이었습니다. 아이들이 백인들이 가지고 온 군것질거리에 오히려 관심을 보이자 백인들은 자신들의 물건과 바꾸자고 했습니다. 아이들은 열심히 그 돌을 모아가지고 왔고, 껌이나 과자와 값비싼 보석을 바꾸었습니다. 다이아몬드의 가치를 알지 못했기 때문입니다. 아무리 지천에 보석이 깔려 있어도, 땅속에 수많은 다이아몬드가 묻혀 있어도 가치를 모르면 쓸모없는 돌덩어리일 뿐입니다.

가치는 그것을 알아주고 인정해주고 귀하게 활용할 때 드러났습니다. 하나님께서 우리에게 주신 신령한 복들은 모두가 다 소중한 은혜의 다이아몬드들입니다. 그런데 그 가치를 알지 못하고, 귀하게 여기지 않고, 열망과 소원함이 없다면 무용지물이 될 것입니다. 하나님께서는 우리가 중생할 때 신령한 많은 능력을 주셨습니다. 그리스도 안에 있는 우리는 그리스도와 함께 그 능력을 누릴 수 있는 자들입니다. 그 능력은 오직 그리스도 안에서 하나님께서 위로부터 주시는 능력입니다. 그 능력은 불신을 버리고 세상의 것들보다 그리스도를 귀하게 여겨 자기 정체성을 바로 세우며, 기도를 통해 활용하는 자에게 놀라운 복으로 드러나게 될 것입니다.

7
그때는 죽었고
지금은 살아 있다
엡 2:1~10

—

전에는 우리도 다
그 가운데서 우리 육체의 욕심을 따라 지내며
육체와 마음의 원하는 것을 하여
다른 이들과 같이 본질상 진노의 자녀이었더니
긍휼이 풍성하신 하나님이 우리를 사랑하신
그 큰 사랑을 인하여 허물로 죽은 우리를
그리스도와 함께 살리셨고
(너희는 은혜로 구원을 받은 것이라)
(엡 2:3~5)

에베소서를 통해서 자신의 실제 모습을 아는 것이 매우 중요한 영적 훈련임을 알게 되었습니다. 가난한 줄 알았는데 하나님께 복을 받은 부유한 자이고, 무능력한 자라고 생각했는데 능력이 이미 주어졌으며, 가치 없는 존재인 줄 알았는데 하나님께서 나를 기업으로 삼고 관심과 사랑을 기울이시는 귀한 존재임을 알게 되었습니다. 이러한 사실을 알 때 우리 인생이 달라집니다.

과거를 보아야 현재가 보인다

거울 앞에서 외모에 실망하고 불평할 때가 종종 있을 것입니다. '눈이 좀더 컸으면 좋겠다, 콧대가 좀더 높았으면 좋겠다, 광대뼈가 좀 들어갔으면 좋겠다' 식으로 못마땅해 할 때가 많을 것입니다. 그럴 때 주민등록증을 꺼내보는 것이 유익합니다. 대부분은 지난날의 모습보다 지금이 훨씬 더 세련되고 더 멋있어졌을 것입니다. 지난날을 생각하지 않고 현재에만 집중하면 지금이 얼마나 복된 삶인지 모를 때가 많습니다.

인간은 망각의 동물이어서 잊지 말아야 할 유익한 것들을 기억하지 못할 때가 많습니다. 어떤 분은 대학에서 교수 생활을 하고 있는데 가난한 집에서 태어나 힘들고 어려웠던 지난 시절을 생각해보면 지금 얼마나 큰 은혜와 복을 누리고 있는지 정신이 번쩍 든다고 합니다. 현재 힘든 사람도 더 힘들었던 과거를 기억하는 것은 여러 가지로 유익이 있습니다. 과거를 보아야 현재가 보입니다.

죽은 자를 기억하라

"그는 허물과 죄로 죽었던 너희를 살리셨도다"(엡 2:1).

우리의 과거의 모습은 "죽었던" 자입니다. '죽을 수밖에 없었던' 것이 아니라 아예 '죽었다'고 선언합니다. 죽음은 비극과 참혹함 자체입니다. 우리가 떠올리는 일반적인 죽음은 육신의 죽음입니다. 영혼이 육신을 떠나 분리되는 것입니다. 죽은 자는 세상과도 분리됩니다. 죽은 자는 대화를 할 수 없고, 어떤 반응도 하지 못합니다. 그리고 결국 한 줌 흙으로 썩게 됩니다.

그런데 성경은 더 중요한 죽음을 말합니다. 영적인 죽음입니다. 영적인 죽음은 하나님과 분리되어 있는 것을 말합니다. 육신의 죽음은 영적인 죽음으로 인해 오게 된 것입니다. 뿌리가 잘린 꽃이 당장은 살아 있는 듯해도 며칠만 지나면 완전히 시들어버리는 것처럼 시간이 지나면 죽음은 반드시 찾아옵니다. 하나님을 떠난 인생은 영적인 죽음을 맞이하여 때가 되면 육체의 죽음을 당하게 됩니다.

영적으로 죽었다는 것은 아무런 반응을 하지 못하는 시신처럼 우리가 하나님께 어떤 반응도 하지 못하는 존재였음을 말합니다. 영적 무지 상태입니다. 그 상태에서는 하나님의 뜻을 모르고, 하나님과 대화를 할 수 없으며, 전혀 교제할 수 없습니다. 죽은 자와 살아 있는 자의 차이는 하늘과 땅의 차이보다 더 큽니다. 그리스도 밖에 있었던 죽은 자가 그리스도 안에서 살게 되어 하나님을 아버지라고 부르고 하나님 나라를 꿈꾸고 소망하며 살게 된 것은 최고의 기적입니다.

죄의 종을 기억하라

우리는 "허물과 죄로 죽었던" 자들이었습니다. 허물은 '파랍토마(παράπτωμα)'로서 하지 말아야 할 것을 한 것을 말합니다. 죄는 '하마르티아(ἁμαρτία)'인데 어떤 목표를 겨냥하고 목적하던 것에 이르지 못한 것을 의미합니다. 즉 하나님께서 요구하시는 것을 이루지 못한 것이 죄입니다. 우리는 하지 말아야 할 것을 하여 허물이 많은 자가 되었고, 해야 할 것은 하지 않아 결국 죄인이 되었습니다.

"그때에 너희는 그 가운데서 행하여 이 세상 풍조를 따르고 공중의 권세 잡은 자를 따랐으니 곧 지금 불순종의 아들들 가운데서 역사하는 영이라"(엡 2:2).

여기서 '행하다'는 '산책하다'라는 의미로 자기가 좋아하는 것을 즐기는 것을 말합니다. 그런데 이 단어가 부정적으로 쓰이면 내 의지와 상관없이 그것에 종속되어 허우적거리는 상태를 의미합니다. 즉 우리는 허물과 죄에 빠져 죄의 포로가 되었고 죄에 속박된 종으로 살았습니다. 죄의 종으로 따라갔을 뿐 아니라 끌려갔습니다. 세상의 풍조대로 공중의 권세를 잡은 사탄의 노예가 되어서 끌려다녔습니다.

세상에는 다양한 부류의 사람이 사는데 영적인 선택을 할 때에는 하나님의 종으로 사느냐, 마귀의 종으로 사느냐, 이렇게 두 가지 영역밖에 없습니다. 중간 지대의 선택지는 없습니다. 오늘날 많은 사람이 마귀의 종이 되는 선택을 하여 마귀에게 끌려다니며 자신이 원하는 죄뿐만 아니라 원치 않는 죄를 저지르며 살고 있습니다.

어떤 텔레비전 프로그램에서 한 부부가 등장했습니다. 저녁상을 차리는 부인과 기다리는 남편의 모습을 보면 단란한 가정입니다. 그런데 남편이 갑자기 부인을 때리더니 그릇들이 박살이 나고 음식물이 쏟아지는 전쟁이 일어납니다. 남편과 인터뷰를 하니 평소에는 괜찮은데 아내를 보면 싸우고 싶은 분노의 충동이 일어나 견딜 수 없다는 말을 합니다. 이 남편처럼 마귀의 종으로 끌려다니는 일들이 실제로 많이 있습니다. 인간의 성향 자체가 부패하여 우리는 늘 죄를 지향하며 살아갑니다. 타락하여 부패한 성품으로 인해 육체의 욕심으로 죄에 지배되어 살아가는 것입니다.

육체의 욕심이란 육신을 가졌기 때문에 오는 일반적인 욕망, 즉 피곤하여 잠이 오고 배가 고파 먹고 싶은 것과 같은 것을 말하는 것이 아닙니다. 욕망이 죄악된 것이란 하나님이 주신 범위를 벗어나 부정한 것에 이르는 것을 말합니다. 따라서 성경에서 말하는 육체의 욕심이 무엇인지를 살펴보아야 합니다.

죄의 포로를 기억하라

"육체의 일은 분명하니 곧 음행과 더러운 것과 호색과 우상 숭배와 주술과 원수 맺는 것과 분쟁과 시기와 분냄과 당 짓는 것과 분열함과 이단과 투기와 술 취함과 방탕함과 또 그와 같은 것들이라 전에 너희에게 경계한 것같이 경계하노니 이런 일을 하는 자들은 하나님의 나라를 유업으로 받지 못할 것이요"(갈 5:19~21).

육체의 욕심을 따르는 첫 번째 현상은 성적 타락입니다. 세상에는 육체의 욕심을 따라 음란과 음행의 모습이 만연합니다. 이는 돈벌이가 되는 첫 번째 상품이기도 한데, 사람들의 마음이 어디에 있는가를 보여주는 상행위입니다.

두 번째는 우상에 대한 집착입니다. 하나님을 아는 데는 관심이 없는데 하나님이 아닌 어떤 것에는 집착을 합니다. 시간과 에너지와 물질을 쏟아 부으며 낭비를 합니다. 이 모든 것이 우상 숭배요 그 결과의 모습입니다.

세 번째로 관계의 파괴입니다. 하나님과의 분리는 사람들 간의 분열로 나타납니다. 만약 내가 가는 곳에 이런 모습이 나타난다면 나도 육체의 욕심을 따르고 있지 않은지 돌아보아야 합니다. 육체의 소욕을 따르면 갈등이 일어나고 평화가 깨어지며 분열이 일어납니다.

마지막으로 개인적인 방종함이 일어납니다. 육체의 욕망에 따라 사는 것은 개인적인 취향이나 자유로운 것이 아니라 방종이요 방탕함입니다.

성경은, 이런 자들은 하나님의 나라를 유업으로 받지 못한다고 엄히 경고합니다. 이런 일들은 하나님 나라의 본질인 기쁨과 희락과 평안을 누리지 못하게 합니다. 욕망을 만족시키지 못해서 오는 불만과 원망과 미움과 시기만이 일어날 뿐입니다. 그런데 이런 일들에 사로잡혀 죄의 포로로 종살이를 하던 것이 바로 우리의 모습이었습니다.

"전에는 우리도 다 그 가운데서 우리 육체의 욕심을 따라 지내며 육체와 마음의 원하는 것을 하여 다른 이들과 같이 본질상 진노의 자녀이었더니"(엡 2:3).

본질적으로 하나님의 진노를 받는 자에게는 소망이 없습니다. 저주 가운데 있는 자는 오래 살아도 희망이 없습니다.

그러나 살리셨다

그러나 그리스도 안에 있는 자들은 이전의 모습과는 차원이 다르게 변화됩니다.

"긍휼이 풍성하신 하나님이 우리를 사랑하신 그 큰 사랑을 인하여 허물로 죽은 우리를 그리스도와 함께 살리셨고"(엡 2:4~5).

원문에는 이 말씀 앞에 '그러나(데, de)'를 사용하여 앞부분과 단절하면서 대조하고 있습니다. 우리는 그렇게 죽은 자였는데 '그러나' 하나님께서 그리스도와 함께 살리셨다는 것입니다. 즉 그리스도를 통해 새롭게 생명이 주어져 출생한 것입니다. 재창조가 아니라 새 창조입니다. 완전히 죽었던 자를 새로운 존재로 만드신 것입니다. 이전 같은 제한적인 생명이 아니라 영원한 생명의 존재가 된 것입니다.

만약 어떤 사람이 죽었다가 다시 살아났다면 그는 이전과는 다르게 살 것입니다. 그런데 죽었다가 다시 살아난 우리의 모습은 어떠합니까? 다시 살아난 감격과 기쁨은 자신의 상태가 얼마나 비참했으며, 그런 내가 기적을 통해 다시 시작되었음을 믿고 깨달을 때 옵니다. 하나님께서는 우리가 죽었다 살아난 가슴 벅찬 감격으로 살기를 원하십니다.

그러나 죽음을 이겼다

"또 함께 일으키사 그리스도 예수 안에서 함께 하늘에 앉히시니"
(엡 2:6).

무덤에 들어가기 전 예수님의 육신은 연약함이 있었습니다. 질병의 공격을 받기도 하고, 피곤을 느끼기도 했습니다. 그런데 십자가에서 죽으시고 부활하신 주님의 육체는 놀랍게 변화된 몸이었습니다. 우리가 예수님 밖에 있을 때에는 연약한 피조물의 모습일 수밖에 없습니다. 그런데 하나님께서 우리를 일으켜 예수님처럼 죽음을 이긴 존재로 만드셨습니다. 죽음을 이길 뿐 아니라 영생의 부활체가 될 수 있는 은혜를 보증해주셨습니다.

우리는 결코 약한 존재가 아닙니다. 그리스도 안에서 우리는 강력한 존재가 되었습니다. 죄책감과 죽음의 두려움과 공포에서 완전히 자유롭게 되었습니다. 강한 자가 되었으니 아무리 어려운 일을 당해도 참을 수 있고, 용서할 수 있고, 원수를 사랑할 수 있습니다. 나는 하나님께서 일으키신 존재입니다.

그러나 승리자가 되었다

죽음을 이긴 존재는 세상을 이깁니다. 처음 사람을 만드실 때 하나님께서는 세상을 정복하고 다스리라고 명하셨습니다. 그런데 타락 이후에 사람은 세상에 끌려다니고 세상의 지배를 받는 죄인이 되었습니다. 그러나 이제는 하나님께서 우리를 그리스도와 함께 하늘에 앉히셨습니다. 세상을 다스리고 통치하는 그리스도의 능력에 참여하게 하신 것입니다. 이러한 권세를 가졌으니 우리는 승리자로 살아야 합니다.

"그러나 이 모든 일에 우리를 사랑하시는 이로 말미암아 우리가 넉넉히 이기느니라"(롬 8:37).

우리는 이기는 존재, 승리자가 되었습니다. 그런데 우리가 무엇을 이겼습니까?

"누가 우리를 그리스도의 사랑에서 끊으리요 환난이나 곤고나 박해나 기근이나 적신이나 위험이나 칼이랴"(롬 8:35).

환난, 곤고, 박해, 기근, 적신, 위험, 칼은 인간이 가장 두려워하는 모든 것의 총칭입니다. 즉 이런 것들로부터 넉넉히 이기는 승리의 권세가 우리에게 주어졌다는 것입니다. 이 권세를 활용하여 세상에서 승리해야 합니다. 세상이 주는 두려움과 사탄의 모든 공포를 대적해야 합니다.

은혜를 선물로 받았으니

그런데 이 모든 것이 하나님의 은혜로 된 것입니다.

"너희는 그 은혜에 의하여 믿음으로 말미암아 구원을 받았으니 이것은 너희에게서 난 것이 아니요 하나님의 선물이라"(엡 2:8).

우리의 수고와 공로로 된 것이 아니라 하나님께서 주셔서 받게 된 것입니다. 내가 수고하고 노력한 것에 대한 보상은 당연하여 그렇게까지 기쁘지 않을 수 있습니다. 그런데 이 모든 하늘의 복은 하나님이 우리를 사랑하셔서 작정하고 그냥 주신 것입니다. 그러니 그냥 사랑이 아니라 "긍휼이 풍성하신 하나님이 우리를 사랑하신 그 큰 사랑"(엡 2:4)이라고 찬양할 수밖에 없습니다.

하나님의 선물을 받은 사람은 얼굴에서, 생활에서, 예배에서 변화가 있어야 합니다. 우리가 하나님의 큰 은혜에 합당한 보답을 할 수는 없겠지만 큰 기쁨과 감격, 진실한 감사와 찬양으로 주님께 나아간다면 하나님께서는 그 선물을 귀하게 여기는 우리의 모습을 통해 영광을 받으실 것입니다.

8
걸작 인생
엡 2:7~10

―

우리는 그가 만드신 바라
그리스도 예수 안에서 선한 일을 위하여
지으심을 받은 자니 이 일은 하나님이
전에 예비하사 우리로
그 가운데서 행하게 하려 하심이니라
(엡 2:10)

역사가 오래된 나라의 박물관에는 굉장히 유명한 작품들이 전시되어 있습니다. 그런데 예술에 문외한인 사람들이 그런 작품들을 보면 왜 명작인지, 왜 귀중하고 대단한 것인지 알지 못할 때가 많습니다. 빈센트 반 고흐의 〈자화상〉이라는 작품을 보면 우리가 흔히 보는 다른 그림들보다 엄청나게 뛰어나 보이지 않아 실망하기도 합니다. 레오나르도 다빈치의 〈모나리자〉 역시 눈썹이 없는 여인의 모습에 다른 이들이 말하는 아름다움을 느끼지 못하기도 합니다. 그런데 그 작품의 가치를 결정하는 것은 작가입니다. 어떻게 그려졌는가보다 누가 그렸는가가 중요한 것입니다. 그래서 예술계와 사람들이 인정하는 뛰어난 작가의 작품은 그 가치가 천문학적으로 높아지는 것입니다.

우리의 가치를 결정하신 분

우리의 가치는 누가 정합니까?

"우리는 그가 만드신 바라"(엡 2:10).

우리는 하나님이 지으셨습니다. 영어 성경은 이 구절을 이렇게 표현합니다.

"우리는 하나님의 예술품이다(We are His workmanship, NASB)".

하나님의 솜씨가 드러난 하나님의 예술 작품이라는 것입니다. "만드신"의 원어는 '작품'을 뜻하는 '포이에마(ποίημα)'인데 영어의 '시(詩, poem)'와 같은 어원입니다. 즉 우리는 하나님이 만드신 작품이자 예술이자 시입니다. 우리가 하나님의 작품이라는 것을 믿는다면 다른 사람이 나를 바라보는 것에 가치가 결정되어서는 안 됩니다. 나 스스로가 나의 가치를 결정해서도 안 됩니다. 하나님의 작품으로서 나를 바라보아야 합니다. 하나님의 말씀을 믿는 자로서 나를 귀한 가치로 만드신 하나님의 복을 받아들여야 합니다.

에베소서는 시작부터 우리의 정체성을 확립시켜주는데, 2장에서 절정을 이룹니다. 사람들은 자신의 정체성을 세우려고 노력합니다. 그것이 자존감의 근거요, 살아가는 힘이 되기 때문입니다. 어떤 이들은 소유로 자신을 내세웁니다. 이들은 넓은 집이나 좋은 차를 가지고 과시합니다. 어떤 이들은 자신이 경험한 특별한 체험을 내세우면서 자신이 굉장한 사람임을 자랑합니다. 이들의 시각을 따라간다면 소유가 부족하고, 넓은 집이나 좋은 차가 없는 사람은 아무것도 아닌 존재가 될 것입니다.

하지만 믿음의 사람은 세상의 판단에 자신의 가치를 맡겨서는 안 됩니다. 우리는 하나님 안에서 정체성을 찾아야 합니다. 우리의 가치를 하나님께서 정하셨기 때문입니다. 내가 비록 배운 것이 부족하고 자랑할 만한 것이 없더라도, 우주의 주인이시고 최고의 작가이신 하나님께서 나를 만드셨기에 나는 우주의 걸작품인 것입니다.

사람들은 정체성대로 살게 되어 있습니다. 자신의 가치를 인식하는 대로 행동합니다. 정체성이 분명한 사람은 거기에 걸맞게 살기 위해 고군분투합니다. 어려움을 견디고 용기 있게 걸어가 마침내 승리합니다. 그래서 내가 하나님의 걸작품이라는 의식을 갖는 것이 매우 중요합니다.

작품인가 상품인가

작품과 상품은 만들 때부터 다릅니다. 상품은 대량으로 찍어내지만 작품은 그렇지 않습니다. 진열하는 곳도 다르고, 다루는 손길도 다릅니다. 언젠가 고속도로 휴게소에서 10톤 정도로 보이는 거대한 트럭이 정차되어 있는 것을 보았습니다. 그 차에는 육중해 보이는 컨테이너가 있었고, 차 외부에는 '무진동 차'라고 쓰여 있었습니다. 궁금해서 물어보니 진동을 극소화해서 운반하는 차량이라는 것입니다. 귀하고 세밀한 작품들을 운반할 때 쓰는 차라고 합니다. 귀한 가치의 물건들이라 바닥의 충격을 받지 않도록 조심스럽게 옮기며 귀중하게 다루는 것입니다.

우리가 하나님의 작품이라면 흔한 상품처럼 취급하여 이리저리 굴리면 안 됩니다. 작품에는 작가의 의도가 있습니다. 우리가 하나님의 작품이라면 그 작품답게 살아야 합니다. 즉 하나님의 뜻에 맞게 살아야 합니다. 품격에 맞는 모습이 되어야 합니다. 그래서 성경은 우리의 모습이 어떠해야 하는지를 말씀해줍니다.

믿음으로 사는 것

하나님의 작품답게 살기 위해서는 믿음으로 살아야 합니다. 삶의 방식과 기준과 방향은 다양해도 한 하나님의 작품이므로 그분의 의도대로 살아야 합니다.

"너희는 그 은혜에 의하여 믿음으로 말미암아 구원을 받았으니 이것은 너희에게서 난 것이 아니요 하나님의 선물이라"(엡 2:8).

구원을 받은 것은 은혜와 믿음으로 된 것인데 이 두 가지 요소는 하나님께서 주신 선물입니다. 은혜만이 아니라 믿음도 하나님의 선물입니다. 은혜는 하나님이 주시는 것이고 믿음은 내가 믿는 것이 아닙니다. 둘 다 하나님의 선물입니다. 믿음으로 산다는 것은 하나님을 의지함으로 사는 것입니다. 자신의 행위나 능력이 아니라 모든 자원을 하나님께 받아서 사는 것을 말합니다. 이때의 믿음은 자기 공로화되는 행위와 비교됩니다.

송충이는 솔잎을 먹고 살아야 하고, 믿음으로 사는 사람은 하나님이 공급해주시는 것으로 살아야 합니다. 즉 믿음으로 사는 것은 그리스도 안에서 사는 것입니다. 에베소서는 '엔 크리스토스' 즉 '그리스도 안에서'를 강조합니다. 그리스도 안에서 사는 것은 우리의 말과 행실, 생각과 판단이 그리스도 안에서 행해지는 것을 말합니다. 전에는 그리스도 밖에서 자신의 욕심을 따라 살았다면 이제는 변화된 자로서 그리스도 안에서 주님과 함께 거하며 하나님의 은혜의 통치 아래 사는 것입니다. 곧 믿음 안에서 사는 것, 그리스도 안에서 사는 것은 죄악된 행실을 버리고 하나님의 거룩한 존재로 새롭게 살아가는 것을 말합니다.

"그들의 목구멍은 열린 무덤이요 그 혀로는 속임을 일삼으며 그 입술에는 독사의 독이 있고 그 입에는 저주와 악독이 가득하고 그 발은 피 흘리는 데 빠른지라"(롬 3:13~15).

그리스도 밖에서의 언어 생활은 죽음을 낳는 것이며 거짓말과 저주와 악독입니다. 이런 언어들은 사탄의 것으로, 육체의 욕심을 이루는 자기중심적인 죄악들입니다. 이런 죄악들이 계속되면 "그들의 눈 앞에 하나님을 두려워함이 없느니라 함과 같으니라"(롬 3:18)는 말씀처럼 하나님을 두려워하는 마음이 사라져 제멋대로 살게 됩니다. 그런데 그리스도 안에 있는 자로 변화되면 하나님을 두려워하게 됩니다. 하나님께서 원하시는 것을 생각하며 말을 하게 됩니다. 귀하신 분과 함께 있으므로 조심하게 되는 것입니다. 이것은 전에 없던 새로운 양식의 삶입니다. 새로운 존재가 되었으니 그것에 걸맞은 삶으로 변화되는 것입니다. 이처럼 믿음 안에서 사는 것은 그리스도 안에서 사는 것이며, 이것은 하나님을 경외하는 삶으로 나타납니다.

겸손으로 사는 것

하나님의 작품으로 사는 것은 겸손을 요구합니다.
"행위에서 난 것이 아니니 이는 누구든지 자랑하지 못하게 함이라"(엡 2:9).
우리가 하나님의 작품이 된 것은 오로지 은혜입니다. 우리가 노력해서 하나님의 작품이 된 것이 아닙니다. 그러니 자랑할 것이 없습니다. 사람은 자신을 드러내어 자랑하고 싶어합니다. 그런데 자랑은 남들과 비교 우위에서 자신이 높은 위치를 차지하여 하나님께 돌려야 할 영광을 가로챕니다. 하지만 하나님의 작품으로 산다는 것은 자신이 한 일이 아무것도 없음을 깨닫고 모든 영광을 하나님께 돌리며 자신은 겸손하게 사는 것을 말합니다. 겸손은 감사로 나타납니다. 자신을 보면 자랑할 것이 없는데 귀한 존재가 되었으니 하나님께 감사하게 되는 것입니다.

신앙생활이 오래되면 자신도 모르게 빠지는 위험한 일이 자기를 자랑하는 것입니다. 신앙의 연륜이 오래된 것이 벼슬이 되어 다른 사람을 판단합니다. 내가 성경을 조금 더 안다고 나를 드러내고 나보다 못한 자들을 무시합니다. 신앙 연륜이나 직분, 봉사를 자랑하고 이런 것들이 훈장이 되어서 교만해지는 것입니다. 그런데 이러한 교만은 하나님 나라의 독소가 됩니다. 잠언은 "교만은 패망의 선봉이요 거만한 마음은 넘어짐의 앞잡이니라"(잠 16:18)고 말씀합니다. 내가 받은 은혜를 알지 못하고 기억하지 않는 것이 교만입니다. 하나님의 선물에 감사하기는커녕 자신을 내세운다면 그것은 교만입니다.

히스기야가 병들어 죽게 되었을 때 간절히 간구하자 하나님은 그를 살리셨습니다. 그러나 그가 교만해서 받은 은혜를 저버리자 이스라엘에 하나님의 진노가 내립니다.

"그때에 히스기야가 병들어 죽게 되었으므로 여호와께 기도하매 여호와께서 그에게 대답하시고 또 이적을 보이셨으나 히스기야가 마음이 교만하여 그 받은 은혜를 보답하지 아니하므로 진노가 그와 유다와 예루살렘에 내리게 되었더니"(대하 32:24~25).

교만은 받은 은혜에 보답하지 않는 것입니다. 사울 왕도 마찬가지입니다. 사울 역시 겸손이 사라지면서 하나님의 은혜를 잊어버리게 되었습니다(삼상 15:17~19). 받은 복을 세어보십시오. 지금의 내가 하나님의 은혜로 된 것임을 기억할 때 하나님의 작품으로 살아갈 수 있습니다.

선한 일을 하는 것

하나님의 작품으로 사는 것은 선을 행하는 것입니다. 하나님의 작품이 되는 데에 우리가 한 일은 아무것도 없습니다. 그런데 하나님이 나를 작품으로 만든 것은 선한 일을 위해서입니다. 행함은 구원의 조건이나 수단은 아니지만 구원의 결과이자 구원받은 증거입니다. 우리가 진실로 하나님의 작품이 되었다면 선을 행하는 삶이 따라야 합니다. 믿음을 강조하는 사람은 행함을 무시하고 업신여기는 경향이 있습니다. 그런데 믿음의 지향점, 믿음의 결과물이 바로 선한 일입니다. 그리스도 밖에서는 악한 일들을 행했지만 구원을 얻고 새로운 피조물이 되었으니 새로운 피조물다운 모습을 보여주어야 합니다.

그런데 선한 일에 대한 정의가 중요합니다. 세상에서는 선과 악의 기준이 윤리와 도덕이지만 성경은 다릅니다.

"우리는 그가 만드신 바라 그리스도 예수 안에서 선한 일을 위하여 지으심을 받은 자니"(엡 2:10).

선이란 그리스도 예수 안에서 행해지는 것을 말합니다. 그리스도 밖에는 선한 것이 없습니다. 똑같은 일을 해도 그리스도 안에서 믿음으로 하는 것만이 신입니다. 하나님과 근본적인 관계가 회복된 이

후에 행해지는 것이 선입니다. 남의 것을 훔쳐다가 도와주는 것처럼 죄인이 하는 선행은 출발부터 잘못된 것입니다. 그리스도 안에서 하는 선한 일들을 위해 하나님께서 우리를 구원해주셨음을 깨닫고 하나님의 계획과 목적에 합당하게 살아야 합니다. 이것이 우리 삶의 비전이자 소명이요, 우리 인생의 사명이자 목적이 되어야 합니다.

나의 꿈이냐 하나님의 영광이냐

우리 자신을 위한 하나님의 선한 일과 계획이 무엇인지 확인하며 살아야 합니다. 우리는 부끄럽게도 자신이 원하는 삶을 살면서 하나님의 계획에서 나온 것처럼 포장할 때가 많습니다. 자기가 좋아서 하는 것이고 제 욕심을 따르는 일인데도 하나님의 계획이라는 허울 아래 자신과 남을 설득하며 삽니다.

하나님의 뜻대로 사는 것과 하나님의 뜻이라고 주장하는 것은 다릅니다. 자신과 다른 사람은 속일 수 있어도 하나님은 속일 수 없습니다. 자신을 정직하게 들여다보고 하나님의 비전과 자신의 욕망을 구분할 수 있어야 합니다. 그래서 하나님의 말씀에 비추어 자신의 꿈과 계획을 바라보는 훈련이 필요합니다. 어떤 길을 열심히 달려가도 하나님이 원하시지 않는 길이라면 그 길은 내가 원해서 가는 길일 뿐 하나님과 상관없습니다. 그때에는 빨리 돌이켜야 합니다. 많은 것을 이루어 사람들에게 칭송을 받아도 하나님이 보실 때 아무것도 아니라면 허무한 일입니다. 땅에서 많이 거둔 것 같아도 결국 하나님 앞에 서게 될 천국에 이르러서는 아무것도 쌓아놓은 것이 없는 빈털터리가 될 수 있습니다.

　하나님의 작품답게 살기 위해서는 말씀을 통해 내 꿈과 하나님의 뜻을 잘 구별해야 합니다. 그리고 자신이 원하는 길이 아니라 하나님께서 기뻐하시는 길을 가는 순종의 사람이 되어야 합니다. 하나님께서는 우리가 가야 할 길을 예비하시고 각자에게 주신 사명의 길을 완수하기를 고대하십니다. 그 길을 겸손과 감사함으로 충성을 다해 걸어갈 때 "잘했다, 충성된 종아!" 하고 우리를 칭찬해주실 것입니다.

9
담을 허물고
한 몸이 되라
엡 2:11~22

—

이는 그로 말미암아
우리 둘이 한 성령 안에서
아버지께 나아감을 얻게 하려 하심이라
그러므로 이제부터 너희는
외인도 아니요 나그네도 아니요
오직 성도들과 동일한 시민이요
하나님의 권속이라
(엡 2:18~19)

우리는 서로를 하나님의 작품으로 보아야 합니다. 우리 공동체를 하나님의 작품 전시회로 여겨야 합니다. 작품 전시회에 있는 작품은 모두가 걸작입니다. 그리스도 안에서 나만 걸작이 된 것이 아니라 우리가 다 함께 은혜를 받아 걸작이 되었습니다. 그런데 자신만 귀하게 여기려는 이기적인 마음이 우리에게 있습니다. 다른 사람들을 자신보다 낮게 여기고 심지어 배척하려는 마음까지 있습니다. 하나님께서는 이러한 우리의 어두운 마음을 아시고 다시 "생각하라"(11절)고 말씀해주십니다. 여기서 '생각하라'를 '기억하라'로 바꾸어서 읽으면 더 의미가 새로워집니다. 단순히 생각만 하는 것이 아니라 잊지 말고 기억하여 깊이 묵상하라는 것입니다.

이방인이라는 담

"그러므로 생각하라 너희는 그때에 육체로는 이방인이요 손으로 육체에 행한 할례를 받은 무리라 칭하는 자들로부터 할례를 받지 않은 무리라 칭함을 받는 자들이라"(엡 2:11).

우리는 유대인이 아니고 이방인이었습니다. 유대인이 볼 때 이방인은 할례를 받지 않은 자로서 개처럼 취급하던 존재였습니다. 당시 유대인과 이방인 사이에는 두 개의 높은 담장이 세워져 있었는데, 하나는 태생적인 담이요, 또 하나는 율법의 담이었습니다. 할례를 받지 않은 이방인은 태어날 때부터 은혜에서 제외된 자요, 율법을 지키지 않고 율법과 상관없는 자들로 절대 함께 공존할 수 없는 존재들이었습니다.

　예루살렘 성전의 구조를 봐도 이것을 잘 알 수 있습니다. 예루살렘 성전에는 유대인이 갈 수 있는 곳과 이방인이 갈 수 없는 곳을 명확하게 구분지어놓았습니다. 이방인의 뜰이란 것이 있어서 이방인이 성전 안에 갈 수 없도록 분리의 계단을 둘러놓은 것입니다. 사실상 이방인의 뜰은 성전 바깥을 말하는 것으로 성전에 포함되지 않은 구역입니다. 그곳은 단지 성전을 어깨너머로 볼 수 있을 뿐 그곳에서는 제사를 드릴 수도 없고 기도도 할 수 없습니다. 만약 이방인이 그 벽을 넘어 유대인만 갈 수 있는 장소로 들어간다면 그는 죽임을 면치 못할 것입니다. 유대인에게 그런 대우를 받는 이방인들 역시 적개심을 가질 수밖에 없었습니다. 유대인이 이방인을 사람으로 취급하지 않고 무시하며 부정하게 여겨 상종도 하지 않으니 서로는 물과 기름처럼 함께 존재할 수 없는 사이였습니다.

　그런데 성경은 그것이 그리스도 밖의 일이었다고 선언합니다. 그리스도 안에서는 상황이 달라졌습니다.

　"이제는 전에 멀리 있던 너희가 그리스도 예수 안에서 그리스도의 피로 가까워졌느니라"(엡 2:13).

　전에는 "원수 된 것"(14절)이었으나 이제는 달라졌습니다. 지금까지는 자격과 신분이 다르게 여겨졌는데, 예수 그리스도 안에서 동일한 신분으로 변화되니 서로 간의 관계도 달라졌습니다. 옛것은 지나가고 새것이 왔습니다. 새로운 믿음으로 태생과 율법의 장벽이 넘어진 것입니다.

담을 허물라

이제는 담이 허물어져서 하나가 되었다고 사도 바울은 말씀합니다. 더 이상 유대인도 이방인도 없다는 것입니다. 유대인과 이방인이라는 중대한 담이 허물어졌으니 더 이상 편 가르기는 없다는 말입니다. 담이 이미 허물어졌는데 아직도 눈에 보이지 않는 담을 가지고 판단하는 것은 시대착오입니다. 그때를 기억하면서 서로 담을 허물라고 말씀하는 것입니다.

어떤 사람에게는 열린 마음이 어떤 사람에게는 닫혀 있을 때가 있습니다. 원래 인간은 생래적으로 편 가르기를 잘합니다. 아기가 말귀를 알아들을 수 있는 나이가 될 때부터 사람들은 '아빠가 좋아, 엄마가 좋아?'라고 묻습니다. 할머니들은 손자에게 '친할머니가 좋아, 외할머니가 좋아?' 하고 묻습니다. 자신을 예쁜 할머니라고 말하는 분도 있습니다. 그럼 다른 할머니는 뭐가 됩니까? 장난 같아도 인간의 심리 깊은 곳에는 여전히 편 가르기에 능숙합니다. 가정에서도 마찬가지입니다. 자신의 딸과 며느리를 차별하여 대우하기도 합니다. 이 모든 것이 고질적인 담입니다. 이 담들이 서로를 원수 되게 하고 분노하게 하며 미움과 시기로 일을 그르치게 합니다. 이러한 담들이 존재하는 곳은 아무리 축복의 장소로 미련되었어도 전쟁터로 변하게 되어 모두를 불행하게 만듭니다.

그런데 불행히도 교회에 이런 담들이 여전히 있습니다. 출신으로 편을 가르고, 신앙의 연륜이 등급인 것처럼 편을 가르며, 영남과 호

남 등 고향으로 편을 가르는 데 익숙합니다. 각 소모임은 소모임대로 다른 모임의 어려움을 외면하고 자기 부서만 잘되기를 바랄 때도 있습니다. 자기가 싫어하는 사람이 나올 때를 피해서 교회에 나오는 사람도 있고, 심지어 그 사람이 보기 싫어서 교회를 옮기기도 합니다. 보이지 않지만 여전히 실제로 존재하고 있는 이런 담들은 복음과 상관없는 옛 모습들입니다. 이 모든 담은 예수 그리스도 안에서 완전히 무너져야 합니다.

"그는 우리의 화평이신지라 둘로 하나를 만드사 원수 된 것 곧 중간에 막힌 담을 자기 육체로 허시고"(엡 2:14).

주님께서 애써서 허무신 담을 우리가 또 만들어서 세우면 안 됩니다. 성경은 담으로 차별이 있던 때를 기억하고 모든 담을 허물어버리라고 말씀합니다.

한 몸으로 회복하기

담장을 허물었다면 한 몸으로 '화평(에이레네, εἰρήνη)'해야 합니다. 성경은 담이 없어진 것을 넘어 화목하다 못해 한 몸이 되어야 한다고 말씀합니다.

"법조문으로 된 계명의 율법을 폐하셨으니 이는 이 둘로 자기 안에서 한 새사람을 지어 화평하게 하시고"(엡 2:15).

담이 허물어져 서로 친하게 지내게 된 정도가 아니라 아예 '한 새사람을 지었다(창조하다, 크티조, κτίζω)'라고 말씀합니다. 이것은 새로운 공동체를 뜻합니다. 주님은 이러한 아름다운 화목을 위해 십자가에서 고난당하셨습니다.

"또 십자가로 이 둘을 한 몸으로 하나님과 화목하게 하려 하심이라 원수 된 것을 십자가로 소멸하시고"(엡 2:16).

하나님은 유대인도, 이방인도 아닌 그리스도인이라는 새 인류, 새 공동체를 만드셨습니다. 이처럼 한 몸인 것을 기억한다면 우리는 화목할 수밖에 없습니다. 하나님은 모두가 화목하여 한마음으로 예배드리는 공동체로 우리를 부르셨습니다.

나만 하나님과 관계가 좋으면 된다는 것은 성경의 논리와 맞지 않습니다. 나만 많이 기도하고 성경 읽고 나 홀로 반듯하게 신앙의 삶을 살면 된다는 생각은 하나님의 뜻과 거리가 멉니다. 참된 예배자가 되기 위해서는 한 몸으로 회복되는 것이 선행되어야 합니다. 예수님께서는 예배를 드리기 전에 형제와 다투었다면 "예물을 제단 앞에 두고 먼저 가서 형제와 화목하고 그후에 와서 예물을 드리라"(마 5:24) 하고 말씀하셨습니다. 이것이 얼마나 중요한지 우리가 한 몸 되는 것을 방해하는 담을 허물어버리기 위해서 주님은 십자가에서 자기 육체를 허무셨습니다(14절). 예수님은 십자가에서 죽기까지 우리가 하나 되는 것을 원하셨습니다. 우리가 한 몸이 되지 않는다면 대단한 은사를 가졌더라도, 성경을 수없이 읽고 금식 기도를 여러 차례 해도 하나님의 원래 의도에서 벗어나는 것이 될 것입니다.

2017년 11월에 우리나라 포항에서 지진이 났을 때 얼마나 많은 분들이 놀라고 힘들었습니까? 포항 사람들에게는 아직까지도 두려운 마음이 남아 있습니다. 문을 꽝 닫아도 깜짝 놀라고, 창문이 조금만 흔들려도 또 지진이 아닌가 두렵습니다. 당시 텔레비전에서 어떤 할머니를 인터뷰하는 것을 보았는데 죽음에 대한 공포보다 더 속상한 마음을 토로하는 것을 들었습니다. 죽는 것은 두렵지 않은데 더 무서운 것이 있다는 것입니다. 바로 자신의 집 벽에 금이 가고 헌 집이 되었다는 것이었습니다. 평생을 고생하여 어렵게 마련한 집에 흠이 가는 것이 정말 가슴 찢어지게 속상하고 마음 아픈 일이라는 것입니다.

그런데 예수님은 자신의 몸을 허물어 우리를 새 집, 그리스도인이라는 공동체를 만들어주셨습니다. 그러한 새 집에 우리가 흠을 내며 편 가르기를 하고 있다면 고귀하신 예수님의 수고가 헛되게 됩니다. 우리는 교회가 이 땅에 존재하는 그날까지 한 몸으로 부르신 것을 결코 잊어서는 안 됩니다.

함께 성전으로 세워가는 것

이제 기억해야 할 것은 '다 함께 성전을 세워가는 것'입니다.

"그러므로 이제부터 너희는 외인도 아니요 나그네도 아니요 오직 성도들과 동일한 시민이요 하나님의 권속이라"(엡 2:19).

외인과 나그네란 거류증이 없는, 주민등록증이 없는 존재를 말합니다. 과거에는 그런 존재였을지라도 이제는 그런 존재가 아니라는 것입니다. 우리는 시민으로서 하나님 나라의 백성이라고 사도 바울은 선언합니다. 신약에서 하나님 나라는 장소적인 개념이 아니라 하나님이 지배하시는 곳, 하나님이 통치하시는 곳을 말합니다. 그런 의미로 볼 때 이 말씀은 우리는 모두 하나님의 통치를 함께 받는 자들이라는 뜻입니다.

그런데 여기서 권속의 의미를 살펴볼 필요가 있습니다. 권속(眷屬)은 가족과 다릅니다. 가족은 부모 형제를 말하지만, 권속은 말 그대로 그 집에 거하는 자 전부를 말합니다. 그러니 그 집의 노예까지도 권속입니다. 우리는 하나님 나라의 백성일 뿐 아니라 신분의 고하를 막론하고, 고향과 출신, 성격과 기질이 달라도 모두 한 공동체라는 것입니다.

이어서 바울은 우리 모두가 하나로서 그리스도를 중심으로(20절) 서로 연결하여(21절) 함께 완성되어 간다고 말씀합니다.

"너희도 성령 안에서 하나님이 거하실 처소가 되기 위하여 그리스도 예수 안에서 함께 지어져 가느니라"(엡 2:22).

함께 지어져 가는 우리는 공동 운명체입니다. 한 명의 그리스도인이 된다는 것은 이 공동체의 일원으로 들어와 존재하는 것을 의미합니다. 아기가 태어나 보니 자기 혼자가 아닙니다. 아빠와 엄마가 있습니다. 아기가 원했든 원하지 않았든 어느 한 가족의 구성원으로 태어난 것입니다. 아기는 혼자 사랑을 독차지하고 싶습니다. 그런데 또 동생이 태어났습니다. 그래서 그 역시 한 가족이 되었습니다.

한 명의 그리스도인이 태어나는 것도 마찬가지입니다. 그는 홀로 태어난 것이 아니라 공동체로 태어난 것입니다. 이제부터는 미우나 고우나 함께 살면서 운명을 같이해야 합니다. 이것이 그리스도인의 존재 방식입니다. 자기 홀로 떨어져 신앙생활하고 한 몸이 아니라 혼자만 다른 존재인 것처럼 여기면 모순이 생겨납니다.

아직도 공사 중인데

우리는 공동 운명체일 뿐 아니라 '성장 공동체'입니다. 함께 지어져 가되 계속 지어져 가고 있습니다. 아직도 공사 중입니다. 공사장은 완성 단계가 아니기 때문에 지저분하기도 하고 위험하기도 합니다. '공사 중'이라는 팻말을 붙여놓는 것은 공사가 아직 덜 되어 보기에 흉하고 위험할 수 있으니 조심히 가라는 경고입니다.

교회 공동체는 '아직 공사 중'입니다. 계속 현재 진행형으로 나아가고 있는 중입니다. 아직 끝난 것이 아니므로 함부로 판단하고 평가하고 실망해서는 안 됩니다. 비록 공사 중인 모습은 답답해 보여도 완성을 향해 나아가고 있다는 소망을 가져야 합니다. 공사 중임을 알 때 비로소 다른 사람을 이해하게 됩니다. 다른 이들뿐 아니라 자신도 공사 중임을 바라보면서 서로를 용납하게 됩니다.

아직 완성된 것이 아니니 약간 앞서고 뒤처지는 것이 전혀 문제될 것이 없습니다. 누가 저만큼 앞서간다고 해서 미워하거나 시기할 필요가 없습니다. 먼저 가서 길을 닦고 그 길에 대해 말해줄 수 있을 것입니다. 또 늦게 따라간다고 해서 비판할 것도 없습니다. 늦게 가는 사람은 늦게 가면서 오히려 앞선 사람이 떨어뜨린 것을 주워올 수 있습니다.

모세는 혈기가 왕성하여 하나님 앞에서도 고집을 피우던 사람이었습니다. 그런데 말년의 모세는 온유함이 지면의 모든 사람보다 더하다는 평가를 받았습니다(민 12:3). 모세의 혈기가 시간이 지나면서 끊임없이 다듬어져 온유함을 자랑할 수 있는 단계까지 성장한 것입니다. 하나님 앞에서도 부드러워져 순종의 사람이 된 것입니다.

사도 요한은 얼마나 불같은 성미를 가졌던지 별명이 보아너게(Βοανεργές), 즉 '우레의 아들'(막 3:17)이었습니다. 그는 감정적일 뿐 아니라 다른 제자들보다 더 높은 위치에 서려는 자기중심적인 면모가 돋보였습니다. 그런데 그는 결국 사랑의 사도로 불리게 됩니다. 요한 서신에는 사랑과 친절한 매너로 가득합니다.

예수님의 수제자인 베드로는 저돌적이고 자기 의로 충만한, 자신만만한 사람이었습니다. 그러나 실패를 겪은 후 주님이 받아주시자 자기 감정과 욕심을 버리고 그리스도를 위해 자기 목숨도 내어놓는 자리에까지 이르게 되었습니다.

처음부터 온전한 사람은 없습니다. 이런 과정은 모든 그리스도인이 거치는 것입니다. 우리가 함께 성전으로 세워져가고 있다는 사실을 언제나 기억해야 합니다. 우리 모두는 공사 중입니다. 서로에 대한 판단과 비판을 중단하고, 강한 자는 약한 자를 붙들어 세우며 약한 자는 강한 자를 위해서 기도해주는 공동체가 되어야 합니다. 이런 아름다운 모습이 바로 하나님 나라의 모습입니다.

3부
은혜의 풍성함과 교회

10. 함께 지어져 가는 우리(2:20~22) • 108
11. 하나님의 은혜의 경륜(3:1~13) • 118
12. 하나님의 풍성함으로 채우라(3:14~21) • 128
13. 하나 됨을 힘써 지키라(4:1~6) • 138
14. 하늘의 선물인 은사(4:7~16) • 148

10
함께 지어져 가는 우리
엡 2:20~22

—

그의 안에서 건물마다 서로 연결하여
주 안에서 성전이 되어가고
너희도 성령 안에서 하나님이 거하실
처소가 되기 위하여
그리스도 예수 안에서 함께 지어져 가느니라
(엡 2:21-22)

기독교를 상징하는 심벌은 십자가입니다. 그래서 교회마다 십자가를 높이 세웁니다. 그런데 원래 십자가는 사람을 매달아 죽이는 잔혹한 사형 틀로서 누가 봐도 긍정적인 것이 아닙니다. 이런 십자가가 기독교의 상징이 된 것은 우리의 구원과 교회의 탄생이 십자가에서 비롯되었기 때문입니다. 십자가를 통해 우리는 하나님께로 나아갈 수 있게 되었고, 십자가 때문에 예수님을 믿는 사람들이 연합할 수 있게 되었습니다. 예수 그리스도의 피는 믿는 한 사람 한 사람을 화목시켜 하나가 되게 하였습니다.

"이제는 전에 멀리 있던 너희가 그리스도 예수 안에서 그리스도의 피로 가까워졌느니라"(엡 2:13).

십자가로 인해 교회가 탄생하게 된 것입니다. 십자가는 위로는 나와 하나님의 관계를 회복시키고 옆으로는 서로 원수 된 자일지라도 사람들을 복음 안에서 화목하게 만들어줍니다.

"이는 그로 말미암아 우리 둘이 한 성령 안에서 아버지께 나아감을 얻게 하려 하심이라"(엡 2:18).

이제 우리는 십자가로 인해 홀로 신앙생활하지 않고 함께 믿음의 길을 걷는 교회를 이루게 되었습니다. 이처럼 십자가의 궁극적인 목적은 우리로 하여금 교회 되게 하는 것입니다. 십자가로 탄생한 교회는 십자가를 자랑하고 드러내고 사랑할 수밖에 없습니다. 성경은 교회를 하나님 나라의 백성이라고 하고, 하나님 집의 권속이라고도 합니다. 그리고 "그의 안에서 건물마다 서로 연결하여 주 안에서 성전이 되어가고"(엡 2:21)라고 하여 교회를 성전이라고 설명합니다.

교회의 기초

교회를 성전으로 설명하면서 보여주고자 하는 메시지가 있습니다. 눈에 보이는 건물을 통해서 중요한 진리를 전달하려는 것입니다. 먼저 건물의 터를 언급합니다. 건물은 세워진 터와 틀이 중요합니다. 기초가 단단하고 반듯하게 닦여진 터 위에 건물이 세워져야 튼튼하고 아름다운 건물을 지을 수 있습니다.

"너희는 사도들과 선지자들의 터 위에 세우심을 입은 자라 그리스도 예수께서 친히 모퉁잇돌이 되셨느니라"(엡 2:20).

교회의 기초는 "사도들과 선지자들의 터"입니다. 교회는 사도들과 선지자들이 닦아놓은 기초 위에 세워졌습니다.

사도는 예수님에 의해 직접 부르심을 받은 자들이며, 동시에 예수님의 부활을 목격한 증인을 말합니다. 사도의 권위를 부여받은 이들이 하는 중요한 일은 예수 그리스도를 소개하는 것입니다. 즉 하나님의 말씀인 복음을 전하는 것입니다.

선지자는 구약적인 의미가 아니라 신약적인 의미입니다. 그래서 선지자를 언급하기 전에 사도가 먼저 언급됩니다. 에베소서 3장 5절에서도 사도가 먼저 언급되고, 다음이 선지자입니다. 신약적 의미의 선지자는 에베소서 4장에서 "그가 어떤 사람은 사도로, 어떤 사람은 선지자로, 어떤 사람은 복음 전하는 자로, 어떤 사람은 목사와 교사로 삼으셨으니"(11절)라는 말씀에 다시 등장합니다. 사도, 선지자, 복음 전하는 자, 목사, 교사의 직분에는 공통점이 있는데, 모두가 그리스도에 의해 복음 전달을 위해서 세워진 직분이라는 것입니다.

따라서 사도들과 선지자들의 터란 이들이 증거하고 전파한 복음이 바로 교회의 기초요, 근간이라는 것입니다. 복음은 하나님의 말씀으로 예수님이 그리스도이심을 증거하는 메시지를 말합니다.

모퉁잇돌

사도들과 선지자들의 터는 결국 예수 그리스도로 연결됩니다. 이들이 증거하는 교회의 근본은 예수님입니다. 예수님은 친히 모퉁잇돌이 되셨습니다(20절).

고대 사회에서 모퉁잇돌은 건물을 세우는 기초이자 중심으로, 다른 돌과는 비교할 수 없는 큰 돌을 사용했습니다. 이 돌을 집을 지을 모퉁이에 먼저 갖다 놓고 그것을 기준으로 중심을 잡아 다른 돌들을 연결하여 집을 지었습니다.

성경은 교회의 기초는 복음인데, 복음의 중심이 예수 그리스도라고 말씀합니다. 교회의 기초는 건물도 아니고, 사람도 아니고, 시스템도 아니고 예수 그리스도입니다. 교회가 다른 것이 아닌 예수님 위에 세워졌다는 것은 그만큼 안정적이고 든든하다는 것을 의미합니다. 영원하신 예수님이 기초이기에 교회는 영원하며, 만왕의 왕이신 예수님이 지탱하고 있으시 세상의 어떤 것들에 의해 흔들리거나 훼손되지 않습니다. 교회가 사람의 모임이므로 사람이 기초라고 생각하기 쉬운데 그렇지 않다는 것입니다. 사도들이 교회를 개척해서 세운 것 같아도 그들의 인격이나 실력 또는 성품이 기초가 된 것이 아니라는 것입니다.

요즘 교회에서 목사님들을 청빙할 때 실력이나 학벌, 성품, 건강 같은 것을 더 살피는 것 같아 안타깝습니다. 교회는 말씀이 풍성해야 교회답습니다. 사도와 선지자들이 전파한 복음의 토대 위에 교회가 세워졌기 때문에, 하나님의 말씀이 풍성하게 증거되어 예수 그리스도가 얼마나 잘 전파되는가가 교회의 중요한 핵심이 되어야 할 것입니다.

예수 그리스도께서 우리의 기초라는 생각을 언제나 해야 합니다. 교회의 시스템과 운영 방식은 언제든지 바뀔 수 있는 가변적인 것입니다. 사람의 성품 역시 늘 상대적입니다. 이런 것들을 교회의 기초로 삼고 신앙생활을 한다면 불안할 수밖에 없습니다.

우리 신앙생활의 기초를 그리스도와 하나님의 말씀에 둘 때만이 교회에 실망하지 않고 흔들리지 않을 수 있습니다. 교회의 기초가 예수 그리스도라는 것이 바로 교회의 영구성, 안정성, 역사성을 보장하는 것입니다. 이러한 뿌리 깊은 기초 위에 복음이 증거되고 또 계속 증거가 이어져 오늘날 우리의 교회가 있게 된 것입니다. 교회의 뿌리와 역사성이 인정되는 정통을 부정하고 자신들만의 새로운 교회를 만들겠다고 나서는 것이 바로 이단입니다. 예수 그리스도의 복음과 사도성 위에 세워져 오늘날까지 이르는 역사성은 그래서 중요합니다. 이처럼 우리가 예수님을 우리의 모퉁잇돌로 믿고 따를 때 교회는 안전합니다.

연결되다

이제 교회가 어떻게 형성되는지를 살펴봅시다. 건물은 기초 위에 무엇인가 세워져야 아름다운 모습으로 드러납니다.

"그의 안에서 건물마다 서로 연결하여 주 안에서 성전이 되어 가고"(엡 2:21).

"연결하여"의 헬라어는 '쉬나르몰로게오(συναρμολογέω)'로서, 우연히 어떤 것들이 겹쳐지는 것이 아니라 함께 짜 맞춰지는 것을 의미합니다. 계획적으로, 조직적으로, 기술적으로 맞추어서 연결된 것을 말합니다. 어떻게 하다 보니 우연히 교회가 형성된 것이 아니라는 것입니다. 마음이 맞는 몇 사람이 세우자고 해서 세워진 것이 아니라는 것입니다. 예수 그리스도에 의해 주도적이고 조직적으로, 예수님만이 하실 수 있는 기술을 가지고 연결되고 결합되었다는 말입니다. 주위를 둘러보니 어쩌다가 모인 것 같고 별로 특별함이 없어 보이지만 이 모든 것은 예수님의 작품입니다. 예수님이 친히 세우신 것이니 음부의 권세가 이길 수 없습니다.

"또 내가 네게 이르노니 너는 베드로라 내가 이 반석 위에 내 교회를 세우리니 음부의 권세가 이기지 못하리라"(마 16:18).

세상의 건물은 지진이 나면 속수무책이지만 주님이 세우신 교회는 그렇지 않습니다. 우주 만물을 시으신 장소의 기술로 만들고 만유를 섭리하는 인도로 이끌고 계시므로 악한 권세가 교회를 허물어뜨릴 수 없습니다. 내진 설계가 잘된 건물에 있어도 지진이 나면 불안하지만 예수 그리스도를 기초로 삼고 세워진 교회는 세상에서 가장 안전한 곳입니다. 이러한 곳에서 하나님의 능력으로 우리가 서로 연결되고 성전이 되어가고 있는 것입니다.

성장하는 유기적 공동체

성전은 현재 진행형으로서 계속 자라가고 있습니다. 이것은 우리가 불완전하다는 것을 말하는 것이 아니라 유기적으로 성장하고 확장하고 완성을 향해 나아가고 있다는 것입니다. 교회는 단순하고 생명력 없는 건물이 아니라 영적 유기체인 공동체입니다. 그렇기 때문에 교회는 끊임없이 성장해 나가야 합니다. 양적으로도, 질적으로도 계속 성장해야 합니다. 인간적인 욕심으로가 아니라 하나님 나라의 생명력으로 그래야 한다는 말입니다. 따라서 성장해가는 과정에 있기 때문에 아직 불만족스러운 부분이 있을 수 있고 마음에 들지 않는 것도 있을 수 있습니다.

어떤 분이 마음에 흡족한 교회를 찾지 못했다고 합니다. 이 교회를 가보면 '찬양대가 참 좋은데 말씀이 약하네' 하면서 다른 교회를 찾아 나섭니다. 다른 교회에 가보니 '목사님 말씀은 좋은데 성가대가 수준이 낮네' 하면서 또 다른 교회를 찾아갑니다. 어떤 교회는 다 좋은데 건물이 형편없어서 실망입니다. 이렇게 계속 방황하다가 회의에 빠졌습니다. 더 이상 이러면 안 되겠다 싶어 목사님에게 추천을 받아야겠다고 생각하고는 목사님을 찾아갔습니다.

"목사님, 정말 모범이 될 좋은 교회를 추천해주세요. 제가 돌아다녀보니 모든 교회가 마음에 들지 않아요."

그러자 목사님은 이렇게 대답했다고 합니다.

"그 완전한 교회 내가 소개할 수 있는데, 당신이 가면 그 교회가 완전한 교회가 안 됩니다. 당신이 그 교회에 등록하는 순간 당신으로 인해 거기는 불완전한 교회가 되고 말 겁니다."

우리 자신과 서로를 보면 다 부족하고 모자랍니다. 그러나 예수님께서 교회를 지금 만들어가고 계시다는 사실을 믿어야 합니다. 주님이 만드시기 때문에 하나님께서 세우신 교회는 마지막 완성을 향해 나아가고 있고 마침내 이루실 것입니다.

교회다운 모습

"너희도 성령 안에서 하나님이 거하실 처소가 되기 위하여 그리스도 예수 안에서 함께 지어져 가느니라"(엡 2:22).

함께 지어져가는 공사 중인 교회의 첫 번째 기능은 우리로 하여금 거룩한 사람이 되게 하는 것입니다. 그리하여 그곳에 하나님이 거하시도록 하는 것입니다. 교회는 사람을 변화시키는 곳입니다. 사람을 세우는 곳입니다. 이 일은 세상이 하지 못합니다. 세상의 권력이나 제도 또는 교육이 하지 못하는 이 일을 하나님께서는 교회를 통하여 하십니다. 거룩하고 성결한 사람들로 만들어가시는 것입니다. 하나님과 교제하는 거룩하고 순결한 존재가 되기 위해서는 반드시 교회 안에 있어야 합니다.

교회의 두 번째 기능은 생명을 구원하는 것, 즉 전도입니다. 복음을 전하여 생명을 구원하는 것이 교회다운 모습입니다. 복음을 전하고 전도하는 일을 포기한 교회는 더 이상 교회일 수 없습니다. 아무리 화려한 건물을 가지고 있어도, 대단히 오래된 역사를 자랑해도, 굉장한 프로그램을 운영하고 있어도 생명을 구원하는 전도의 사명을 감당하지 않으면 교회는 아무것도 아닙니다. 건강한 교회에서는 새 생명이 끊임없이 잉태되어 함께 은혜를 나누는 일들이 있습니다. 그렇지 않고 자기들끼리만 교제하고 성경 공부하는 것에 만족하고 좋아한다면 그것은 교회의 기능을 제대로 수행하고 있지 않은 것입니다. 복음을 전하는 일에 전력하며 서로를 거룩과 성결함으로 세워가는 교회가 참으로 교회다운 교회입니다.

지성소로 들어가며

우리는 성전으로 함께 지어져 가고 있습니다.

"그의 안에서 건물마다 서로 연결하여 주 안에서 성전이 되어가고"(엡 2:21).

이 성전이 무엇인지 그 모습을 머리에 그려봅시다. 머릿속에 떠오르는 성전은 어떤 모습입니까? 우리는 성전의 모습이 여러 가지가 복합적으로 되어 있음을 알고 있습니다. 장소만 보아도 성소와 지성소가 있고 제사장의 뜰, 이스라엘 사람들의 뜰, 여인의 뜰, 이방인의 뜰이 있습니다. 그런데 '성전'이라고 번역된 단어가 원문에는 두 개의 단어로 다르게 사용되고 있습니다. 먼저 우리 머릿속에서 성전 하면 떠오르는 성전 건물 전체는 '히에론(ἱερόν)'입니다. 예를 들어 "예수께서 성전에서 가르치실새 대답하여 이르시되 어찌하여 서기관들이 그리스도를 다윗의 자손이라 하느냐"(막 12:35)라는 말씀에서 성전은 히에론입니다.

그런데 에베소서 2장 21절에서는 '나오스(ναός)'를 썼습니다. 나오스는 거룩한 '성소'를 의미합니다. 일반적인 건물이 아니라 하나님께서 계시는 곳, 임재하시는 곳을 지칭하는 단어입니다. 우리가 함께 지어져 가는 성전이라고 할 때 성전은 바로 이것을 말합니다. 하나님이 임재해 계시고 더불어 교제하고 사귀는 성소, 그곳에 있기 위해서 우리가 거룩하고 성결한 존재가 되어가고 있는 것을 말하는 것입니다. 따라서 우리가 해야 할 중요한 일은 바로 이 지성소에 있어야 하는 것입니다. 더 나아가 다른 사람들을 이곳으로 데리고 와야 합니다. 그것이 우리가 함께 성전이 되는 길이고, 교회다운 모습으로 나아가는 길입니다. 이처럼 지성소로 함께 들어가는 은혜를 누려야 합니다.

11
하나님의 은혜의 경륜
엡 3:1~13

―

모든 성도 중에 지극히 작은 자보다
더 작은 나에게 이 은혜를 주신 것은 측량할 수 없는
그리스도의 풍성함을 이방인에게 전하게 하시고
영원부터 만물을 창조하신 하나님 속에 감추어졌던
비밀의 경륜이 어떠한 것을 드러내게 하려 하심이라
(엡 3:8~9)

프랑스의 대문호인 빅토르 위고(Victor-Marie Hugo, 1802~1885)가 쓴 『파리의 노트르담(Notre Dame de Paris, 1831)』이라는 작품이 있습니다. 이를 원작으로 한 뮤지컬을 보고 많은 생각을 하게 되었습니다. 특히 위고가 이 작품을 집필한 동기가 인상적입니다. 28세의 청년 위고가 노트르담 대성당을 방문하게 됩니다. 그때 성벽 한구석에 손으로 새긴 단어 하나를 보게 되는데 그것은 '숙명(아낭케, Ἀνάγκη, 아나키아라고도 함)'이라는 헬라어였습니다. 이 단어를 본 위고는 충격을 받습니다.

'도대체 어떤 인생이 숙명의 굴레를 벗어던지지 못해 담벼락에 이 글자를 새겨놓았을까? 얼마나 고통스러웠으면 자기 인생의 운명의 굴레를 어떻게 부숴버릴까 하는 고뇌로 절규했을까?'

그리고 여기서 작품의 영감을 받아 이 소설을 쓰면서 단순한 사랑 이야기를 넘어 숙명의 굴레 가운데 얼마나 많은 인생이 희생을 당하며 사는지를 그렸다는 것입니다. 인간의 운명의 굴레와 속박에서 해방되기를 원하는 내용은 지금도 많은 사람들에게 공감을 불러일으켜 명작으로 사랑받고 있습니다.

에베소서의 배경도 크게 다르지 않습니다. 태어날 때부터 유대인에게 사람 대접을 받지 못하는 이방인이 어떻게 하나님의 약속과 기업의 상속자가 될 수 있는가라는 문제가 그것입니다. 그런데 하나님은 이 숙명의 고리를 깨뜨려 버리십니다. 절대로 약속의 자손이 될 수 없었던 이빙인에게 운명이 바뀌는 사선이 생깁니다. 바로 예수님이 이 땅에 오심으로 그들의 삶의 운명이 바뀌게 된 것입니다. 절대로 바뀌지 않을 것 같던 운명이 하나님의 은혜로 바뀌게 된 것입니다.

은혜의 두 가지 선물

약속의 자손이 될 수 없는 이방인이 약속의 자손이 된 것, 이것이 바로 하나님의 은혜의 경륜이요, 은혜의 선물입니다.

"너희를 위하여 내게 주신 하나님의 그 은혜의 경륜을 너희가 들었을 터이라"(엡 3:2).

바울은 은혜의 경륜을 은혜의 선물이라고 다시 말씀합니다.

"이 복음을 위하여 그의 능력이 역사하시는 대로 내게 주신 하나님의 은혜의 선물을 따라 내가 일꾼이 되었노라"(엡 3:7).

하나님께서 우리에게 주고자 하신 은혜의 경륜(계획, 일)을 값없이 주시기에 선물이라고 하는 것입니다. 하나님께서 원하시는 것은 하나님의 은혜를 통해 우리의 신분과 숙명을 바꾸는 것입니다.

하나님의 은혜의 선물은 크게 두 가지입니다. 첫째는 복음의 비밀을 알게 하신 것입니다.

"곧 계시로 내게 비밀을 알게 하신 것은 내가 먼저 간단히 기록함과 같으니"(엡 3:3).

비밀은 원래 알지 못하도록 감추어진 것인데 하나님께서 은혜로 알게 하셨습니다. 복음의 비밀이 열려 알게 되어 깨닫고 믿게 된 것은 우리의 힘으로 된 것이 아니라 은혜의 선물입니다.

두 번째는 그 복음의 비밀을 나만이 아니라 다른 사람에게도 알게 하신 것입니다(엡 3:7). 복음을 통해 구원받을 뿐 아니라 다른 사람에게 복음을 증거하는 가장 귀한 일을 하게 하셨다는 것입니다.

하나님의 일꾼이 되는 것은 인생에서 가장 복되고 보람되며 행복한 일입니다. 복음 수혜자는 복음 전달자로 살 때 더욱 은혜가 충만해집니다. 이 이야기가 바울 개인의 차원이 아니라 우리 모두의 이야기인 것을 알아야 합니다. 오늘도 우리가 하늘의 비밀인 복음을 알고, 그 복음을 증거한다면 우리는 하나님의 은혜의 선물을 충만히 누리는 자가 될 것입니다.

신앙의 관점으로 해석하라

바울은 복음의 비밀을 아는 자로서 인생 모델을 제시합니다. 먼저 하나님의 은혜를 입은 자는 자신의 삶의 모든 것을 신앙의 눈으로 바라보아야 합니다. 이것은 해석하는 관점의 변화를 말합니다. 관점(view point)이란 사물을 바라보는 시각, 견해, 해석입니다. 내 인생에서 일어나는 모든 사건과 내 삶의 현장에서 경험하고 부딪치는 모든 것들에 대해 받아들이는 방식입니다.

관점은 똑같은 사건을 경험해도 사람마다 다르게 받아들이게 합니다. 같은 사람이라도 어제와 오늘의 생각이 다를 수 있습니다. 그래서 관점이란 안경과 같습니다. 파란색 안경을 쓰면 세상이 온통 파랗게 보이지만, 노란색 안경을 쓰면 노랗게 보입니다. 모든 사람이 이런 안경을 끼고 세상을 필터링하면서 판단하는 것입니다. 관점은 인생을 해석하는 하나의 틀입니다. 그런데 복음을 아는 사람, 하나님의 은혜의 선물을 받은 사람은 세상 모든 것에 대해 세상 사람들처럼 바라보고 해석할 수 없습니다. 믿음의 눈, 신앙적 관점으로 바라보고 해석해야 합니다.

바울은 자신을 소개할 때 "이러므로 그리스도 예수의 일로 너희 이방인을 위하여 갇힌 자 된 나 바울이 말하거니와"(엡 3:1)라고 말합니다. 감옥에 갇혀 있지만 그는 자신을 로마의 죄수로서 억울하게 구금된 자로 여기고 있지 않습니다. 오히려 예수의 일로 갇힌 자 된 자로 당당하게 자신을 소개합니다. '나는 로마의 죄수가 아니라 예수를 위한 죄수다'라는 것입니다. 자신이 갇힌 동기에 대한 해석이 남다릅니다. 갇혀 있는 것은 일반적인 시각으로는 불행한 일입니다. 그런데 바울은 이방인을 위해서 지금 갇혀 있는 것이라고 말합니다. 감옥에 있는 것은 이방인을 위한 것으로, 여기에 하나님의 뜻이 있고 하나님의 손길이 있으며 이를 통해 하나님의 계획이 이루어지고 있다고 말합니다. 로마인들의 손을 빌려 감옥에 갇혀 있을 뿐 자신을 향한 하나님의 계획은 성취되고 있음을 확신하고 있는 것입니다.

감옥도 복의 장소로

바울은 이방인을 위한 사도인데, 어떻게 감옥에서 이 일이 이루어질 수 있습니까? 그들은 바울을 가두면 복음 전파가 멈출 것이라고 생각했지만 바울은 옥중에서 복음의 진수를 담고 있는 네 권의 책, 에베소서, 빌립보서, 골로새서, 빌레몬서를 썼습니다. 시간이 지나면서 바울을 가둔 로마 감옥의 호위병 간수들이 계속 바뀌었는데, 바울은 로마 제국의 시위대에 복음을 전파하여 복음은 점차 영향력 있는 사람들 사이에서 퍼져나갔습니다. 사탄과 세상은 바울을 가두면 복음 증거 사역도 끝이라고 여겼지만, 바울은 오히려 감옥에서 효율적으로 복음을 증거하며 만방에 알려질 서신들을 준비하고 있었습니다. 바울을 방해했던 로마 제국은 이후 300여 년 후에 기독교를 공인하는 기독교의 나라가 되었습니다.

우리 인생의 모든 것은 하나님의 섭리 가운데 있습니다. 신앙적인 관점으로 해석하고 세상을 바라보는 믿음의 눈을 갖기를 바랍니다. 어떤 사람이 밤에 꿈을 꾸었는데, 곰이 한 마리 나타나 두 발을 번쩍 들고 덤볐습니다. 그가 잠에서 깨어 '아니, 이게 무슨 꿈일까? 곰처럼 거대한 문제가 나에게 덤벼드는구나!'라고 생각한다면 하루 종일 불안하게 살 것입니다. 그런데 반대로 '와, 곰이네. 나한테 웅담이 오려나 보다!'라고 생각한다면 하루 종일 기대감 가운데 힘차게 살 수 있습니다. 이처럼 자신의 인생에 대해서 해석이 중요합니다. 하나님께서 예수 그리스도의 피 값으로 살 정도로 우리를 귀하게 여기시고, 복음의 선물을 주어 지금도 역사하시는데, 우리 인생을 믿음의 눈으로 바라보지 못할 이유가 어디 있겠습니까? 신앙의 관점을 회복하기 바랍니다.

복음의 경험을 가지고 살라

하나님께 은혜의 선물을 받은 자는 복음의 경험을 가지고 살아야 합니다. 복음을 경험한다는 것은 지식적인 앎을 뜻하는 것이 아니라 인격적인 체험이 되어야 한다는 것입니다. 바울은 복음을 비밀이라고 표현합니다. 여기서 비밀이라는 단어 '미스테리온(μυστήριον)'은 영어로는 '미스터리(mystery)'라는 말입니다. 일반적으로 미스터리는 알 수 없는, 감추어져 있는 것을 말합니다. 그런데 성경의 미스터리는 그것이 아닙니다. 성경에서 말하는 비밀은 감추어져 있는 것만을 말하지 않고 '드러난 것'도 말합니다. 복음이 비밀이라는 것은 유대인에게 주어진 것을 말합니다. 그런데 사도와 선지자들에게 알려진 이 비밀이 사도 바울에게 알려지게 되었고(3절), 이제 바울이 복음을 전하여 이방인을 포함한 모든 자에게 증거되었습니다. 그래서 복음은 어떤 특별한 사람이나 계층만이 알 수 있는 것이 아니라 믿음으로 복음을 받는 자들에게 명확히 밝혀진 메시지입니다. 교회를 통해 공공연하게 드러난 비밀입니다.

이단은 자기들만 비밀을 알고 있다고 주장하며 어떤 특별한 비법이 있는 것처럼 말합니다. 그러나 하나님은 은혜로 우리 모두가 비밀을 알도록 해주셨습니다. 복음은 원래 비밀이었던 것을 하나님의 은혜로 우리가 알게 된 소중한 진리입니다. 이런 복음을 받은 자는 머리로 아는 데 그치지 않고 비밀을 알게 하신 하나님의 은혜에 감격하고 감사하면서 소중히 여기게 됩니다. 그래서 복음은 지성적인 수납에 그치지 않고 전인격적인 반응으로 나타나게 됩니다. 이것이 바로 복음을 경험하는 것입니다.

복음만으로 만족하라

　복음을 경험한 사람은 복음 자체가 주는 은혜 때문에 감사와 찬양을 드리게 됩니다. 하나님께서 내게 무엇인가를 주셔서 감사하고, 무슨 일이 이루어져서 찬양을 드리는 것이 아니라, 나에게 복음의 비밀을 알게 해주시고 이 위대한 복음의 비밀을 아직 알지 못하고 누리지 못한 사람들에게 증거하게 하시는 사명으로 인해 기뻐하는 것입니다.

　우리는 복음 자체로 기뻐해야 합니다. 복음을 경험한다는 것은 복음을 온전히 맛보아 그 효과를 누리는 것이고, 삶이 달라지는 것이며, 불완전한 자신과 교회 안에서도 기뻐하고 감사하며 즐겁고 행복하게 살게 되는 것입니다. 내가 여기에 존재하는 것만으로도 감사하고, 하나님을 아버지라 부르고 있는 것만으로도 감격스러우며, 하나님의 이름을 찬양하는 예배자로 서 있다는 것 자체로 가슴이 벅찹니다. 복음을 경험한 사람은 복음만으로 만족합니다. 복음을 제대로 경험하지 못한 사람이 자꾸 자신과 남 그리고 교회를 판단하고 실망하며 비판하는 것입니다.

　어린아이들은 어릴 때 부모에게 불평불만을 늘어놓습니다. 부모가 일찍 깨우면 깨운다고 불평하고, 안 깨우면 안 깨웠다고 불평합니다. 공부하라고 하면 잔소리한다고 싫어하고 반항도 합니다. 그런데 아이들이 시간이 지나면 철이 듭니다. 철이 들면 부모님의 은혜를 알게 되고, 부모가 있다는 것만으로도 감사하게 됩니다.

복음을 경험하는 것도 마찬가지입니다. 복음을 경험하면 복음 자체만으로 만족하고 감사를 드리게 됩니다. 시간이 지나 복음과 함께 세상을 알면 알수록 하나님의 은혜와 사랑이 얼마나 놀라운 것인가를 깨닫게 됩니다. 세상에는 존재하지 않는 주님의 사랑을 내게 주셨다는 것이 얼마나 놀라운 신비요 미스터리인지 모릅니다. 복음의 비밀은 복음을 경험한 자가 고백하는 놀라움의 표현입니다. 이러한 은혜를 맛보고 누려야 합니다.

유앙겔리온

복음을 경험한 사람은 드러난 비밀을 자신만 누리는 것이 아니라 알지 못하는 자들에게 증거해야 합니다. 바울의 인생 목표는 분명합니다.

"모든 성도 중에 지극히 작은 자보다 더 작은 나에게 이 은혜를 주신 것은 측량할 수 없는 그리스도의 풍성함을 이방인에게 전하게 하시고 영원부터 만물을 창조하신 하나님 속에 감추어졌던 비밀의 경륜이 어떠한 것을 드러내게 하심이라"(엡 3:8~9).

복음의 비밀은 나 혼자 알고 몰래 묻어놓으라고 주신 것이 아닙니다. 하나님 속에 감춰져 있던 경륜의 비밀을 다른 이들에게 드러내도록 하기 위해 하나님께서 우리를 부르셨습니다. 하나님께서는 복음 가운데 살게 하시고 그 복음을 함께 전하라고 우리를 교회 공동체로 세우셨습니다.

복음은 "측량할 수 없는 그리스도의 풍성함"(8절)이라고 바울은 말합니다. 하나님의 위대하신 계획은 인간이 일일이 계산할 수 없습니다. 풍성함과 충만함으로 넘쳐서 다른 이들에게 영향을 주어야 합니다. 복음을 '유앙겔리온(εὐαγγέλιον)'이라고 하는데 이는 바로 기쁜 소식(good news)을 말합니다. 좋은 소식을 선포하여 알게 하는 것입니다.

　인생이 주고받는 수많은 소식들은 슬픈 소식들뿐입니다. 잘되는 것 같아도 결국은 허무와 사망으로 마무리됩니다. 이때 하나님께서 좋은 소식을 전하게 하신 것입니다. 절망하는 사람들에게 소망을 주는 좋은 소식을 전하는 일이니 얼마나 보람됩니까? 무너진 인생에게 좋은 소식으로 일어나게 하는 것이니 얼마나 멋진 일입니까? 죽어가는 영혼을 살리는 좋은 소식을 전하는 것이니 얼마나 가치 있는 일입니까? 하나님께서는 이 위대한 일에 우리를 불러 봉사하게 하셨습니다. 하나님께서는 이 일을 맡기기 위해 이 땅에 교회를 세워 특권을 주셨습니다. 그리고 우리를 통해 복음이 전달되어 많은 영혼이 구원받기를 간절히 고대하고 계십니다.

…

12
하나님의 풍성함으로 채우라

엡 3:14~21

—

능히 모든 성도와 함께 지식에 넘치는
그리스도의 사랑을 알고
그 너비와 길이와 높이와 깊이가 어떠함을 깨달아
하나님의 모든 충만하신 것으로
너희에게 충만하게 하시기를 구하노라
(엡 3:18~19)

1517년 마틴 루터(Martin Luther, 1483~1546)에서 시작된 종교개혁이 이제 500주년이 넘었습니다. 종교개혁의 역사적 현장인 유럽에 가보면 신앙의 선배들이 걸어온 믿음의 발자취에 고개가 절로 숙여집니다. 마틴 루터는 가톨릭의 거대한 힘 앞에서 생명을 내걸고 오직 성경, 오직 그리스도를 외쳤습니다.

마틴 루터의 생애는 치열한 믿음의 열정으로 가득합니다. 생명의 위협을 느끼며 피신했던 바르트부르크(Wartburg) 성에 가보면 그가 얼마나 열심을 내어 하나님을 위해 살았는지 생각하게 됩니다. 그는 위협과 고통의 시간을 보내면서도 그 시간을 낭비하지 않고 성경을 모국어인 독일어로 번역하는 일에 힘썼습니다. 오직 성경의 진리만을 외치면서 불꽃같은 인생을 살았던 것입니다.

그보다 100년 전에 체코의 얀 후스(Jan Hus, 1372?~1415)는 성경적인 진리를 외치다가 파문당하고 종교재판으로 1415년에 처형을 당했습니다. 그는 화형 앞에서도 두려움 없이 그리스도만이 교회의 궁극적인 권위요, 믿음과 진리의 원천은 오직 성경, 하나님의 말씀뿐임을 부르짖었습니다.

죽음을 두려워하지 않는 이들의 믿음은 결국 세계를 바꾸어놓았습니다. 이들의 믿음과 희생으로 오늘 우리가 교회를 이루게 된 것입니다. 하나님이 말씀에 전 인생을 걸고 확신과 정열을 가지고 사는 개혁자들의 모습은 우리 자신을 돌아보게 합니다. 이런 삶을 실 수 있었던 것은 그들의 내면이 하나님의 은혜로 풍성하게 채워져 강건하였기 때문일 것입니다.

풍성함으로 채우라

바울 사도는 에베소 교인들을 위해 지금까지의 내용을 가지고 간절한 기도를 드립니다. 에베소서 3장 14절부터 시작되는 기도의 결론은 모든 성도들이 하나님의 풍성함으로 채움 받기를 원한다는 것입니다.

"하나님의 모든 충만하신 것으로 너희에게 충만하게 하시기를 구하노라"(엡 3:19).

바울은 우리의 신분이 하나님의 백성으로 바뀌고 우리가 받은 은혜와 구원이 그리스도에게 있다는 점을 분명히 한 후에, 그 신분과 받은 은혜에 걸맞은 수준이 어떠해야 하는지 기도를 통해 보여주고 있습니다. 이것이 얼마나 절박한 문제인지 바울은 무릎을 꿇고 구했습니다(15절).

어떤 것을 받았을 때 그것을 효과적으로 잘 사용하는 사람이 있는가 하면 소홀히 여겨 쓸모없게 만드는 사람도 있습니다. 하나님께 받은 은혜 역시 소중히 여기고 큰 영향력을 발휘한다면 은혜가 은혜답게 될 것입니다. 바울은 이것을 잘 알아 하나님의 풍성함으로 가득 채움 받아 은혜가 넘치는 삶을 살기를 간절히 소망하고 있는 것입니다. 빈약함이 아니라 풍성함으로, 모자란 것이 아니라 채워져 온전한 모습으로 사는 것은 영적 아버지가 자녀들을 향해 갖는 마음일 것입니다.

속사람이 강건해야

하나님의 풍성함으로 충만하다는 것은 속사람이 강건해지는 것을 말합니다.

"그의 영광의 풍성함을 따라 그의 성령으로 말미암아 너희 속사람을 능력으로 강건하게 하시오며"(엡 3:16).

"속사람을"이라는 말을 '속사람 안에'로 번역하면 의미가 더 분명해집니다. 속사람은 우리 마음의 중심을 의미합니다. 우리 마음의 중심이 강건하기를 기도한다는 것입니다. 우리는 그리스도인이 되고 하나님 약속의 백성이 되었어도 계속 끊임없는 공격과 저항을 받게 됩니다. 그것을 이겨내야 새 삶을 살 수 있으니 마음의 중심이 저항을 이겨낼 수 있도록 하나님의 풍성함으로 채워지기를 바란다는 것입니다. 성경은 이 속사람을 계속 강조합니다.

"그러므로 우리가 낙심하지 아니하노니 우리의 겉사람은 낡아지나 우리의 속사람은 날로 새로워지도다"(고후 4:16).

사람은 시간이 지나 나이가 들면 점점 약해집니다. 육신뿐 아니라 심령도 약해질 수 있습니다. 그러나 겉모습은 점점 낡아져도 마음의 중심은 날로 단단해져서 어떤 공격에도 기꺼이 이겨낼 수 있는 사람이 되라는 것입니다. 속사람이 견고해지고 강건하게 되는 비결은 "그의 성령으로 말미암아"(16절)입니다. 성령의 능력으로 우리 마음의 중심이 건강해집니다.

감기는 바이러스의 침입을 받아 걸립니다. 그 세균이 내가 가진 능력보다 강하면 압도되어 기침도 하고 열도 나고 앓게 됩니다. 그런데 몸의 면역력이 좋으면 세균이 와도 이겨냅니다. 영적인 일도 마찬가지입니다. 영적인 면역력이 좋아야 합니다. 그래야 사탄의 세력이 침입하고 공격을 해도 저항력이 좋아 세균과 같은 어둠의 세력에 굴복하지 않습니다.

속사람이 연약하면 작은 일에도 넘어지고 예민하게 반응합니다. 작은 일에 신앙이 흔들리고 시험에 들어 실망합니다. 하지만 속사람이 강건한 사람은 비바람이 불어도 쉽게 넘어지지 않는 나무처럼 든든히 서 있습니다.

주님을 주인으로 모셔야

하나님의 풍성하심은 그리스도를 마음의 중심에 주인으로 모시는 것을 말합니다.

"믿음으로 말미암아 그리스도께서 너희 마음에 계시게 하시옵고 너희가 사랑 가운데서 뿌리가 박히고 터가 굳어져서"(엡 3:17).

그리스도를 마음에 계시게 한다는 말은 오해를 불러일으킵니다. 이 말씀은 에베소 교인들에게 주는 말씀입니다. 편지의 수신인은 불신자가 아니라 이미 예수님을 영접한 성도들입니다. 그런데 왜 바울은 그리스도께서 그들 마음에 계시도록 기도할까요?

사실 성령의 능력이 충만하여 속사람이 강건하기를 원한다는 것(16절)이나 그리스도께서 마음에 계시기를 원한다는 것(17절)은 같은 표현입니다. 마음에 계신다는 말은 '거한다'는 뜻인데, 이 표현은 헬라어로 두 가지 단어로 쓰입니다. 하나는 일시적인 숙박을 의미하는 것입니다. 나그네가 여행을 하면서 며칠간 잠시 머무는 숙박을 말할 때 '파로이케오(παροικέω)'라는 단어를 씁니다. 또 하나는 '카토이케오(κατοικέω)'로서 이 말씀에 쓰인 단어입니다. 카토이케오는 주인이 자기 집에서 영구히 거주하는 것을 말합니다. 곧 그리스도께서 너희 마음에 주인이 되어 영구히 거하시기를 바란다는 말입니다. 예수님께서 마음의 주인으로서 통치하고 지배하시기를 바란다는 것입니다.

이 구절에 대해서 신학자인 찰스 하지(Charles Hodge, 1797~1878)는 "이것은 존재의 의미를 표현하는 단어가 아니라 정도의 의미를 표현하는 단어다"라고 설명했습니다. 우리 속에 이미 예수님께서 계시지만 마음 보좌에 주인으로 계시기를 구한다는 말입니다.

내 마음의 보좌

두 종류의 그리스도인이 있습니다. 둘 다 예수님을 마음속에 모시고 있지만, 마음의 보좌에 예수님을 주인으로 모시고 있는 사람이 있는가 하면 자신이 마음의 보좌에 앉아 있고 예수님은 그 옆에 있는 사람이 있습니다. 완전히 마음 밖에 예수님이 계시는 불신자보다야 낫지만 온전한 그리스도인의 삶을 살기 위해서는 마음의 보좌에 예수님께서 앉아 계셔야 합니다.

우리는 바울이 간절히 간구했던 것처럼 예수님께서 주인이 되시기를 바라야 합니다. 주님이 내 심령의 보좌에 앉으려면 믿음이 필요합니다. 성경은 "믿음으로 말미암아 그리스도께서 너희 마음에 계시게 하시옵고"(17절)라고 말씀하고 있습니다.

인간의 삶은 매우 다양해 보여도 삶의 방식은 크게 믿음으로 사는 사람과 자기 지혜로 사는 사람으로 나뉩니다. 믿음으로 사는 사람은 삶의 보좌를 주님께 맡기고 주인이신 예수님께서 원하시는 대로, 주인이 계획하고 이끄시는 대로 삽니다.

그러나 자기 지혜로 사는 사람은 자신의 생각과 경험대로 살면서 예수님보다 언제나 앞서갑니다. 믿음이 없으므로 예수님께서 자기 인생의 주인이 아니고 자기가 주인이 될 수밖에 없습니다. 그러니 자기 뜻대로 자기 욕심을 좇아 살아가게 되는 것입니다. 그러면 머리를 굴려야 하고, 계속 움직여야 하고, 일이 어떻게 될지 몰라 작은 일에도 민감할 수밖에 없습니다. 굉장히 분주하고 복잡한 것 같은데 내용은 별로 없습니다. 거짓이 따라오고 인간의 술수와 부정직이 따르게 될 때가 많아 그 끝은 어둡습니다. 온갖 오류와 실패와 절망이 따라옵니다.

그러나 예수님께서 삶의 주인이 되어 내 삶을 끌고 가시면 주님의 지혜와 돌보심으로 인해 우여곡절이 있어도 결국 복된 삶을 살게 됩니다. 예수님을 주인으로 삼고 믿음으로 사는 삶은 넉넉하고 기다릴 줄 아는 여유로움이 있습니다. 자신의 야망과 꿈이 아니라 주님이 원하시는 삶으로 인도받아야 하나님의 풍성한 은혜를 체험하게 되고, 우리 인생을 향한 하나님의 뜻이 성취될 수 있습니다.

거위는 백조가 되어

종교개혁 이전의 개혁자인 얀 후스를 다시 생각해봅시다. 1415년에 화형을 당하면서 그는 "오늘 당신들은 볼품없는 거위(체코어 '후스(Hus)'는 거위를 말함)를 불에 태우지만, 100년의 시간이 흐른 후에는 당신들이 영원히 태워 없앨 수 없는 백조의 노랫소리를 듣게 될 것이오!"라고 말했습니다. 그런데 정말 100년 뒤에 루터가 나타났습니다. 그는 후스보다 더 강력한 종교개혁의 선구자가 되었고, 이후 루터파의 상징이 백조가 되었습니다.

후스가 100년 뒤에 루터가 나타날 것을 미리 알았겠습니까? 그가 믿었던 것은 단 하나, 내 인생의 주인은 하나님이시니 하나님의 뜻이 반드시 성취된다는 것이었습니다. 그가 몸을 던졌을 때 비참한 모습으로 죽는 것 같았지만 100년 뒤에 루터가 등장하여 위대한 일을 이루며 후스를 기리게 되었습니다.

예수님을 주인으로 모시고 사는 사람은 이와 같습니다. 우리 속은 하나님의 풍성함으로 채워져 있어야 합니다. 하나님의 지혜와 능력이 우리 삶을 이끌어갈 수 있도록 해야 합니다.

사랑으로 충만해야

"믿음으로 말미암아 그리스도께서 너희 마음에 계시게 하시옵고 너희가 사랑 가운데서 뿌리가 박히고 터가 굳어져서 능히 모든 성도와 함께 지식에 넘치는 그리스도의 사랑을 알고"(엡 3:17~18).

뿌리가 박히고 터가 굳어진다는 표현은 건축학적인 용어입니다. 둘 다 건축에서 중요한 기초를 말합니다. 기초가 튼튼해야 하는데, 그것은 곧 하나님의 사랑에 깊이 뿌리내리고 굳건하게 서는 것입니다. 하나님의 사랑을 경험하는 것을 바울은 인격적이고 체험적이며 관계적인 '앎'으로 표현합니다. 지식적인 앎에 머무는 것이 아니라 온 몸으로 부딪쳐 경험하게 되는 앎은 그 깊이와 높이와 크기가 달라집니다.

"그 너비와 길이와 높이와 깊이가 어떠함을 깨달아 하나님의 모든 충만하신 것으로 너희에게 충만하게 하시기를 구하노라"(엡 3:19).

이것이 바로 하나님의 풍성하심이 충만해지는 것입니다. 그리스도의 사랑으로 충만해지는 풍성함입니다.

깊은 강물은 소리가 없습니다. 집채 같은 강물에는 소리가 없습니다. 하지만 도랑에 흐르는 물은 소리가 납니다. 크고 작은 돌들이 있어서 부딪치면서 소리가 납니다. 깊은 물에도 그런 부딪침이 있지만 매우 깊어서 소리가 나지 않습니다. 물병에 물을 절반만 넣어서 흔들면 철렁철렁 소리가 나지만 가득 채우면 아무리 흔들어도 소리가 나지 않습니다. 이처럼 하나님의 사랑으로 충만하게 되면 인생의 모든 시끄러움이 사라집니다. 이런 사랑을 경험해야 합니다. 지식으로 아는 그리스도의 사랑은 혼자서 경험할 수 있지만 지식에 "넘치는" 그리스도의 사랑은 "모든 성도와 함께" 알게 됩니다(18절). 성도와 함께 하는 교회에서 알 수 있는 것입니다. 교회가 그리스도의 사랑을 함께 경험하는 장입니다.

교회 생활에 깊숙이 들어가면 상처를 받는다고 말하는 사람들이 있습니다. 그래서 바람과 함께 왔다가 바람과 함께 사라지는 교인들이 많습니다. 그런데 신앙은 고고한 한 마리 학처럼 하는 것이 아닙니다. 그렇게 하면 삶으로 경험되어 지식에 넘치는 사랑이 되지 못합니다. 교회는 비록 불완전한 사람들이 모여 있는 곳이지만 함께 신앙생활을 하면서 부딪치며 자신의 모난 부분이 깎이고 더 온전하게 되는 배움의 장입니다. 서로 연약하니까 부축해주고, 부족하니까 채워주는 것입니다. 혼자 있으면 이런 사랑의 훈련이 되지 않습니다.

내 속이 하나님의 사랑으로 채워지기를 기도해야 합니다. 우리가 하나님의 사랑으로 충만해지면 미운 사람을 불쌍히 여기는 긍휼함을 가질 수 있습니다. 그를 위해 기도하게 됩니다. 그 사람이 나보다 나은 점에 대해서 질투와 시기를 버리고 그를 존중하고 칭찬하게 됩니다. 미운 짓을 해도 감싸 안고 허물을 덮어주게 됩니다. 연약해서 쓰러질 때 격려해주고 그를 돕게 됩니다. 이런 성숙한 모습을 하나님께서는 보고 싶어 하십니다. 이런 사랑의 훈련을 교회에서 해야 하나님께서 더 큰 은혜를 주셔서 함께 사랑으로 충만해져 갈 수 있습니다. 이를 위해 우리는 언제나 바울처럼 기도해야 합니다.

"우리 가운데서 역사하시는 능력대로 우리가 구하거나 생각하는 모든 것에 더 넘치도록 능히 하실 이에게 교회 안에서와 그리스도 예수 안에서 영광이 대대로 영원무궁하기를 원하노라 아멘"(엡 3:20~21).

13
하나 됨을 힘써 지키라
엡 4:1~6

―

평안의 매는 줄로 성령이
하나 되게 하신 것을 힘써 지키라
몸이 하나요 성령도 한 분이시니
이와 같이 너희가 부르심의 한 소망 안에서
부르심을 받았느니라
(엡 4:3~4)

하나님의 은혜로 구원을 받고 하나님의 백성이 되는 순간 우리는 교회 공동체를 떠나서는 믿음을 유지할 수 없습니다. 하나님께서는 이 땅에 가정과 교회라는 두 기관을 세우고, 두 수레바퀴가 정상적으로 잘 굴러가야 복된 삶을 누릴 수 있는 시스템을 만드셨습니다. 가정과 교회가 평안하고 건강해야 그 속에 거하는 우리도 같은 복을 누릴 수 있습니다. 그런 의미에서 교회가 평안하고 건강하며 복의 자리가 되어야 합니다.

교회가 평안하려면 교회의 일체성이 유지되어야 합니다. 한마음과 한 뜻으로 움직이는 공동체가 되어야 질서 있고 평안하며, 세상을 향한 영적 싸움에서도 일체성을 갖고 대응할 수 있습니다. 하나님께서 하나로 묶어주셨으니 우리는 이것을 잘 지켜야 합니다.

"평안의 매는 줄로 성령이 하나 되게 하신 것을 힘써 지키라"(엡 4:3).

하나님께서는 우리에게 '하나가 되어라'라고 말씀하시지 않고, '너희는 이미 성령 안에서 하나다'라는 점을 강조하십니다.

"그러므로 주 안에서 갇힌 내가 너희를 권하노니 너희가 부르심을 받은 일에 합당하게 행하여"(엡 4:1).

'부르심을 받은 너희'는 성도를 말합니다. 성도는 하나님께서 불러주신 것에 합당하게 살아야 합니다. '합당하다'는 말은 헬라어로 '악시오스(ἀξίως)'입니다. 이 말은 '무게를 달다'에서 나온 것으로 '같은 중량으로', '동일한 무게로'라는 말로 생각해볼 수 있습니다. 하나님께서 부르신 것은 성령께서 하나 되게 하신 교회를 힘써 지키기 위함이라는 의미입니다.

겸손으로 마음 지키기

"모든 겸손과 온유로 하고 오래 참음으로 사랑 가운데서 서로 용납하고"(엡 4:2).

성령께서 하나 되게 하신 것을 지키려면 마음가짐을 바르게 해야 합니다. 그중에서도 첫 번째가 바로 겸손입니다. 겸손으로 마음가짐을 바르게 하지 않으면 단지 개개인의 윤리에 그치는 것이 아니라 우리 공동체가 하나님이 주신 수많은 축복의 말씀과 은혜를 누릴 수 없습니다. 겸손은 행동이 이루어지기 전에 갖추어진 마음의 상태이자 어떤 존재인가를 묘사하는 표현입니다. 그래서 겸손은 성도의 마음가짐의 첫 번째 덕입니다. 헬라 문화권에서는 겸손이 일반 사람이 가질 미덕이 아니라고 생각했습니다. 겸손은 포로나 노예가 가질 태도라는 인식이 있었습니다. 겸손은 약한 자들이 취하는 모습이라고 본 것입니다. 그런데 예수님께서는 친히 겸손의 삶을 보이시더니 심지어 죽기까지 순종하셨습니다.

"그는 근본 하나님의 본체시나 하나님과 동등됨을 취할 것으로 여기지 아니하시고 오히려 자기를 비워 종의 형체를 가지사 사람들과 같이 되셨고 사람의 모양으로 나타나사 자기를 낮추시고 죽기까지 복종하셨으니 곧 십자가에 죽으심이라"(빌 2:6~8).

그리스도의 십자가는 겸손의 극치요, 그 끝을 보여주는 것이었습니다. 예수님을 믿고 닮아가려고 애쓰는 우리는 겸손해야 합니다. 주님은 하나님 앞에서 자신을 낮추는 본을 보이셨습니다.

하나님께서는 아담과 하와를 만드시고, 그들이 순종해야 할 것을 선악을 알게 하는 나무의 열매를 통해 정하셨습니다. 아담과 하와는 하나님의 말씀 앞에서 자신을 낮추어야 했습니다. 그것이 곧 겸손인데, 그들은 하나님과 동등하게 되려고 헛된 마음을 품고 불순종했습니다. 겸손하지 못한 그들이 저지른 불순종의 행동은 하나님과 원수가 되게 하고, 부부간의 갈등이 되었으며, 인간에게 죽음이 도입되었고, 서로 죽이고 미워하고 다투는 불행의 씨앗이 되었습니다. 그리고 이 땅의 많은 사람들이 겸손을 버렸을 때 하늘 끝까지 닿으려는 바벨탑을 쌓았습니다. 바벨탑은 교만의 극치를 보여줍니다.

하나님의 은혜로 구속함을 입은 우리가 가장 먼저 회복해야 할 마음은 바로 겸손입니다. 하나님 앞에서 자신을 낮추는 것입니다. 오늘날도 사탄은 세상에서 겸손하면 무시를 당하거나 손해를 볼 수 있다고 우리를 유혹합니다. 그러나 하나님 앞에서 겸손한 사람을 하나님께서는 오히려 높이고 책임지십니다.

"주 앞에서 낮추라 그리하면 주께서 너희를 높이시리라"(약 4:10).

사탄의 모든 유혹의 말을 버리고 겸손해야 합니다. 각자가 겸손할 때 교회는 하나가 될 수 있습니다.

온유함으로 마음 지키기

'온유'라는 말을 들으면 약해 보이고 힘이 없고 왜소한 느낌을 받습니다. 그런데 온유의 원어인 '프라위테스($πραΰτης$)'는 정반대의 의미입니다. 온유는 오히려 강인한 무엇을 의미합니다. 잘 다듬어지고 통제되어 있는 상태를 말합니다. 넓은 초원을 무한 질주할 수 있는 힘을 가진 야생마가 조련사에게 잘 조련이 되어 있는 상태를 말합니다. 달리라고 하면 달리고, 서라고 하면 서고, 장애물을 넘으라면 넘고, 기다리라면 기다리는 것입니다. 무능한 것이 아니라 유능한 힘을 가진 존재인데 잘 통제까지 되고 있으니 굉장한 것입니다. 온유한 마음이란 이렇게 감정이 잘 통제된 마음을 말합니다. 그런 의미에서 온유는 '자기주장'과 반대 개념이라고 말할 수 있습니다.

하나님 앞에서 잘 길들여져 있다는 것은 내 주장이 있어도, 내가 힘이 있고 상대방을 제압할 능력이 있어도, 하나님께서 원치 않으시면 내 감정과 기분과 생각대로 하지 않는 것입니다. 하나님의 부르심을 받은 사람은 주님의 통제에 잘 따라야 합니다. 예수님은 때때로 강한 모습을 보여주셨습니다. 성전을 청결하게 할 때 단호하게 상인들을 내쫓으셨고(눅 19:45), 바리새인들을 향해 독사의 자식들이라고 외치기도(마 3:7, 23:33 등) 하셨습니다. 그런데 로마의 군인들에게 잡혀갈 때에는 말없이 끌려가 하나님의 일을 이루셨습니다. 이때 베드로가 난리를 치자 주님은 이렇게 말씀하십니다.

"너는 내가 내 아버지께 구하여 지금 열두 군단 더 되는 천사를 보내시게 할 수 없는 줄로 아느냐"(마 26:53).

주님은 할 수 없어서가 아니라 하지 않으심으로 순종하셨습니다. 우리는 예수님의 온유함을 배워야 합니다.

"나는 마음이 온유하고 겸손하니 나의 멍에를 메고 내게 배우라 그리하면 너희 마음이 쉼을 얻으리니"(마 11:29).

하나님께 쓰임 받은 사람은 모두 온유함으로 훈련된 자들이었습니다. 모세는 혈기가 왕성하여 이방인에게 동족이 당하는 것을 보고 분노를 견딜 수 없어 살인을 저질렀지만 40년의 광야 생활을 통해 하나님 앞에서 다듬어집니다. 모세의 변화된 모습을 민수기는 "이 사람 모세는 온유함이 지면의 모든 사람보다 더하더라"(민 12:3) 하고 기록합니다.

온유란 약하고 모자란 것이 아닙니다. 온유는 인격이 최고로 성숙해진 것을 말합니다. 다윗은 사울 왕에게 미움과 시기를 받아 도망 다니다가 그를 죽일 수 있는 좋은 기회를 맞게 됩니다. 동굴 속에서 그를 쉽게 죽일 수 있는 기회가 왔지만 그는 죽이지 않습니다.

"자기 사람들에게 이르되 내가 손을 들어 여호와의 기름 부음을 받은 내 주를 치는 것은 여호와께서 금하시는 것이니 그는 여호와의 기름 부음을 받은 자가 됨이니라"(삼상 24:6).

그는 하나님 앞에서 잘 통제된 온유한 사람이었습니다. 이런 겸손과 온유함을 가져야 하나님이 하나 되게 하신 귀한 가치를 지킬 수 있습니다.

관계를 어떻게 지키는가

하나 되게 하신 것을 지키는 것은 다른 사람과 바른 관계를 가질 때 성취됩니다.

"오래 참음으로 사랑 가운데서 서로 용납하고"(엡 4:2).

오래 참는 것은 고난 중에도 끝까지 참기를 포기하지 않는다는 것입니다. 그럴 정도로 서로를 사랑으로 받아주라는 말씀입니다.

우리가 살면서 후회하는 것들을 되돌아보면 '그때 참을 걸' 하는 것들이 많습니다. 돌이켜보면 처음에는 참았지만 두 번째부터는 참지 못한 일들이 많습니다. 성경은 그래서 '오래' 참으라고 말씀합니다. 우리 모두가 죄인이기 때문에 그렇습니다. 모두가 약하고 허물과 실수가 많습니다. 상대방만 나에게 그런 존재가 아니라 나도 상대방에게 그러한 존재입니다. 그러니 오래 참는 것은 서로 상보적인 의미를 갖습니다. 서로서로 오래 참아주어야 관계가 깨지지 않습니다. 또한 우리가 하나님의 복을 누리기 위해서 오래 참아야 합니다. 욥처럼 끝까지 인내해야 복을 누립니다.

"보라 인내하는 자를 우리가 복되다 하나니 너희가 욥의 인내를 들었고 주께서 주신 결말을 보았거니와 주는 가장 자비하시고 긍휼히 여기시는 이시니라"(약 5:11).

오래 참는 데 그치지 말고 상대방을 용납하고 받아들여 주어야 합니다. 용납이라는 말의 헬라어 '아네코(ἀνέχω)'는 '위로'라는 말 '아나(ἀνά)'와 '가지다'라는 말 '에코(ἔχω)'가 합쳐진 것으로, 위로 들어올려 지지하고 있는 것을 말합니다. 그냥 들어도 힘든데, 위로 들어올려 지지하는 것은 아주 힘이 듭니다.

용납하는 것은 그래서 힘들고, 상처가 되고, 고통이 되는 것을 받아들이는 것을 말합니다. 그러니 용납하는 것은 대단한 용기가 필요합니다. 하나 되는 관계는 있는 모습 그대로를 받아주는 것, 즉 용납을 통해서 유지됩니다. 우리는 보통 상대방에게 내가 원하는 대로 내 기준에 맞게 요구합니다. 그래서 갈등이 생깁니다. 부부간의 문제가 다 여기서 비롯됩니다.

어떤 부부가 매일 싸우고 다툼이 많았습니다. 큰 문제가 아니라 작은 부분에서 서로를 받아주지 못해 다투었는데, 많은 부분이 생활 습관 때문이었습니다. 그중 하나가 남편이 양말을 벗을 때 꼭 뒤집어놓는 것입니다. 그리고 치약의 중간을 눌러서 짜는 것입니다. 이런 일들로 갈등이 생기는 것을 다들 경험해보셨을 것입니다. 그러다가 어느 날 아내가 남편의 이런 모습을 용납하고 받아들이기로 작정했다고 합니다. 그래서 양말을 뒤집어서 벗어놓으면 그냥 뒤집어진 그대로 세탁을 하고 내주었습니다. 뒤집어진 채로 신고 벗으니 그 다음에는 원위치가 되었답니다. 또 치약의 중간을 짜서 울퉁불퉁하게 만들어 놓으면 '와, 우리 남편이 예술적 감각이 뛰어나서 이렇게 중간을 곡선으로 만들어놓는구나!'라고 생각하기로 했답니다. 그리고 자기가 끝을 둘둘 말아서 팽팽하게 해놓고는 다음날 치약이 어떻게 되어 있을지 기대를 했답니다. 남편은 여지없이 중간을 꽉 짜놓았고, 아내는 그것을 보면서 '와, 어떻게 한두 번도 아니고 이렇게 매일 예술 활동을 하는 거지?' 하며 감탄했다고 합니다. 이렇게 서로를 받아들이면 갈등이 생기지 않습니다. 서로를 향해 오래 참고 받아들여야 관계가 유지될 수 있습니다.

하나 된 신앙

공동체는 신앙의 관점으로 보아야 하나 될 수 있습니다. "몸이 하나요 성령도 한 분이시니 이와 같이 너희가 부르심의 한 소망 안에서 부르심을 받았느니라 주도 한 분이시요 믿음도 하나요 세례도 하나요 하나님도 한 분이시니 곧 만유의 아버지시라 만유 위에 계시고 만유를 통일하시고 만유 가운데 계시도다"(엡 4:4~6).

세상의 많은 모임이나 집단은 구성원들이 어떤 주된 공유점을 갖고 있습니다. 나이와 연령대가 비슷하거나, 고향이나 출신이 같거나, 배움의 정도가 비슷하거나, 추구하는 것이 같거나 하는 특징이 있습니다. 그러한 특징이 사라지면 모임의 특징도 사라집니다. 그런데 교회는 이와는 차원이 다른 공동체입니다. 남녀노소가 함께 모여 있습니다. 출신 지역도, 배움의 정도도, 사는 형편도 다 다릅니다. 그런데도 함께 예배를 드립니다. 예수님을 믿는 믿음 하나로 하나가 되었기 때문입니다. 우리가 믿는 하나님이 한 분이시기 때문입니다.

에베소서는 이 말씀에 이르러 삼위일체 하나님이 등장합니다. 성부, 성자, 성령께서 다 나타납니다. 이를 통해 다양함 가운데 하나, 일치라는 메시지를 더욱 두드러지게 강조합니다. 우리가 하나님을 믿기 때문에 하나라는 신앙의 관점을 가져야 합니다. 우리의 다양성에 초점을 두지 말고 우리의 믿음에 초점을 두라는 것입니다. 하나님을 잘 믿고 교회에서 직분을 가지고 있고 열심히 봉사 활동을 한다고 해도 한 하나님을 믿고 있다는 사실을 간과하면 우리는 하나가 될 수 없습니다. 우리를 부르신 이가 한 분이시며, 우리의 믿음의 대상이 한 분이시고, 한 성령으로 세례를 받았기 때문에 우리는 하나인 것입니다. 이러한 신앙의 관점을 놓치면 하나님께서 하나 되게 하신 것을 지켜내지 못합니다. 하나님께서는 이것을 지키라고 명하심으로 교회가 교회답게 되기를 원하셨습니다.

고린도 교회는 좋은 교회였지만 다툼과 분쟁이 있었습니다. 그래서 성경은 이렇게 권면합니다.

"형제들아 내가 우리 주 예수 그리스도의 이름으로 너희를 권하노니 모두가 같은 말을 하고 너희 가운데 분쟁이 없이 같은 마음과 같은 뜻으로 온전히 합하라"(고전 1:10).

어떻게 다양한 사람들이 모인 이곳이 하나로 합해질 수 있습니까? 공산당도 아니고 다 마음이 다르고 뜻이 다른데 어떻게 이것이 가능합니까? 바로 우리는 "우리 주 예수 그리스도의 이름"으로 모인 자들이기 때문입니다. 한 하나님을 믿으니 소망이 같습니다. 한 세례를 받았으니 근원이 같습니다. 우리가 지향하는 바와 꿈꾸는 것 또한 하나님께서 원하시는 뜻 바로 그 한 방향으로 일치합니다. 하나님께서는 이처럼 믿음으로 하나 된 것을 지키는 아름다운 공동체를 보실 때 참으로 기뻐하십니다.

14
하늘의 선물인 은사
엡 4:7~16

—

그가 어떤 사람은 사도로, 어떤 사람은 선지자로,
어떤 사람은 복음 전하는 자로,
어떤 사람은 목사와 교사로 삼으셨으니
이는 성도를 온전하게 하여 봉사의 일을 하게 하며
그리스도의 몸을 세우려 하심이라
(엡 4:11~12)

주는 사람도 받는 사람도 행복한 것이 선물입니다. 선물은 언제나 우리를 기쁘게 합니다. 값비싼 물건보다 사랑하는 사람이 마음을 담아서 주는 선물이 가장 귀합니다. 그래서 하나님께서 우리를 사랑하여 주신 선물이 세상에서 가장 귀합니다. 하나님께서 우리에게 주신 첫째 선물은 바로 우리를 구원하신 것입니다. 거기에서 끝나지 않고 구원이라는 은혜의 선물을 잘 누리며 살아가도록 또 다른 선물을 주셨는데 그것이 은사입니다. 구원의 선물을 누리고 은사의 선물을 활용하며 산다면 복된 삶을 살 수 있습니다.

영남 지역 사람들은 '은사'를 제대로 발음하기가 어렵습니다. 아무리 노력해도 '언사'라고 발음하는 것이 더 편합니다. 그런데 놀라운 점은 이렇게 발음을 해도 알아듣는다는 것입니다. 사투리를 구사하는 사람들은 표준말과 사투리를 모두 알아들으니 참으로 대단한 능력입니다. 이처럼 내가 가진 특별한 점은 단점만 되는 것이 아니라 장점이 될 수도 있습니다.

하나님 안에서는 무엇이든지 귀한 것으로 변화될 수 있습니다. 하나님께서는 우리 모두에게 남들보다 잘하는 어떤 능력을 주셨습니다. 내가 홀로 있다면 잘하는 것이 있어도 잘하지 못하는 것이 그대로 남아 있어서 무엇인가 부족하게 됩니다. 그러나 믿음 안에서 모이면 서로의 장단점이 어우러지고, 어느 한편으로 치우쳐 있는 능력일지라도 모든 것이 서로를 돕고 거대한 하모니를 이루어 아름다운 공동체를 이루게 되며 위대한 일을 하게 됩니다.

각 사람에게 주신 선물

은사를 잘 이해해야 교회 생활을 제대로 할 수 있습니다. 그리스도인의 신앙생활은 교회를 떠나 존재할 수 없습니다. 공동체로 모였으니 각자에게 주어진 은사를 잘 이해하여 자신뿐 아니라 공동체에 큰 유익을 주는 신앙생활을 해야 합니다.

"우리 각 사람에게 그리스도의 선물의 분량대로 은혜를 주셨나니"(엡 4:7).

하나님이 각 사람에게 그리스도로 말미암아 선물을 주셨는데 그것이 바로 은사입니다. 은사는 우리의 노력으로 얻은 것이 아니라 값없이 은혜로 주어진 하늘의 선물입니다. 선물로 주신 것이니 자랑할 수 없고 하나님께 감사함으로 받아 활용해야 합니다. 선물이므로 경쟁의 대상도, 시기의 대상도 아닙니다. 따라서 은사를 가지고 과시하거나 교만한 것은 성경적인 태도가 아닙니다.

은사는 각 사람에게 주어졌습니다. 모든 그리스도인에게 주셨으므로 은사를 받지 않은 중생한 그리스도인은 없습니다. 우리는 은사를 달라고 간구하지만 우리를 구원하실 때 이미 각 사람에게 은사를 주셨음을 기억해야 합니다. 은사 하면 대개 병 고치는 은사나 예언, 방언 같은 몇몇 은사를 떠올립니다. 그런데 은사는 매우 다양합니다. 고린도전서 12장, 에베소서 4장, 데살로니가전서 5장, 로마서 12장 등에서 이 은사에 대해 말씀하고 있습니다.

또한 은사는 "분량대로" 주셨습니다(7절). 이 말씀에서 분량은 양의 개념이라기보다는 다양성으로 보아야 합니다. 각각 다양한 은사를 저마다에게 주셨다는 것입니다. 각기 종류대로 주셨으니 서로 경쟁하고 그것 때문에 절망할 필요가 없습니다. 다른 사람에게 없는, 내게 주신 것이 따로 있음을 알고 감사드려야 합니다.

발견해야 사용할 수 있다

아무리 귀하고 값진 것이라도 발견하지 않으면 소용이 없습니다. 땅 속에 있으면 금덩어리도 소용이 없습니다. 금으로 발견될 때 비로소 귀한 가치를 발휘합니다. 또한 금을 발견했어도 활용하지 않으면 소용이 없습니다. 귀한 선물을 받았는데 그 안에 무엇이 들어 있는지 알지도 못한 채 방치한다면 어떤 일도 일어나지 않을 것입니다. 그것은 선물을 준 사람에 대한 모욕입니다. 선물의 포장지를 풀러 무엇인지 확인하고 잘 활용하는 것이야말로 받은 선물에 대한 바른 반응입니다. 이처럼 자신의 은사가 무엇인지를 발견하는 일은 너무나 중요합니다. 은사는 각기 다르기 때문입니다.

은사를 발견하기 위해서는 먼저 자신이 좋아하는 것과 잘하는 것이 다르다는 것을 알아야 합니다. 은사는 무엇인가 잘하도록 주신 것입니다. 그런데 그것을 발견하지 못하고 자기가 하고 싶은 것만 하려고 몸부림치는 경우가 많습니다. 그렇게 되면 인생의 시간을 헛되게 낭비하게 됩니다. 내가 잘하는 것을 확인하고 발견하기 위해 노력해야 합니다.

우리가 어떤 은사를 받았는지는 기도를 통해 확인해야 합니다. 내게 주신 것이 무엇인지를 주신 분에게 먼저 물어보는 것입니다. 기도는 하나님과의 교제요, 소통입니다. 기도하는 자에게 하나님은 깨닫게 해주실 것입니다.

또한 자신을 돌아보고 살펴서 은사를 발견해야 합니다. 내가 무엇을 잘하는지 살피는 것입니다. 이때 나보다 다른 사람을 통해서 확인하는 것이 더욱 효과적일 때가 많습니다. 사람은 자기 분석보다 다른 사람을 판단하고 평가 내리는 능력이 더 뛰어납니다. 다른 사람들이 말하는 내용이 내가 잘하는 것, 하나님이 주신 은사임을 확인시켜줍니다. 이것은 특히 목회자를 통해서 잘 드러납니다. 목회자는 성도들을 영적으로 관찰하며 권면하기 때문에 각 사람이 가진 은사를 잘 보게 됩니다. 그래서 목회자가 하는 중요한 일 가운데 하나가 각 사람의 은사에 맞게 교회의 사역을 맡기는 것입니다.

섬기라고 주신 것

우리에게 주신 은사는 서로를 섬기라고 주신 목적에 합당하게 쓰여야 합니다. 바울은 "그가 어떤 사람은 사도로, 어떤 사람은 선지자로, 어떤 사람은 복음 전하는 자로, 어떤 사람은 목사와 교사로 삼으셨으니"(11절)라고 말하며 다양한 은사들 중에서 몇 가지를 언급합니다. 그리고 은사를 주신 이유를 말씀합니다.

"이는 성도를 온전하게 하여 봉사의 일을 하게 하며 그리스도의 몸을 세우려 하심이라"(엡 4:12).

은사는 섬김의 수단입니다. 사역의 도구로 우리에게 주신 것입니다. 어떤 계급장도 아니고 자랑하라고 주신 것도 아니며 홀로 누리라고 주신 것도 아닙니다. 은사를 통해 하나님의 나라를 이루며 서로를 섬기고 든든히 세워나가도록 주신 것입니다. 은사는 하늘의 선물로서 하나님의 기관인 교회에서 주님을 섬기도록 주신 것입니다. 따라서 각 사람에게 주신 은사를 신앙 공동체인 교회에서 극대화하여 활용해야 합니다.

직분이 아니라 은사로 일한다

은사로 사역을 하지만, 사역은 은사대로 해야 합니다. 교회의 직분으로 일하는 것이 아니라 은사대로 일하는 것입니다. 자기의 기분으로 일하는 것이 아니라 은사에 따라 일하는 것입니다. 자기 욕심으로 일하는 것이 아니라 은사로 일하는 것입니다. 은사에 따라 일한다는 것은 다른 사람들 눈을 의식해서 '저 일이 더 멋있어 보이더라. 저 일이 더 존재감을 드러내는 일이더라'라고 생각하며 하는 일이 아니라 하나님께서 잘하도록 주신 은혜로 일하는 것입니다. 어떤 사람은 찬양을 잘하고, 어떤 사람은 봉사를 잘합니다. 어떤 사람은 가르치고 돌보는 일을 잘하고, 어떤 사람은 기계를 잘 다룹니다.

미국의 어떤 교회에 가보니 연세가 아주 많으신 분이 안내를 하고 있었습니다. 물어보니 40여 년을 하셨답니다. 안내 전문가라서 그 일을 평생 하는 것이랍니다. 이렇게 하나님 나라의 봉사에는 정년 퇴임이 없습니다. 자신이 잘하는 전문직에 은퇴는 없습니다. 사역을 하다가 3년 했네, 벌써 10년째네 하면서 내년에는 하지 않겠다고 결심하는 분들이 있습니다. 하지만 자기 전문 분야가 따로 있습니다. 자신의 은사는 다른 일들보다 잘하는 탁월함을 갖습니다. 그러니 그 사람이 그 일을 하지 않으면 누가 대신 해줄 수 없습니다. 각각의 수고와 봉사는 교회를 지탱하는 중요한 기둥과 같습니다. 내가 하지 않으면 안 된다는 사명 의식을 가져야 합니다.

또한 은사를 통해 서로를 섬기라는 것은 자기의 일에 열심을 내어 다른 사람을 도우라는 것입니다. 하지만 다른 사람의 영역을 넘봐서는 안 됩니다. 서로 잘하는 것으로 보충하고 보완하며 세워가는 것이지 자신이 잘하는 것으로 남을 판단하고 비판해서는 안 됩니다. 각자 맡은 일에 충실하고, 다른 이들이 하는 일을 격려하고, 다른 사람의 사역을 귀하게 여기며, 서로 부족한 점을 자신의 능숙한 능력으로 덮어주고 도와주라는 것입니다. 그래서 은사로 일하는 교회에는 다양한 전문성 가운데 하나 된 믿음의 일치가 있습니다. 그러한 교회에는 아름다운 신앙의 하모니가 있습니다.

함께 온전함으로 성숙해지기

은사를 통해 일만 하는 것이 아닙니다. 은사로 서로 섬기는 과정을 통해 우리는 함께 성숙해집니다. 신앙은 기도를 많이 하고 성경을 많이 보면 성장한다고 생각하기 쉬운데 절대 그렇지 않습니다. 태어나 성장해가는 아이를 생각해봅시다. 단지 아이가 먹고 마시는 것만으로 성장하지 않습니다. 학교에서 지식을 습득하는 것만으로도 성장하지 않습니다. 여러 가지 활동과 운동을 통해서 신체가 단련되며, 친구들과 부대끼면서 인격이 성장하고, 선생님과 친구들과의 관계를 통해서 사회에서 활동하는 사람이 되는 것입니다.

그리스도인 역시 마찬가지입니다. 기도를 많이 하고 성경공부를 많이 하는 것은 기본적으로 너무나도 중요한 일입니다. 그러나 진정한 성장은 은사를 통해 이루어집니다. 함께 봉사하고 사역하며 하나님 나라를 이루어감으로 되는 것입니다. 은사가 지향하는 궁극적인 목적은 성도를 온전하게 하여 신실한 그리스도인을 만드는 것입니다(12절). 그리고 봉사의 일을 통해 그리스도의 몸인 교회를 세워 나가는 것입니다.

"우리가 다 하나님의 아들을 믿는 것과 아는 일에 하나가 되어 온전한 사람을 이루어 그리스도의 장성한 분량이 충만한 데까지 이르리니"(엡 4:13).

결국 온전한 사람을 이루어 그리스도의 장성한 분량이 충만한 데까지 성숙시키기 위함이라는 것입니다. 하나님께서는 우리가 구원받은 사람으로 거듭나는 것에 그치는 것을 원하시지 않습니다. 구원받은 것은 출발입니다. 하나님은 더욱 성장하고 성숙해져서 온선한 사람이 되기를 원하십니다. 그리스도처럼 장성한 사람이 되기를 바라십니다. 이 모든 일이 은사를 통해서 이루어지는 것입니다.

어린아이로 머물 것인가

온전함을 이루어 성숙해진 사람은 어린아이와는 차원이 다른 어른의 인생을 살게 됩니다.

"이는 우리가 이제부터 어린아이가 되지 아니하여 사람의 속임수와 간사한 유혹에 빠져 온갖 교훈의 풍조에 밀려 요동하지 않게 하려 함이라"(엡 4:14).

어린아이는 유혹에 약하고 자주 흔들립니다. 속임수가 영적인 미혹이라면, 간사한 유혹은 일상적인 삶의 유혹을 말합니다. 영적으로 어린아이와 같을 때에는 잘 미혹당하여 이단의 속임수에 빠지기 쉽습니다. 거짓과 정통의 진리를 구분하지 못하여 흔들리게 됩니다. 그리고 세상의 유혹에 마음이 약해지고 요동쳐서 위험에 빠지게 되기도 합니다.

이런 어린아이의 모습은 누구에게나 있는 출발점의 모습입니다. 그러나 어린아이의 모습으로 계속 있는 것은 위험합니다. 우리는 이러한 모습을 버리고 영적으로 성숙해져야 합니다. 사탄의 속임수에 흔들리지 않는 단호한 마음, 간사한 유혹에도 굳건한 심령으로 신실함을 지키는 자가 되어야 합니다. 그러기 위해서 자신의 은사를 가지고 함께 섬기는 봉사를 해야 합니다. 우리는 멈추지 말고 계속 자라가야 합니다.

"오직 사랑 안에서 참된 것을 하여 범사에 그에게까지 자랄지라 그는 머리니 곧 그리스도라"(엡 4:15).

그리스도의 장성한 분량이 충만한 데까지 목표를 향하여 끊임없이 나아가야 합니다. 신앙의 학교에서 졸업은 없습니다. 지속적으로 성장해야 넘어지지 않습니다. 이러한 성숙함을 위해서 하나님은 우리에게 은사를 주셨습니다. 우리에게 주신 구원의 은혜를 유지하게 하려고 은사를 주셨습니다. 우리는 이 은혜를 잘 활용하여 성숙함에 이르러야 합니다.

4부
다시 쓰는 천로역정

15. 옛사람을 벗어버리라(4:17~22) • 160
16. 새사람을 입으라(4:22~32) • 170
17. 하나님을 본받는 사람(5:1~7) • 180
18. 빛의 자녀들(5:8~14) • 190
19. 지혜로운 인생 관리(5:15~21) • 200

15
옛사람을 벗어버리라
엡 4:17~22

—

진리가 예수 안에 있는 것같이
너희가 참으로 그에게서 듣고 또한 그 안에서
가르침을 받았을진대 너희는 유혹의 욕심을 따라
썩어져 가는 구습을 따르는 옛사람을 벗어버리고
(엡 4:21~22)

교회에서는 그리스도인이 되었다는 외적인 표식으로 세례를 줍니다. 세례의 방식은 교회사적으로 매우 다양하지만 공통점이 하나 있는데 바로 물의 사용입니다. 물을 가지고 침수를 하든지, 물을 뿌리든지, 물을 찍어 바르든지 하나님의 백성이 되는 표시로 물을 사용합니다. 물은 더럽혀진 것을 깨끗하게 씻고 청결하게 합니다. 세례의 중요한 의미 중 하나가 깨끗하게 씻기는 것입니다. 죄로 더럽혀진 모습을 씻어 죄 용서함을 받고 깨끗하게 되어 하나님의 백성으로 편입되며, 거룩하신 하나님의 권속이 되어 함께 살 수 있는 자녀가 된 것을 나타내는 데 물은 중요한 상징적 의미를 갖습니다. 신앙을 갖기 이전의 모든 것과 세상의 구습을 따르는 옛사람을 버리는 것은 깨끗이 씻기는 것인데, 이것은 새사람으로 새롭게 태어나기 위해서 필수적인 과정입니다.

누구든지 그리스도 안에서 새사람이 되려면 옛사람을 벗어버려야 합니다. 그래서 "너희는 유혹의 욕심을 따라 썩어져 가는 구습을 따르는 옛사람을 벗어버리고"(엡 4:22)라고 말씀하고 있습니다.

벗어 버림

"그러므로 내가 이것을 말하며 주 안에서 증언하노니 이제부터 너희는 이방인이 그 마음의 허망한 것으로 행함같이 행하지 말라"(엡 4:17).

구원받지 못한 대표적인 모습은 이방인의 행함을 예로 들 수 있습니다. 이방인의 삶은 마음의 허망한 것으로 행한다는 것입니다. '허망함'의 헬라어는 '마타이오테스(ματαιότης)'로 텅 비어 있는 것을 의미합니다. 속에 아무것도 없이 텅 비어 있다는 것은 어떤 목적이나 이유가 없다는 것입니다. 그 자체로 아무런 의미가 없는 것입니다.

하나님을 알지 못하는 사람은 자신의 근원에 대한 어떤 질문이나 추구에도 해답을 얻을 수 없습니다. 따라서 아무리 열심히 살아도 삶의 이유와 목적과 의미를 발견할 수 없습니다. 한바탕의 꿈처럼 향방 없이 사는 것은 내용이 없는 빈 상자처럼 아무것도 아니라고 말할 수 있습니다. 허망한 마음으로 인생을 살아가니 그 행함이 정함도 없고 목적도 없고, 열심을 내어 원하는 결과를 얻는다 해도 참 만족이 없습니다. 결국 공허함과 허무감만이 남을 뿐입니다.

그런데 육신을 가진 인간의 죄악된 본질에 있는 이 옛 습성은 관성의 법칙으로 제자리로 돌아오는 물체처럼 우리 곁을 떠나지 않을 때가 많습니다. 그래서 이런 허망한 삶을 잘 이해하고 그런 삶을 살았던 옛사람의 모습을 버리라는 것입니다. 그러한 삶이 아무런 가치가 없는데도 우리의 발목을 붙잡고 있으니 끊어버려야 새 삶으로 도약할 수 있습니다. 특히 세상적인 가치를 추구했던 헛된 꿈을 포기하고 버려야 합니다. 그렇지 않고 허망한 것에 연연한다면 미련한 돼지가 다시 더러운 곳으로 가는 것과 마찬가지가 될 것입니다.

"참된 속담에 이르기를 개가 그 토하였던 것에 돌아가고 돼지가 씻었다가 더러운 구덩이에 도로 누웠다 하는 말이 그들에게 응하였도다"(벧후 2:22).

헛된 것임을 알고 버렸는데 시간이 지나 다시 마음이 흔들려 옛것을 취한다면 어리석은 일이 아닐 수 없습니다.

영적 무지의 허망함

허망한 삶을 사는 인생의 중요한 특징은 영적인 무지함입니다. "그들의 총명이 어두워지고 그들 가운데 있는 무지함과 그들의 마음이 굳어짐으로 말미암아 하나님의 생명에서 떠나 있도다"(엡 4:18).

허망한 것을 추구하는 것은 결국 참된 가치이신 하나님을 떠난 것인데, 이는 생명에서 떠나 사망으로 나아가고 있는 것입니다. 그처럼 위험한 일을 감행하는 이유는 영적인 무지함 때문입니다. 영적으로 무지하기 때문에 절대로 선택해서는 안 되는 죽음의 길을 택하는 것입니다. 세상의 지식으로 무장했어도, 많이 배우고 많은 경험을 했어도, 여러 가지 화려한 스펙으로 치장되어 있어도 영적으로 무지한 자는 생명 되신 하나님을 떠나 사망의 길에 있을 뿐입니다. 이러한 영적 무지함에서 벗어나려면 진리를 알려주시는 하나님께 나아가 믿음으로 경청해야 합니다.

기독교를 흔히 계시의 종교라고 합니다. 하나님께서 자신을 드러내 보이셔서 알게 했다는 말입니다. 진리를 비밀의 베일에 싸두신 것이 아니라 드러내 보여서 믿든지 안 믿든지 선택하게 하신 것입니다. 그래서 기독교를 말씀의 종교라고도 합니다. 하나님을 믿는 자는 하나님에 대해서 아는 것을 넘어 하나님을 만나서 알게 된 자입니다.

영적 무지를 벗어버리려면 하나님의 말씀을 알아야 합니다. 그리고 하나님의 말씀을 받아들이는 믿음이 필요합니다. 하나님을 아는 것에 정도의 차이가 있습니다. 성도는 이제 하나님의 말씀을 통해 하나님을 더 많이 알아가야 합니다. 하나님을 알아갈수록 영적 무지에서 믿음으로 더 나아가게 됩니다. 세상은 우리의 주의를 흐트러뜨리는 시끄러운 소리들로 가득합니다. 가던 길을 멈추게 하는 유혹의 소리로 가득합니다. 솔깃한 이야기들로 곁길로 가게 합니다. 하지만 이제 우리는 세상의 헛된 말에 민감했던 귀를 하나님의 말씀을 듣는 귀로 바꾸어야 합니다. 하나님의 말씀을 믿음으로 경청하는 복된 귀가 되어야 합니다.

굳어진 마음 개간하기

옛사람은 "마음이 굳어"(18절) 있습니다. 생명 되신 하나님을 떠나 있는 마음은 굳은 마음입니다. 생명력을 잃으면 아무런 움직임이 없습니다. 굳은 마음은 죽어 있는 무생물처럼 아무런 반응이 없습니다. 굳어짐을 뜻하는 '포로시스(πώρωσις)'는 굳은살처럼 신경이 죽어 버리고 감각이 둔해진 모습을 말하는데, '대리석'이라는 의미로 사용하기도 합니다. 대리석은 차갑고 단단하며 아무런 감각이 없습니다. 굳은 마음이란 마음의 감각을 상실한 것입니다. 마음이 닫혀 있고 완고하여 어느 것도 받아들이지 않는 것을 말합니다. 이런 굳은 마음에는 어떤 위대한 메시지도, 복음도 뿌리를 내릴 수 없습니다. 하나님의 진리를 마음으로 받아들여야 하는데 마음이 이렇다면 아무 것도 기대할 수 없습니다. 돌같이 차가운 마음을 버려야 합니다.

"오랜 후에 다윗의 글에 다시 어느 날을 정하여 오늘이라고 미리 이같이 일렀으되 오늘 너희가 그의 음성을 듣거든 너희 마음을 완고하게 하지 말라 하였나니"(히 4:7).

완고한 마음을 버리지 않는 한 하나님께서 원하시는 새로운 피조물로서 사는 삶은 불가능합니다.

마태복음 13장에서는 인간의 마음을 길가, 돌밭, 가시밭 그리고 옥토의 네 가지 밭으로 비유합니다. 길가는 사람들이 왕래하는 곳이어서 싹을 틔울 수 없습니다. 돌밭은 씨가 들어가긴 하는데, 땅이 돌이라 뿌리가 착근하지 못합니다. 말씀을 듣지만 쉽게 포기해버리는 것입니다. 가시밭은 뿌리가 내리긴 하는데 자라지를 못합니다. 세상의 염려와 근심과 걱정의 방해로 자라지 못하는 것입니다. 마지막으로 좋은 밭은 말씀을 잘 받아들이고 뿌리를 내리며 싹을 틔워 자라납니다. 씨는 다 똑같은데 밭에 따라 다른 결과가 나옵니다. 씨는 변함이 없습니다. 우리의 마음이 문제입니다. 말씀을 들을 때 굳은 마음을 버리고 옥토처럼 믿음으로 받아들이고 양분도 잘 흡수하며 방해하는 것들을 물리쳐서 잘 자라도록 해야 합니다.

그런데 우리의 마음 밭이 늘 옥토로만 있지는 않습니다. 따라서 마음이 굳어지려고 할 때마다 몸부림치며 개간을 해야 합니다. 시간이 흐르면 좋았던 환경도 달라지고 잡초가 자라나며 땅도 옛날만 못하게 됩니다. 부지런히 잡초를 뽑고 잘 관리하지 않으면 땅은 점차 힘을 잃게 됩니다. 언제부터인가 게을러진 기도를 회복해야 합니다. 말씀 듣는 것을 방해하는 자존심, 염려, 걱정, 세상의 여러 소리들을 몰아내야 합니다.

욕심의 종말

"그들이 감각 없는 자가 되어 자신을 방탕에 방임하여 모든 더러운 것을 욕심으로 행하되"(엡 4:19).

옛사람은 방탕함이 근본 성향이어서 더러운 것을 욕심으로 행합니다. 이 말씀의 욕심은 인간이 갖고 있는 기본적인 욕구가 아니라 방탕함에서 오는 세속적인 욕심을 말합니다. 감각이 없으면 찔려도 아프지 않고 위험에 처해도 인식하지 못합니다. 욕망에 사로잡히면 감각이 사라져 이 욕망으로 치명적인 손상을 입는데도 헤어 나오지 못합니다. 자신을 방탕에 내던져 결국 더러운 일을 행하게 되는 것입니다. 이렇게 위험한 지경에 이르기 전에 빨리 끊어버려야 합니다. 방탕함을 좋아하는 죄악된 욕망의 성향은 누구에게나 있기 때문에 주의하지 않아도 되는 사람은 아무도 없습니다. 이는 그리스도인의 삶과는 거리가 먼 모습이므로 자신을 그리스도인으로 여기는 모든 사람이 버려야 할 모습입니다.

그런데 이러한 욕심은 거룩함과 윤리적인 문제에 그치지 않고 하나님을 배척하는 데까지 나아갑니다. 그래서 심각한 문제입니다.

"그러므로 땅에 있는 지체를 죽이라 곧 음란과 부정과 사욕과 악한 정욕과 탐심이니 탐심은 우상 숭배니라"(골 3:5).

　이 욕심은 탐심이라고도 합니다. 곧 우상 숭배와 같다는 말씀입니다. 그래서 땅에 있는 지체를 죽이라고 명하시는 것입니다. 이 지체가 비록 세속의 지체라도 자신의 일부이기에 자기 지체를 죽이는 일은 영적으로 단호한 결정이며 용기가 필요합니다. 많은 사람이 결단을 내리지 못하다가 욕망 가운데 행동하여 자신뿐 아니라 타인에게 무수한 피해와 고통을 안겨줍니다. 그리고 하나님을 실망시키고 교회에 악영향을 끼칩니다. 만약 이러한 일을 소홀히 여기고 절제하지 못하여 욕심의 싹을 틔우고 키워 나간다면 하나님보다 욕심을 따라가는 인생이 되어 결국 우상을 숭배하는 자처럼 됩니다. 그래서 성경이 이처럼 엄하게 명하고 있는 것입니다. 욕심이 없는 사람은 없습니다. 그 욕심이 죄악된 방향으로 흘러 방탕하기 전에 절제하고 그것을 버려야만 합니다.

　성경은 욕망으로 자신뿐 아니라 하나님 나라에 큰 해를 입힌 경우를 많이 보여줍니다. 삼손은 들릴라라는 이성의 유혹 앞에 굴복하여 능력을 빼앗기고 결국 짐승처럼 맷돌을 돌리는 신세로 전락했습니다. 욕망 때문에 자신에게 있는 위대한 복과 능력을 잃어버리게 된 것입니다. 발람은 불의한 재물 때문에 하나님의 백성을 저주하고 나중에는 그들을 죄짓게 하는 일에 앞장서서 거짓 선지자로서 심판을 받았습니다. 그가 받은 재물과 존경은 다 허망한 것일 뿐입니다. 영적 거장인 다윗도 이 부분에서 실패했습니다. 그는 풍족하게 누리는 중에도 밧세바를 범하여 개인적인 거룩함을 잃었을 뿐 아니라 국가적인 위기를 가져왔습니다. 여기에서 그치지 않고 이후 인생의 쓰디쓴 고통을 맛보아야 했습니다. 이 밖에도 욕망 때문에 실패한 인생을 성경은 무수한 예로 보여주면서 우리에게 경고합니다.

이러한 모습은 성경 시대뿐 아니라 오늘날에도 반복되고 있습니다. 사회 각계의 지도층 인사들이 여러 가지 욕망을 절제하지 못해 악한 일을 행하다가 결국 추락하는 것을 자주 보게 됩니다. 이러한 일은 결코 개인적인 고통으로 끝나지 않습니다. 그리스도인의 경우에는 하나님의 나라와 교회에 큰 피해를 입히게 됩니다. 전도의 문을 스스로 닫게 만듭니다. 따라서 암 덩어리 같은 세속적인 욕심들을 반드시 제거해야 합니다.

떨어지는 나뭇잎을 보며

나무들은 겨울이 오기 전에 나뭇잎을 하나둘씩 땅으로 떨어뜨리기 시작합니다. 바람이 불고 추위가 다가오는데 나무가 하는 행동은 언뜻 이해할 수 없습니다. 그러나 나무는 계절이 바뀌어 겨울이 되면 잎이 많은 채로 추운 겨울을 날 수 없다는 것을 잘 알고 있습니다. 벗어버리지 않고는 새롭게 입을 수 없는 법입니다. 잎이 떨어지지 않고서는 봄이 되어 새로운 잎으로 뒤덮일 수 없습니다. 추운 겨울에 앙상한 가지로 남아 있는 것은 쉽지 않지만 그럼에도 불구하고 잎을 떨어뜨리는 자연의 지혜를 배워야 합니다. 나뭇잎이 떨어지고 다시 새로운 잎이 나는 것을 반복하며 나무가 성장해가듯이 우리도 신앙생활 가운데 버리고 취하는 일을 반복적으로 해나가야 합니다.

예수 그리스도를 영접할 때 우리는 옛사람을 버렸습니다. 그러나 버리는 것을 한 번만 해서는 안 됩니다. 옛사람은 여전히 나의 일부여서 계속 버리지 않으면 어느덧 내 존재를 차지하기 때문입니다. 그래서 버리는 일을 반복해야 합니다. 이런 일에 예외인 성도도 없고, 예외인 인생의 때도 없습니다. 주님께서 부르실 때까지 버리는 일을 계속해야 합니다. 복음의 귀한 진리는 옛사람의 모습으로는 절대 받을 수 없습니다.

"새 포도주는 새 부대에 넣어야 할 것이니라"(눅 5:38).

우리에게는 버리지 않으면 안 되는 옛사람의 모습이 있습니다. 이러한 모습을 벗어버리지 않고서는 새사람으로 살 수 없습니다. 성령께서 입히시는 새 옷을 입고 새로운 피조물로 살기 위해서는 옛것을 버려야 합니다. 이것은 힘든 일이지만 성령께서 도와주십니다. 성령님께 믿음으로 맡기고 순종하는 자가 되어야 합니다.

16
새사람을 입으라
엡 4:22~32

―

너희는 유혹의 욕심을 따라 썩어져 가는
구습을 따르는 옛사람을 벗어버리고
오직 너희의 심령이 새롭게 되어
하나님을 따라 의와 진리의 거룩함으로
지으심을 받은 새사람을 입으라
(엡 4:22~24)

옷은 인간의 중요한 문화 유산이자 사람을 나타내는 표지입니다. 옷을 잘 입는다는 것은 단순히 멋있는 것을 넘어 자신의 위치와 사회적 환경에 따라 조화를 이루는 것입니다. 하나님께서 "벗으라", "입으라"는 표현을 통해 비유적으로 말씀하시는 것은 그리스도인이 되는 것이 얼마나 실제적인 현실의 일인지를 깨닫게 하기 위함입니다. "새사람을 입으라"는 것은 그리스도인답게 사는 것, 그리스도라는 칭호에 조화되도록 사는 것을 말합니다. 새사람답게, 그리스도인답게, 구원받은 사람답게 살라는 의미입니다. 잘 맞는 옷, 적절한 옷을 입은 사람처럼 그리스도인은 새사람을 입고 살아야 합니다. 그렇지 않으면 어색한 정도가 아니라 정체성을 의심받게 될 것입니다. 옛사람을 벗으면 새사람을 입어야 하는데, 새사람을 입으면 그리스도인다운 모습을 드러내야 합니다.

언어의 새 옷

"그런즉 거짓을 버리고 각각 그 이웃과 더불어 참된 것을 말하라 이는 우리가 서로 지체가 됨이라"(엡 4:25).

놀랍게도 성경은, 거듭난 사람은 언어생활부터 새로워져야 한다고 말씀합니다. 이전에 거짓으로 말했던 것을 버리고 참된 것을 말하는 것이 새사람의 삶이라는 것입니다. 일반적으로 생각할 때 그리스도인다운 삶, 새사람의 삶에 대해 말한다고 하면 뭔가 대단히 신비롭고 영적인 삶을 말씀해주실 것 같은데 전혀 그렇지 않습니다. 성경은 일상적인 언어생활을 제일 먼저 언급합니다. 이는 언어생활이 우리가 생각하는 것보다 매우 중요하고 비중이 크다는 것을 보여줍니다.

거짓말을 하지 않는 것이 새사람의 특징입니다. 옛사람은 마귀에 속한 사람이고 새사람은 예수 그리스도께 속한 사람입니다. 그런데 마귀가 바로 거짓말하는 자입니다.

"너희는 너희 아비 마귀에게서 났으니…… 진리가 그 속에 없으므로 진리에 서지 못하고 거짓을 말할 때마다 제 것으로 말하나니 이는 그가 거짓말쟁이요 거짓의 아비가 되었음이라"(요 8:44).

옛사람에게 거짓말은 세상의 지혜이자 살아가는 수단입니다. 그런데 이제 예수님께 속한 자로 변화되었으니 죄악의 정체성인 거짓을 버리는 일이 중요합니다.

에덴동산에서 첫 사람 아담과 하와에게 찾아온 비극은 하나님과의 관계가 단절된 것에서 시작됐는데, 그 관계의 파괴는 다름 아닌 뱀의 거짓말, 마귀의 거짓말 때문입니다. 사탄의 첫 번째 미혹이 하나님의 진리의 말씀을 왜곡하고 거짓말하는 것이었습니다. 그러므로 가장 기초적이고 근본적인 생활의 변화는 언어생활부터 시작해야 합니다. 십계명 가운데 제9계명은 "네 이웃에 대하여 거짓 증거하지 말라"(출 20:16)입니다. 거짓말은 세상을 사는 수단이나 지혜가 아니라 우리가 버려야 할 죄악입니다.

사람을 폭행하거나 죽이는 것을 진짜 죄라고 생각하고 거짓말은 대수롭지 않게 생각하는 것은 큰 착각입니다. 작은 거짓말도 심각한

위기를 초래할 수 있습니다.

인간의 모든 죄가 거짓말과 직간접으로 연계되어 있습니다. 거짓은 빛에 있는 사람을 어둠으로 옮겨 놓을 정도로 대단한 능력이 있습니다. 구원받지 못하는 이단들은 거짓을 무기로 미혹하는 것이 특징입니다. 진리 안에 서 있는 사람조차도 넘어뜨리기 위해 거짓으로 유혹합니다.

거짓은 우리의 지체인 공동체와 하나님 나라를 파괴하여 그 안에 있는 우리 자신을 불행으로 이끌어갑니다. 우리는 서로 지체입니다(25절). 우리가 한 몸이기 때문에 거짓말을 하면 안 됩니다. 만약 우리가 낭떠러지로 가고 있는데 눈이 거짓말을 하여 평지를 가고 있다고 속이면 큰 사고를 당합니다. 코가 입에게 거짓을 말하여 상하고 부패한 음식을 먹으라고 한다면 큰 탈이 나는 정도가 아니라 심하면 죽을 수도 있습니다. 눈이 거짓을 말하여 벌겋게 달아오른 쇳덩어리를 잡으라고 속인다면 손은 크게 상처를 입을 것입니다. 작은 거짓말이라도 전체에 해를 줄 수 있습니다. 거짓말은 그처럼 심각합니다. 그래서 거짓을 버리라는 성경의 명령이 먼저 나오는 점에 대해 심각함을 알고 경계해야 합니다.

말의 바른 용도

"무릇 더러운 말은 너희 입 밖에도 내지 말고"(엡 4:29).

옛사람은 죄악된 마음 가운데 더러운 말이 일상적으로 나왔지만,

새사람으로 변화된 사람은 더러운 말을 버려야 합니다. 우리가 말하는 것을 하나님께서 들으신다는 표현이 성경에 무수히 나옵니다(출 2:24, 민 11:1, 삿 13:9 등). 그래서 말을 주의해야 합니다. 더러운 말이 어떤 것인지는 에베소서 4장 31절에 잘 나와 있습니다.

"너희는 모든 악독과 노함과 분냄과 떠드는 것과 비방하는 것을 모든 악의와 함께 버리고."

비방은 남이 없는 곳에서 수군수군하는 것으로 사람들이 참 좋아하는 행동입니다. 비방의 말을 하기 위해서 사람들은 시간을 내고 얘기할 장소를 찾아갑니다. 예배 시간은 한 시간이 넘어가면 참기 힘들어하는 사람이 남을 비방하는 데에는 시간 가는 줄 모릅니다. 아침에 모여서 점심때까지 하고 점심 먹고 또 하기도 합니다. 이것은 옛사람의 죄악된 모습이므로 마땅히 버려야 합니다.

"무릇 더러운 말은 너희 입 밖에도 내지 말고 오직 덕을 세우는 데 소용되는 대로 선한 말을 하여 듣는 자들에게 은혜를 끼치게 하라"(엡 4:29).

우리는 덕을 세우는 데 소용이 되는 선한 말, 은혜를 끼치는 말을 해야 합니다. 덕이 되지 않는 말은 비록 사실이더라도 하지 말아야 합니다. 사람의 호기심을 자극하지만 은혜가 되지 않는 말은 나뿐 아니라 다른 사람에게 큰 해를 끼칠 수 있기 때문에 주의해야 합니다. 이처럼 변화된 그리스도인은 먼저 입술에 참된 열매를 맺도록 해야 합니다.

선을 행하는 적극성

새사람을 입은 사람은 행동에서도 새로움이 있어야 합니다. 그것은 바로 선한 일입니다.

"도둑질하는 자는 다시 도둑질하지 말고 돌이켜 가난한 자에게 구제할 수 있도록 자기 손으로 수고하여 선한 일을 하라"(엡 4:28).

이 말씀은 죄를 짓고 교도소에 갇혀 있는 사람에게 하는 것이 아니라 에베소 교인들에게 하는 것입니다. 새사람인 성도는 선한 일을 하는 자인데, 대표적으로 도둑질을 하지 않는 자입니다. 이 말씀에서 도둑질은 단순히 남의 물건을 훔치는 것에 제한하지 말고 더 폭넓게 생각해야 합니다.

예를 들어 표절은 남의 지식을 도둑질하는 것입니다. 남이 노력한 것을 정당하지 않게 가져다가 쓰기 때문입니다. 탈세뿐 아니라 하나님께 드려야 할 것을 드리지 않는 것도 도둑질입니다. 더 깊이 들어가서 남의 마음을 도둑질하는 경우도 있습니다(삼하 15:6 참고). 이성 간의 부정은 사람에 대한 도둑질이면서 동시에 다른 가정에 대한 도둑질입니다.

그렇다면 도둑질하지 않는 새사람인 성도는 어떻게 해야 합니까? 바울은 구제를 예로 듭니다. 어떤 것에 대한 탐심으로 도둑질을 한다면, 이제 그 욕심을 버리고 나누어주는 것이 하나님의 신한 일입니다. 남의 것을 훔치는 옛사람을 버리고 남을 도와주고, 남의 필요를 채워주고, 남을 세워주는 일이 바로 새사람이 할 일입니다. 버리는 것보다 입는 일은 적극적인 차원입니다. 새사람은 남의 것을 도둑질하지 않는 삶에서 멈추는 것이 아니라 선한 일을 위해서 내가 손으로 수고하는 삶을 살고, 더 나아가 이 은혜가 흘러넘쳐 다른 이들을 돕는 사람입니다.

그래서 소극적으로 죄를 짓지 않는 데에만 만족하며 자기만을 위해 신앙생활하고, 교회에도 바람처럼 왔다가 바람처럼 가는 것은 바람직하지 않습니다. 우리는 적극적으로 수고하고 땀 흘려 다른 사람을 섬기고 봉사하는 삶으로 나아가야 합니다.

받아들이는 것

새사람은 자신의 행동에 새 옷을 입을 뿐 아니라 다른 사람이 나에게 해를 입혔을 때에도 그를 용납하고 받아들이는 삶을 살아야 합니다. 나에게 잘 대해주는 사람을 좋아하는 것은 누구나 할 수 있습니다. 그런데 해를 입힌 경우는 다릅니다. 그를 향한 복수와 분노, 억울함 때문에 상대방을 용서하기 어렵고, 잠도 잘 이루지 못하는 고통이 있을 수 있습니다. 이런 경우에 그런 사람을 받아들이는 것은 쉽지 않습니다. 그래서 성경은 그 문제를 주목하는 데서 떠나 하나님이 우리에게 베푸신 용서와 사랑을 기억하라고 말씀합니다.

"서로 친절하게 하며 불쌍히 여기며 서로 용서하기를 하나님이 그리스도 안에서 너희를 용서하심과 같이 하라"(엡 4:32).

정의감이 뛰어날수록 남을 용서하기 어렵습니다. 자신에 대해 자신감이 있는 사람일수록 용서가 쉽지 않습니다. 나는 다른 사람에게 해를 끼친 적이 없고, 반듯하게 살았다는 생각을 할수록 나에게 해를 끼치거나 손해를 입힌 사람을 받아들이기가 힘이 듭니다. '나는 그러지 않았는데 어떻게 그럴 수 있을까?'라는 생각이 들어 남을 용서하거나 받아주기가 어렵습니다. 그럴 때 이러한 생각이 자기 의에서 온 것은 아닌지 돌아보아야 합니다.

나는 의롭게 살았다는 자신감이 있는 사람일수록 "너희는 모든 악독과 노함과 분냄과 떠드는 것과 비방하는 것을 모든 악의와 함께 버리"(31절)라는 말씀을 다시 한 번 들여다보아야 합니다. 이런 죄가 정말 내 안에 없는지 살펴보아야 합니다. 악독이란 악질적이고 독한 것이라기보다는 날카롭게 날이 선 마음을 말합니다. 노함은 격분하는 것이고, 분냄은 적대감을 말합니다. 떠드는 것은 우리가 잘하는 것으로 흥분하여 사람들의 마음을 흔드는 것입니다. 사람들이 비방을 얼마나 좋아하는지는 앞에서 이미 언급했습니다. 사람들이 오해하도록 해놓고 자신은 빠지는 경우도 많습니다. 이런 사람을 '갑순이과'라고 말합니다. 분란을 일으켜놓고 '모르는 척했더래요' 하기 때문입니다.

그런데 이런 죄들이 과연 우리와 전혀 상관이 없을까요? 나 자신을 하나님 앞에서 정직하게 돌아보면 내 안에 이런 죄가 많이 있음을 알게 됩니다. 하지만 하나님께서는 우리가 이런 자인 줄 알면서도 용서해주셨습니다. 그리스도의 희생을 통해 우리를 받아주셨습니다. 하나님께서 우리를 받아주신 것처럼 우리도 다른 이들을 용서하고 받아들여야 합니다. 그런데 만약 한쪽만 계속 용서한다면 너무나 힘들 것입니다. 하나님께서는 이런 용서와 받아들임을 '서로' 하라고 하셨습니다. 용서와 받아들임은 함께해야 할 일입니다.

용서는 교회의 표지

사실 그리스도인은 서로 용납하고 용서해왔기 때문에 지금의 자리에 이르게 되었습니다. 남편과 아내, 목사와 성도, 교인들 간에 서로 용서하고 용납했기 때문에 지금에 이른 것입니다. 만일 그렇지 않았다면 실수와 허물이 많은 우리가 교회에서 함께 하나님을 아버지라고 부르지 못할 것입니다. 서로의 연약함과 허물에도 불구하고 서로 마음 문을 열며, 실수를 덮어주고, 내가 실수하면 상대방이 덮어주리라는 믿음이 있는 공동체이기 때문에 지금까지 온 것입니다. 이런 교회에서 신앙생활을 해야 주님이 주시는 평강을 누리며 건강하게 성장할 수 있습니다. 따라서 용서와 사랑의 모습은 더욱 강화되어야 합니다.

하나님께서는 다른 사람을 용서하고 용납하는 것이 얼마나 어려운지를 잘 아십니다. 그래서 그리스도 예수를 통해 우리를 용서하신 것을 기억하라고 하시는 것입니다. 갈등의 문제에 집중하지 말고, 하나님의 사랑과 용서에 집중해야 합니다. 새사람은 서로 용서하고 용납합니다. 시어머니를 용납해야 합니다. 며느리를 용서해야 합니다. 권사님, 집사님 간에 서로 용납하고 지휘자, 반주자, 찬양대원끼리 용납해야 합니다. 서로 용납하고 받아주는 공동체에 속해 있는 사람이 하나님의 용서의 사랑을 체험하게 될 것입니다.

저 교회 다니는데요

한국의 초기 교회 공동체에서 있었던 유명한 이야기입니다. 어떤 성도가 가게에 가서 물건을 사는데, 물건을 다 고르고 계산하려고 보니 집에서 깜박하고 돈을 가져오지 않은 것을 알게 되었습니다. 그래서 "죄송한데 잊어버리고 돈을 가져오지 않았습니다. 저 어느 교회에 다니는데 다음에 갖다드리겠습니다" 했더니, 가게 주인이 "아, 그 교회 다니세요? 그럼 다음에 갖다주세요"라고 했답니다.

교회가 보증의 주체가 되어서 교회에 다니는 것이 신용의 증거가 되고, 교회 다니는 사람은 거짓말하지 않는다는 믿음이 상인에게 있었던 것입니다. 이런 모습이 정상적인 교회의 모습입니다. 그런데 "저 어느 교회 다닙니다. 다음에 갖다드리겠습니다"라고 했을 때, "무슨 소리요? 교인을 어떻게 믿소? 한두 번 속았어야 말이지!"라고 한다면 매우 부끄러운 일입니다. 옛사람을 벗어버리고 새사람이 된 성도들은 우리 자신이 보나 세상이 보나 명확하게 알 수 있도록 말씀을 좇는 삶을 살아야 할 것입니다.

17
하나님을 본받는 사람
엡 5:1~7

―

그러므로 사랑을 받는 자녀같이
너희는 하나님을 본받는 자가 되고 그리스도께서
너희를 사랑하신 것같이 너희도 사랑 가운데서 행하라
그는 우리를 위하여 자신을 버리사
향기로운 제물과 희생제물로 하나님께 드리셨느니라
(엡 5:1~2)

신앙은 크게 두 가지 요소로 이루어져 있습니다. 첫째는 '무엇을 믿는가'입니다. 믿음의 대상과 내용과 근거에 관한 것으로, 이것을 잘 정리한 것이 교리입니다. 교리가 건강해야 믿음이 굳건하게 세워지고 사이비 이단의 공격에서 우리 자신을 보호할 수 있습니다.

둘째는 '어떻게 삶으로 꽃을 피울까' 하는 것입니다. 굳건한 믿음이 삶으로 드러나야 참된 신앙입니다. 삶이 배제되는 신앙은 존재할 수 없습니다. 실천이 배제된 교리는 하나의 주장이나 논리일 수는 있지만 신앙은 아닙니다. 앎에 그치지 않고 앎이 삶으로 이어질 때 신앙이 됩니다. 세상은 진리를 '아는 것'이 힘이라고 말하지만, 성경은 진리를 '사는 것'이 힘이라고 가르칩니다. 이처럼 믿음과 순종은 함께 가야 합니다.

에베소서는 크게 둘로 나뉘는데 1~3장이 신앙의 교리를 담고 있다면 4~6장은 그 신앙을 지닌 우리가 어떻게 살아야 하는지를 가르칩니다. 에베소서 전반부에서는 우리가 하나님의 자녀라는 점을 강조합니다. 후반부에서는 하나님의 자녀라면 어떻게 살아야 하는지를 강조합니다.

일반적으로 자녀는 부모와 유전적으로 공유하는 것이 많습니다. 한눈에도 누구의 자녀인지를 알 수 있을 정도로 닮은 경우도 있습니다. 우리는 이럴 때 붕어빵이라는 표현을 씁니다. 붕어빵을 만드는 틀처럼 부모와 자식이 너무나 똑같기 때문입니다. 하나님의 자녀는 하나님을 통해 출생한 자입니다. 그래서 하나님의 자녀는 하나님을 닮아야 합니다. 이것이 정상적인 하나님 자녀의 모습입니다.

그리스도를 본받아

"그러므로 사랑을 받는 자녀같이 너희는 하나님을 본받는 자가 되고"(엡 5:1).

하나님의 사랑을 받았다는 것은 죄의 저주와 형벌에서 벗어나 하나님의 은혜를 누리는 새사람이 되었다는 것입니다. 또한 자녀로 신분이 바뀌었기 때문에 하나님을 아버지라고 부르게 되었다는 것입니다. 하나님의 사랑을 받는 자녀는 하나님을 닮아야 합니다. 우리가 하나님의 모습을 드러낸다면 아버지가 자기 아이를 바라보며 흐뭇해하듯이 하나님께서 우리 안에 있는 자신의 형상을 보고 매우 기뻐하실 것입니다.

그런데 옛사람의 모습이 있는 우리는 하나님과 닮지 않은 부분이 여전히 많이 있습니다. 옛사람의 부패함은 자연 상태로 놔두면 그대로 가만히 있지 않습니다. 부패했기에 시간이 지날수록 더 빠르게 악화됩니다. 하나님과 닮지 않은 모습으로 계속 더 나아가게 되는 것입니다. 믿음의 삶은 가만히 내버려두면 결국 후퇴하고 맙니다. 그래서 믿음의 삶은 전진만 해야 합니다. 날마다 하나님을 본받고 하나님을 닮으려고 노력해야 합니다. 그러기 위해서는 하나님의 능력을 힘입어야 하므로 날마다 기도하기를 쉬지 않아야 합니다.

본받는다는 것은 '따라 하다, 흉내 내다, 모방하다'는 의미입니다. 정해진 모습인 본(本)이 있고 그것과 비슷해지기 위한 노력이 뒤따릅니다. 비슷해지려면 베끼는 것, 즉 모방이 매우 중요합니다. 독창성이 없는 자에게 모델을 정해서 그것과 비슷해지도록 노력하게 하는 것은 아주 좋은 방법입니다. 우리의 모델은 바로 예수님입니다. 주님을 믿을 뿐 아니라 그분을 본받는 것이 우리가 해야 할 일입니다. 주님은 믿음의 대상이자 믿음의 본입니다. 그리스도인이란 말 안에는 그리스도가 들어 있습니다. 따라서 그리스도인은 마땅히 '그리스도를 본받아' 살아야 합니다.

이를 위해 우리는 계속 주님을 흉내 내야 합니다. 모방의 연습을 해야 합니다. 옛사람을 버리고 그리스도와 닮은 새사람으로 살려고 발버둥 쳐야 합니다. 이 일에는 성령님의 도우심이 필요합니다. 그래서 우리는 날마다 기도와 간구를 통해 도움을 요청해야 합니다. 그럴 때 하나님께서는 우리를 도우시고 이끄십니다.

사랑을 실천하는 것

"그리스도께서 너희를 사랑하신 것같이 너희도 사랑 가운데서 행하라 그는 우리를 위하여 자신을 버리사 향기로운 제물과 희생제물로 하나님께 드리셨느니라"(엡 5:2).

하나님을 본받는 사람은 사랑을 실천하는 행동으로 나아갑니다. 우리가 사랑을 실천하며 살아야 할 이유는 하나님이 사랑의 실체이기 때문입니다.

"하나님이 우리를 사랑하시는 사랑을 우리가 알고 믿었노니 하나님은 사랑이시라 사랑 안에 거하는 자는 하나님 안에 거하고 하나님도 그의 안에 거하시느니라"(요일 4:16).

하나님의 실체가 사랑이므로 하나님을 본받는 것은 그분의 사랑을 본받는 것인데, 그 사랑은 관념적이고 추상적이며 철학적인 어떤 개념이 아니라 실제적으로 베풀어주신 사랑입니다. 그리스도께서는 우리를 말로만 사랑하신 것이 아니라 "자신을 버리사 향기로운 제물과 희생제물"(2절)이 되기까지 사랑하셨습니다. 주님의 희생적인 행동의 사랑이 우리의 본입니다. 세상에서 말하는 사랑은 굉장히 계산적이며 이해타산적인 경우가 대부분입니다.

어떤 분이 결혼 전에 '나는 사랑만 있으면 살겠다'라고 말하는 것을 들었습니다. 하지만 결혼한 후 얼마 되지 않았는데 불만이 가득했습니다. 남편이 능력이 없다, 성격이 이상하다, 집에 가져다주는 것이 없다 …… 하는 말들이 나옵니다. 그런데 가장 신뢰하고 가까운 부부간에 이런 말들이 나오는 것이 결코 이상하지 않은 것이 우리가 갖고 있는 사랑입니다.

세상에서 가장 기본적인 사랑은 받은 만큼 주는 교환의 사랑입니다. 그런데 주님께서 주신 사랑은 철저히 자신을 포기하는 사랑입니다. 우리를 구원하기 위해서 자신의 생명까지 버리고 스스로 제물이 되신 사랑입니다. 이러한 절대적인 사랑을 우리에게 주셨으니 우리도 그 사랑을 본받아 사랑 가운데 행해야 합니다. 이러한 사랑은 주님의 사랑을 입은 자들만이 할 수 있는 위대한 일입니다. 인간이 행하는 가장 고귀한 일은 사랑 가운데 행하는 것입니다. 사랑의 삶은 후회 없는 인생을 살게 해줍니다.

성결한 삶을 사는 것

하나님은 거룩하신 분입니다. 따라서 하나님을 본받는다는 것은 하나님의 거룩함을 본받아 성결한 삶을 사는 것입니다. 성결과 반대되는 것을 버리는 것입니다.

"음행과 온갖 더러운 것과 탐욕은 너희 중에서 그 이름조차도 부르지 말라 이는 성도에게 마땅한 바니라"(엡 5:3).

성경은 신앙이 추구하는 것과 반대되는 죄악된 것, 음행과 온갖 더러운 것과 탐욕을 버리라고 명합니다. 이것은 곧 거룩하게 살라는 명령입니다. 따라서 우리는 음행의 기회와 싹을 잘라내고 더러운 것들을 피하며 탐욕을 절제하여 물리치는 자가 되어야 합니다. 하나님은 "나는 너희의 하나님이 되려고 너희를 애굽 땅에서 인도하여 낸 여호와라 내가 거룩하니 너희도 거룩할지어다"(레 11:45, 벧전 1:16 참조)라고 말씀하셨습니다. 이스라엘에게 거룩함을 명하시는 하나님은 그들을 출애굽하게 하신 구원의 하나님입니다. 우리를 구원하신 하나님은 자신의 소유 된 백성인 우리가 하나님을 닮은 모습으로 변화되기를 원하십니다. 따라서 구원의 은혜를 입은 우리는 하나님께서 원하시는 모습으로 변화되도록 힘써야 합니다. 하나님을 본받는 자는 하나님의 성품에 맞는 고귀함으로 치장되어 있어야 합니다.

그런데 거룩한 삶이라고 하면 신비스럽고 이 세상과 동떨어진 고고한 생활을 하는 모습이 떠오릅니다. 거룩한 삶을 살기 위해서는 일상적인 생활이나 일반적인 직업에서 떠나야 할 것만 같습니다. 실제로 이를 위해 직업을 버리고 세상의 삶에서 떠난 사람들이 있습니다. 하지만 하나님께서 원하시는 것은 분리의 삶이 아닙니다. 하나님께서는 세속을 미워하지만 우리가 세상 속에 살면서 빛과 소금의 역할을 감당하기를 원하십니다.

거룩한 삶이란 일상생활 중에 죄악에 빠지지 않는 것이고, 세상에 깊숙이 살되 세속에 물들지 않는 것입니다. 성결한 삶은 일반적인 직장 생활을 하고 집안의 가사일을 하면서 다양한 삶의 터전과 상황 가운데 그리스도인답게 사는 것을 의미합니다.

"누추함과 어리석은 말이나 희롱의 말이 마땅치 아니하니 오히려 감사하는 말을 하라"(엡 5:4).

거룩하고 성결한 삶은 이처럼 일상적인 차원입니다. 우리의 언어생활이 거룩한 삶의 주요한 내용인 것입니다. 고귀한 삶에 어울리지 않는 누추한 말이나, 거짓되고 허탄한 어리석은 말, 남의 인격을 깎아내리고 상대방의 약점을 조롱하며 업신여기는 희롱의 말은 모두가 다 더러운 것들입니다. 이런 말은 우리 인생에 도움이 되지 않을 뿐만 아니라 거룩하고 복되게 살게 하려고 우리를 부르신 하나님의 의도를 무시하는 것입니다.

세 치 혀

하나님은 우리의 말을 조심하여 언어생활부터 바르게 할 것을 명하십니다. 언어생활이 먼저입니다. 말로 시작된 죄악은 인간의 내면에서 나오는 것으로, 이것이 행동으로 이어지고 더 큰 죄의 결과로 나아가기 때문입니다.

"혀는 곧 불이요 불의의 세계라 혀는 우리 지체 중에서 온몸을 더럽히고 삶의 수레바퀴를 불사르나니 그 사르는 것이 지옥 불에서 나느니라"(약 3:6).

혀는 크기가 세 치밖에 안 되지만 엄청난 영향력을 지니고 있습니다(三寸之舌, 세 치는 약 9cm). 작은 말 한마디가 상대방에게 비수를 꽂는 무서운 무기가 될 수도 있고, 적절하고 아름다운 말 한마디가 사람의 영혼을 살릴 수도 있습니다. 그래서 행동 이전에 말부터 조심해야 합니다. 죄악된 본성은 원망과 불평, 저주와 비난의 말을 하는 데 익숙해 있습니다. 가장 좋은 환경인 에덴동산에 있어도 타락한 인간은 조금만 안 좋은 상황에 놓이면 불평과 더러운 말을 쉽게 내뱉습니다. 이러한 말은 우리의 마음을 재차 더럽히고 죄악된 행동으로 이어지게 합니다. 말의 파괴력은 상상을 초월합니다.

하나님을 본받고 그리스도를 닮은 성결한 사람은 말부터 바르게 하는 자입니다. 입술이 먼저 깨끗해진 사람만이 선한 행동을 할 수 있습니다. 구약의 위대한 선지자인 이사야는 하나님의 영광과 마주했을 때 입술의 부정함을 고백했습니다. 이사야의 절규에 하나님은 그의 입술부터 깨끗하게 하시고 그를 거룩한 사역으로 인도하셨습니다.

"그때에 그 스랍 중의 하나가 부젓가락으로 제단에서 집은 바 핀 숯을 손에 가지고 내게 날아와서 그것을 내 입술에 대며 이르되 보라 이것이 네 입에 닿았으니 네 악이 제하여졌고 네 죄가 사하여 졌느니라 하더라"(사 6:6~7).

우리의 입술도 성령의 불로 지져져 온전하게 변화되어야 합니다.

감사하는 습관이 성품이 되어

"누추함과 어리석은 말이나 희롱의 말이 마땅치 아니하니 오히려 감사하는 말을 하라"(엡 5:4).

더 나아가 우리는 적극적으로 감사의 말을 해야 합니다. 하나님 앞에서 입술이 먼저 훈련되려면 하나님께 감사하는 훈련이 필요합니다. 감사의 말, 찬양의 말, 하나님의 말씀에 근거한 소망의 말을 하는 사람은 모든 더러운 것에서 벗어나 성결한 삶으로 이어질 수 있습니다. 감사의 말로 혀를 제어하는 것은 우리의 삶을 제어하는 것과 같습니다.

"우리가 다 실수가 많으니 만일 말에 실수가 없는 자라면 곧 온전한 사람이라 능히 온몸도 굴레 씌우리라"(약 3:2).

온전함이 하나님이 원하시는 목표라고 할 때 말에 실수가 없는 사람은 인생의 중요한 목적에 도달하고 있음을 보게 됩니다. 말(馬)의 입에 재갈을 물리면 원하는 방향으로 갈 수 있듯이, 배가 작은 키를 통해 좌우로 움직이듯이(약 3:3~4) 감사의 말이 마음을 움직이고 우리 자신의 귀로 듣게 함으로 하나님을 기쁘시게 하여 주님의 뜻에 더 순종하는 자가 되게 합니다. 모든 부정적인 말, 어두운 말을 버림과 하나님께 감사의 말을 하는 것은 동시에 이루어져야 합니다.

　예수님을 믿지 않는 아버지를 둔 목사가 있었습니다. 그는 아버지와 오랫동안 떨어져 살았는데, 더 이상 그렇게 살아서는 안 되겠다고 생각하고 만나기로 했습니다. 두 사람은 함께 밥을 먹으러 식당에 갔습니다. 그런데 여기서 지나온 세월 동안 두 사람의 차이점을 보여주는 일이 벌어졌습니다. 종업원이 물을 가져다주자 목사인 아들은 "감사합니다"라고 했습니다. 아버지는 "야, 이놈아, 네 돈 주고 먹는데 뭐가 감사하냐!"라고 핀잔을 주었습니다. 그러면서 "그러니까 네가 성공을 못하는 거야. 남들이 너를 만만하게 보게 하면 안 되는 거야!" 하고 말했습니다. 음식이 나왔습니다. 아들이 또 감사하다고 하자 다시 비판이 쏟아졌습니다. 아버지는 예수 믿는 사람들은 위선적이라며 혹독한 말로 비판했습니다. 아들은 묵묵히 들으면서 예수 믿는 사람과 그렇지 않은 사람의 차이를 분명히 느낄 수 있었습니다.

　그렇습니다. 예수님을 믿는 사람은 감사가 몸에 배어 있어야 합니다. 그것이 세상과 다른 차이가 되어야 합니다. 감사하는 것을 훈련하여 습관이 되고, 습관을 지나 성품이 되어야 합니다. 서로 감사의 말을 나누기를 기뻐해야 합니다.

18
빛의 자녀들
엡 5:8~14

—

너희가 전에는 어둠이더니
이제는 주 안에서 빛이라 빛의 자녀들처럼 행하라
빛의 열매는 모든 착함과 의로움과 진실함에 있느니라
주를 기쁘시게 할 것이 무엇인가 시험하여 보라
(엡 5:8~10)

어두운 곳에 한 줄기 빛이 비치는 것, 아무것도 보이지 않는 캄캄한 밤에 촛불을 켜는 것을 생각해봅시다. 빛은 어둠 가운데 분명하게 나타납니다. 어둠은 빛을 숨길 수 없습니다. 어둠으로 빛을 감추려고 아무리 에워싸도 빛은 새어 나옵니다. 빛은 어둠을 몰아냅니다.

빛과 어둠은 인생의 모습을 표현하는 좋은 매개입니다. 깜깜해서 아무것도 보이지 않는 어둠은 인생의 무지와 방황을 잘 보여줍니다. 그런데 어둠 가운데 빛이 비취면 사물이 보여 형체를 구별할 수 있고 갈 길을 알게 되며 추위도 달아납니다. 그래서 빛은 인생의 참 지식과 가치의 방향을 주는 것으로 표현됩니다. 하나님께서 우리에게 주시는 영적 각성은 어둠 가운데 있는 인생에 은총의 빛을 비추어주시는 능력입니다. 또한 어둠과 빛은 겹치는 부분이 없습니다. 빛은 모든 것을 분명하게 해주며 구별하게 해줍니다. 그래서 세상에 있는 그리스도인을 어둠 가운데 있는 빛으로 표현하는 성경의 말씀은 아주 적절합니다.

빛은 열매로 드러나야

원래 우리는 어둠이었습니다. 그러나 그리스도인이 된 후에는 주 안에서 빛입니다. 원 빛인 하나님의 자녀로서 빛의 자녀라 불립니다 (8절). 이제 빛이 된 자들은 빛의 가장 중요한 속성인 드러내는 일을 해야 합니다. 이것은 삶의 열매로 나타나는 것을 말합니다. 빛처럼 아름다운 열매들이 삶에 주렁주렁 맺혀야 한다는 말입니다.

"빛의 열매는 모든 착함과 의로움과 진실함에 있느니라"(엡 5:9).

하나님의 속성 안에 있는 착함, 의로움, 진실함의 빛을 받은 우리는 빛의 자녀가 되었기 때문에 그것을 그대로 드러내야 합니다. 거울이 빛을 반사하듯이 하나님의 아름다운 속성들이 우리를 통해 성품으로 드러나 삶 가운데 나타나야 합니다. 착함과 의로움과 진실함의 열매를 맺는 것은 지극히 당연한 것임을 성경은 증거합니다.

예수님을 믿기 이전의 우리 모습과 비교해볼 때 이것은 너무나 판이하게 달라진 것입니다. 전에 우리는 어둠이었습니다. 어둠의 특징인 "음행과 온갖 더러운 것과 탐욕"(엡 5:3)으로 물들어 있었습니다. 그런데 어둠 가운데 살던 우리에게 은총의 빛이 비추어져서 빛의 자녀가 되었습니다. 빛의 자녀가 되었다면 그 신분에 걸맞도록 빛에 어울리는 열매를 맺어야 합니다.

하지만 우리의 죄악된 본성은 여전히 어둠에 머물려고 하기 때문에 빛의 열매를 맺는 일은 자연스럽게 되지 않습니다. 빛의 열매를 맺으려는 결단은 하나님의 능력을 힘입어야 합니다. 어둠에 익숙해져 있는 일들을 버리고 새로운 열매를 맺는 삶으로 변화되는 일은 기적과 같은 일이라 성령의 도우심이 필요합니다.

어둠을 책망하라

먼저 과거로 회귀하려는 우리 자신의 성향을 억제해야 합니다. "참된 속담에 이르기를 개가 그 토하였던 것에 돌아가고 돼지가 씻었다가 더러운 구덩이에 도로 누웠다 하는 말이 그들에게 응하였도다"(벧후 2:22)라는 말씀처럼 우리의 악한 본성을 버려야 하는 것입니다. 그래서 성경은 어둠의 일들을 책망하는 일이 선행되어야 한다고 말씀합니다.

"너희는 열매 없는 어둠의 일에 참여하지 말고 도리어 책망하라 그들이 은밀히 행하는 것들은 말하기도 부끄러운 것들이라"(엡 5:11~12).

책망한다는 것은 야단친다기보다는 들춰낸다는 뜻입니다. 은밀하게 감추며 어둠 가운데 했던 부끄러운 일들을 하나님의 밝은 빛 아래 드러내야 합니다.

은폐는 죄의 속성입니다. 아담이 범죄하고 하나님의 낯을 피했던 것처럼 죄의 행동을 감추려는 것이 죄의 속성입니다. 덮어놓고 은폐시켜서 죄가 드러나지 않도록 하고, 자신은 죄인이 아니라고 스스로 여기려는 기만성입니다. 이런 일들은 어둠의 자녀일 때 매우 자연스러운 일이었습니다. 빛이 없으니 어둠 가운데 묻어두면 그런대로 살 만했습니다. 그리고 그것을 드러낼 용기나 능력이 없었습니다.

그런데 하나님께서 오셔서 밝은 빛을 비추어주셨습니다. 이제 우리의 죄가 적나라하게 드러나게 되었습니다. 이때 우리가 해야 할 일은 모든 죄를 드러내 보이는 것입니다. 그래야 깨끗해지고 용서받게 됩니다. 그런데 적당하게 보입니다. 여전히 괜찮은 사람인 양 포장하려고 합니다. 드러나지 않은 몇 가지는 감추어놓고 여전히 옛 어둠을 은밀하게 즐기려는 성향이 우리 안에 있습니다. 이것을 다 드러내놓으면 인생 사는 맛이 없을까 봐 숨겨놓는 것입니다. 새 가족 환영회에서 간증을 들어보면 이런 이야기들이 많이 나옵니다.

"저는 예수님을 믿고 술을 끊었습니다. 담배를 너무 좋아해서 하루에 한 갑 이상을 피웠는데 과감하게 끊었습니다. 이성을 좋아하던 것을 끊었습니다. 도박도 끊었습니다. 그런데 다 끊고 보니 처음에는 좋았는데 시간이 지나면서 인생 살맛이 안 났습니다. 그래서 옛날에 익숙했던 어둠에 속한 일들을 하나둘쯤 은밀하게 감추어놓고, 가끔 그것을 즐기곤 했습니다."

이런 일들은 불신자에게만 있는 것이 아닙니다. 예수님을 믿는 우리에게도 여전히 있습니다. 그렇기 때문에 성경은 어둠의 일을 책망하라고 명하는 것입니다. 어둠의 은밀한 일들을 들춰내어 하나님 앞에 내어 놓아야 합니다. 그리고 하나님의 도우심을 구해야 합니다.

신령한 필터링

날마다 자신을 쳐서 빛으로 나아오는 것이 우리가 할 일입니다. 사도 바울은 "형제들아 내가 그리스도 예수 우리 주 안에서 가진 바너희에 대한 나의 자랑을 두고 단언하노니 나는 날마다 죽노라"(고전 15:31)라고 했습니다. 신분의 변화에 걸맞은 삶을 살기 위해서 매일매일 자신을 쳐서 그리스도께 복종시키는 것이 필요합니다.

바울은 열매 맺는 빛의 삶으로 나타나기 위해 우리의 생각과 행동과 결정에 앞서 해야 할 기준점을 알려줍니다.

"주를 기쁘시게 할 것이 무엇인가 시험하여 보라"(엡 5:10).

이것이 기준점입니다. 이러한 기준으로 우리의 생각과 행동을 필터링해야 합니다. '내가 지금 하는 생각을 주님이 기뻐하실까? 내가 지금 내리는 결단을 주님이 기뻐하실까?'를 스스로 묻는 것입니다. 찰스 쉘돈(Charles M. Sheldon)이 쓴 『예수님이라면 어떻게 하실까』는 현대의 기독교 고전입니다. 목회자인 저자는 구원받아야 할 어려운 사람을 도울 기회를 놓치고 맙니다. 그는 자신을 돌아보면서 자신을 포함한 성도들에게 이런 운동을 펼칩니다. 삶의 여러 상황에 부딪칠 때마다 '예수님이라면 이 상황에서 어떻게 하셨을까?'를 스스로 질문하고 그 답변에 따라 살아보자는 것입니다. 주님과 동행하는 삶을 살아야 하는 우리에게 적절한 질문이라고 생각됩니다.

삶 가운데 이러한 질문을 자주 던져야 합니다. 부부 싸움을 할 때도 먼저 생각해보아야 합니다. '이것을 주님이 기뻐하실까?' 사업을 할 때도 생각해보아야 합니다. '이렇게 일하는 것을 주님이 기뻐하실까?' 주님이 기뻐하실 것이라는 확신이 들면 자유롭게 행하면 됩니다. 우리의 모든 삶에서 주님이 기뻐하시는지를 되돌아본다면 좋은 지침이 될 것입니다.

구별하기

빛은 어둠과 섞일 수 없습니다. 우리 눈에 회색 지대가 있는 것처럼 보일 뿐 빛과 어둠은 명확하게 구별됩니다. 함께 공존하지도 않습니다. 낮과 밤이 같은 시간에 존재할 수 없습니다. 빛의 자녀가 된 우리는 빛의 자녀로 살 수밖에 없다고 주님은 선언하십니다. 어둠과는 완전히 결별되었다는 말입니다. 이것은 어둠의 일들로부터 완전히 돌아서서 구별된 삶을 살아야 함을 뜻합니다. 따라서 빛의 자녀들은 어둠의 자녀들이 자연스럽게 사는 삶을 살아서는 안 됩니다.

"누구든지 헛된 말로 너희를 속이지 못하게 하라 이로 말미암아 하나님의 진노가 불순종의 아들들에게 임하나니 그러므로 그들과 함께 하는 자가 되지 말라"(엡 5:6~7).

어둠의 자녀들은 불순종의 아들들입니다. 그들의 죄악된 행동은 하나님의 진노를 불러옵니다. 따라서 이러한 자들과 함께해서는 안 됩니다. 이들의 삶은 앞서 보았듯이 음행과 더러운 일, 우상 숭배 등으로 가득합니다. 우리는 이러한 행동과 문화에서 떠나야 합니다. 하나님의 진노의 자리에 있어서는 안 됩니다. 롯이 소돔과 고모라를 떠나야 했던 것처럼 그들에게 내리는 진노의 불에서 벗어나야 합니다.

오늘날 죄는 자연스러운 문화로 우리 삶의 터전에 뿌리내려 있습니다. 최고의 생활 기준이라는 사회적 윤리는 사람들의 여론에 기초를 둡니다. 대중에 의해 언제든지 바뀔 수 있는 가치 기준일 뿐입니다. 대부분의 사람이 자연스럽게 하는 일들을 반대하며 그것이 죄라고 말하기 위해서는 하나님의 진리에 대한 굳건한 믿음과 용기가 필요합니다. 모든 사람의 생각이 그러하고 그러한 일들이 당연시되더라도 하나님께서 어둠으로 간주하시는 일이라면 돌아서야 합니다.

하지만 이것은 세상에서 따로 나와 살라는 말은 아닙니다. 하나님께서 원하시는 것은 세상에서 살되 세속에 빠지지 말고 어둠의 일에 참여하지 말라는 것입니다. 우리가 세상 속에서 살아야 빛과 소금의 역할을 감당할 수 있습니다. 빛과 소금으로서 그들의 행동이 죄악임을 알게 하고, 이 사회에 하나님의 진노가 넘치지 않도록 구별되라는 말씀입니다. 이처럼 우리의 신분이 다르다는 점을 인식하고 모든 어둠의 일을 버려야 합니다.

이것은 단지 윤리적인 문제가 아니라 우리의 구원과 연결되어 있습니다. 에베소서 5장 5절은 "너희도 정녕 이것을 알거니와 음행하는 자나 더러운 자나 탐하는 자 곧 우상 숭배자는 다 그리스도와 하나님의 나라에서 기업을 얻지 못하리니"라고 분명하게 경고합니다. 그리고 11절에서도 다시 명합니다.

"너희는 열매 없는 어둠의 일에 참여하지 말고 도리어 책망하라."

어둠의 일은 결국 헛된 것으로 하나님이 원하시는 열매가 없는 일들입니다. 그 일에 협력자나 방관자가 되지 말고 그것이 죄임을 드러내는 것이 우리의 사명입니다. 하나님께서는 우리가 거룩한 하나님의 백성이 되도록 세속에서 구별시켜 깨끗하게 해주셨습니다. 그런데 우리 스스로가 다시 오물 속으로 들어가 함께 뒹굴어 오염된다면 안타까운 일이 될 것입니다.

영적인 잠에서 깨어나라

그런데 세상의 어둠도 가만히 있지는 않습니다. 어둠은 우리를 적극적으로 설득하고 속입니다.(6절) 그래서 우리는 늘 깨어 있어야 합니다. 잠자는 모습은 죽음과 비슷합니다. 잠을 자는 것은 낮에 활동하기 위해서 꼭 필요하고 좋은 것이지만, 위험을 앞둔 상황에서 잠을 자는 것은 다릅니다. 이것은 자신의 모든 것을 노출시켜 무방비가 된 위태로운 상태입니다. 불이 나고 지진이 나도 잠을 자는 사람은 그 위험한 상태를 모릅니다. 어떤 위협에도 아무런 반응을 하지 못하고 방어도 할 수 없어 공격하는 자에게 속수무책으로 당할 수밖에 없습니다. 그런데 성경은 우리의 대적 마귀가 배가 고파 우는 사자처럼 적극적으로 우리를 공격하려고 다니고 있다고 경고합니다(벧전 5:8). 이러한 때에 잠을 자고 있는 것은 너무나 위험합니다. 그래서 하나님께서는 우리에게 잠에서 깰 것을 엄히 명하십니다.

"그러므로 이르시기를 잠자는 자여 깨어서 죽은 자들 가운데서 일어나라 그리스도께서 너에게 비추이시리라 하셨느니라"(엡 5:14).

잠자는 자는 영적으로 잠을 자고 있는 자로서 죄에 무감각하여 지금이 낮인지 밤인지, 어둠인지 빛인지 구분하지 못하는 자를 말합니다. 자신이 더럽혀지고 있는데도 알지 못하고 속는 줄도 모르는 것입니다. 우리는 이러한 잠에서 깨어나야 합니다. 내가 영적인 잠을 자고 있는지 아닌지는 우리 자신이 압니다. 우리 안에 계시는 성령님께서 가르쳐주시기 때문입니다. '이렇게 살면 안 되는데, 요즘 기도를 안 하는데, 말씀에 대한 사모함이 없어졌는데……'라고 생각하며 성도 자신이 잘 압니다. 그런데도 깨려고 하지 않는다면 문제입니다. 지금은 좀더 자고 나중에 하자고 스스로 합리화한다면 정말 심각합니다.

자녀들을 깨울 때도 비슷합니다. 아이들을 깨웠을 때 벌떡 일어나는 경우는 드뭅니다. 좀더 자고 싶어서 칭얼거리거나 때로는 화를 내기도 합니다. 이때 부모님 마음이 얼마나 답답합니까? 영적인 잠에 빠져 있을 때에도 마찬가지입니다. 우리가 깊은 잠에 빠져서 위험한 일이 앞에 있는데도 방비를 하지 않고 계속 낭떠러지로 가고 있다면 하나님께서 얼마나 답답하시겠습니까?

자신을 돌아보면서 신앙생활을 점검해보아야 합니다. 그리고 만약 내가 이런 신앙생활을 하고 있다면 빨리 깨닫고 잠에서 깨어나야 합니다. 그렇지 않으면 어둠 가운데 살면서 열매 맺지 못하고 헛된 일에 이리저리 끌려다니며 세월을 낭비하게 될 것입니다. 그런 삶으로 인생을 다 보낸 후 다시 오지 못할 세월을 탓하며 후회한다면 매우 안타까운 일입니다.

습관은 정말 무섭습니다. 빠져나오기가 쉽지 않습니다. 어둠의 일에 젖어 있는 모습에서 깨어나 빛으로 나아오려면 믿음으로 결단하는 참된 용기가 필요합니다. 결단하여 나아가면 하나님께서 도우시고 더 큰 빛으로 인도해주십니다.

19
지혜로운 인생 관리
엡 5:15~21

―

세월을 아끼라 때가 악하니라
그러므로 어리석은 자가 되지 말고
오직 주의 뜻이 무엇인가 이해하라
술 취하지 말라 이는 방탕한 것이니
오직 성령으로 충만함을 받으라
(엡 5:16~18)

18세기에 미국에서는 영적 대각성 운동이 일어났습니다. 미국의 대각성 운동은 미국 전역을 건강한 신앙으로 우뚝 서게 하는 발판을 마련했습니다. 이 영적 운동의 중심에서 쓰임 받은 인물이 조나단 에드워즈(Jonathan Edwards, 1703~1758)입니다. 그의 신앙은 오늘날까지도 영향력을 발휘하고 있으며, 그의 가문은 대단한 인물들을 계속 배출하여 많은 이들에게 칭송을 받고 있습니다.

그의 많은 글 중 「70개의 결심문(Resolution)」이라는 것이 있습니다. 이 글은 자신의 마음과 행동을 통제하려는 일련의 지침들로서 '그리스도인의 임무에 대한 최고의 요약'으로 많은 이들에게 감동을 줍니다. 그중 다섯 번째 항이 이렇습니다.

"한순간의 시간도 절대로 낭비하지 말고 그 시간을 가능한 한 최대로 유익하게 사용하자(Resolved, never to lose one moment of time; but improve it the most profitable way I possibly can)."

70개 항목 중에서 시간 관리에 관한 내용이 13개나 됩니다. 에드워즈가 했던 사역과 그가 집필한 많은 책들을 볼 때 그는 자신의 결심대로 하나님께서 주신 시간을 아껴 쓴 것을 알 수 있습니다. 위대한 영적 거장들도 결심하고 다짐하고 노력하지 않으면 시간은 헛되게 흘러갑니다.

우리가 어떻게 살아야 할 것인가에 대한 고민에 대해 성경은 지혜로운 삶을 살라고 권면합니다. 그리고 그 지혜로운 삶의 가장 중요한 부분이 시간과 관련이 있습니다.

시간이라는 기회

"그런즉 너희가 어떻게 행할지를 자세히 주의하여 지혜 없는 자 같이 하지 말고 오직 지혜 있는 자같이 하여"(엡 5:15).

'행하다'는 '페리파테오(περιπατέω)'로서, '삶의 현장으로 걸어가다'라는 뜻입니다. 걸어간다는 것은 가만히 있는 것이 아니라 부지런히 움직여 앞으로 나아가는 것을 말합니다. 믿음의 삶은 역동적인 삶입니다. 움직여서 행해야 합니다. '주의'하여 '지혜' 있는 자같이 하라는 것은 열심을 내되 바른 방향과 바른 방식으로 살라는 것입니다. 믿음에 합당한 행위가 있어야 할 뿐 아니라 방향도 바르게 설정되어야 합니다. 기분 내키는 대로, 대충 흘러가는 대로 사는 삶을 거부하고 정확하게 살라는 것입니다. '믿습니다'에서 멈추면 안 되고 그것을 삶으로 실천해야 하며 그 실천은 하나님께서 가르쳐주시는 바른 방식이어야 한다는 것입니다.

또한 성경은 지혜로운 삶이란 세월을 아끼며 사는 것임을 말씀해 줍니다.

"세월을 아끼라 때가 악하니라"(엡 5:16).

세월을 아끼라고 하니 내게 주어진 시간을 조금씩 아끼면서 살라는 의미로 들리는데, '아낀다'는 '엑사고라조(ἐξαγοράζω)'로서 '돈을 지불하여 사는 것'을 말합니다. 예수께서 우리를 구원하실 때도 사용된 표현입니다. "세월을 사두어라, 세월을 구해서 네 것이 되도록 하라"는 것입니다. 이 구절을 NASB 성경은 "너의 시간을 최대한 활용하라(Making the most of your time)"라고 번역합니다. 시간을 자신의 것으로 삼아 최고의 것으로 만들라는 의미입니다.

성경은 세월을 아껴야 하는 이유를 때가 악하기 때문이라고 설명합니다. 악한 세상은 시간을 빼앗아가 버립니다. 우리의 세월을 훔쳐가 버립니다. 우리가 이 땅에서 그리스도인으로서 삶을 살지 않으면 악한 세상은 시간을 낭비하게 하고 허송세월하게 하여 허무한 결론에 이르게 한다는 것입니다. 시간은 '지나가고 있는 기회'입니다. 시간은 정지되어 있는 것이 아니고 계속 지나가면서 내게 기회를 주고 있습니다. 하나님께서 내게 주시는 기회가 지나가고 있는데 악한 세상은 그 기회들을 붙잡지 못하게 우리에게서 이 시간을 빼앗아가 버리는 것입니다. 세월을 아낀다는 것은 악한 세상에게 기회를 빼앗기지 않고 잘 활용하는 것입니다.

스마트한 낭비

세상은 갈수록 빨라지고 있습니다. 지금부터 10년, 20년 전만 해도 대구에서 서울에 가려면 동대구역에서 서울역까지 네 시간 동안 가는 기차를 타는 것이 가장 빠른 길이었습니다. 그런데 지금은 1시간 47분 만에 도착합니다. 게다가 이것보다 더 빠른 기차를 개발하고 있다고 합니다. 전에는 무엇인가 메시지를 보내려면 편지를 쓰고 차로 운반해서 사람의 손으로 전달해야 했는데 지금은 전화나 문자로 바로바로 전달할 수 있습니다. 전화번호를 일일이 누르지 않고 단축

번호 하나만 눌러도 가능합니다.

　기가 막힌 스피드 시대입니다. 미국의 대통령이 누가 되는지도 거기서 보내온 정보를 신문으로 인쇄하여 보고 아는 것이 아니라 실시간으로 투표 결과가 어떻게 되어가고 있는지를 다 알 수 있습니다. 장을 보는 것도 쉽게 스마트폰으로 하고 있습니다. 이제 또 4차 산업시대라고 하면서 초정보 사회로 가고 있습니다.

　생활은 이렇게 갈수록 편리해져 가고 있는데 우리는 과거보다 더 바쁩니다. 과거와 비교해볼 때 엄청나게 시간이 절약되고 있으니 여유로운 인생을 살아야 하는 것이 분명한데, 과거보다 더 바쁘고 더 시간이 없습니다. 세상이 악해져 갈수록 악한 세상은 우리에게서 시간을 빼앗아갑니다. 각종 기계는 스마트해져 가는데 악한 세상도 스마트하게 우리의 시간을 빼앗아갑니다.

　그래서 인생을 지혜롭게 살려면 세월을 아껴야 하는 것입니다. 시간을 사서 내 것으로 만들어야 합니다. 바쁜 생활을 되돌아보면서 과연 정말 해야 할 일로 바쁜 것인지 생각해보아야 합니다. 무엇이 우리의 시간을 빼앗고 있는지 돌이켜봐야 합니다.

　기도하자고 하면 시간이 없다고 합니다. 성경 읽고 연구하자고 하면 성경을 볼 여유가 없다고 합니다. 그러면서 시간이 얼마나 빨리 가는지 다들 하소연합니다. 그러나 누구에게나 시간은 똑같습니다. 일정하게 한 시간은 60분입니다. 내가 소중한 어떤 것을 하지 못할 정도로 바쁘다면 우리는 악한 세상에게 시간을 도둑질당하고 있는 것입니다. 그래서 그리스도인답게 살지 못하고, 남편답게, 아내답게 살지 못하고, 부모답게 살지 못하는 것입니다. 소중한 것을 우선순위로 행하고, 지켜야 할 시간을 지키는 것이 지혜로운 삶입니다. 빠른 것이 지혜로운 것이 아니라 시간을 아껴서 소중한 것을 행하는 것이 지혜로운 것입니다.

무엇을 하며 살았는가

세월을 아끼는 것이 지혜로운 삶입니다. 그리고 그 지혜는 하나님의 뜻을 이해하는 데서 옵니다. 그래서 성경은 "그러므로 어리석은 자가 되지 말고 오직 주의 뜻이 무엇인가 이해하라"(17절)라고 말씀합니다. 하나님의 뜻이 무엇인지 알아야 무엇이 인생에서 중요한지를 알 수 있고, 무엇을 우선순위로 해야 하는지를 알게 됩니다. 하나님은 우주의 창조주이시고 우리의 생사화복을 주관하시는 분입니다. 주인이신 하나님의 뜻을 알아야 하나님께서 예비하신 길로 나아갈 수 있습니다. 만약 하나님의 뜻을 모른다면 그냥 내 뜻대로 살게 될 것입니다. 그러면 아무리 열심히 살아도 초점이 제대로 맞추어져 있지 않은 방향으로 잘못된 인생을 살게 될 것입니다.

우리의 인생은 얼마나 오래 살았는가로 평가받지 않습니다. 예수님은 이 땅에서 33년의 생애를 살았습니다. 그렇다고 예수님의 인생이 실패한 인생입니까? 우리의 인생은 무엇을 하며 어떻게 살았는지로 평가받습니다. 하나님 앞에서 우리의 인생을 회계할 때 그것이 다 드러나게 될 것입니다.

장례식에 가보면 다양한 모습을 보게 됩니다. 어떤 분의 죽음은 많은 사람의 애도 가운데 이루어집니다. 자식들을 위해서 몇 년만 더 살아주지, 회사를 위해서 1년이라도 더 살아주지, 교회를 위해서 조금만 더 살아주지 하는 장례 분위기가 있습니다. 반면에 가족들이나 주변 사람들에게 얼마나 고통을 주었는지 이렇게 죽을 것을 뭘 그렇게 괴롭혔느냐며 서러움을 드러내는 분위기도 있습니다.

우리가 어떻게 살았는지, 무엇을 위해 살았는지를 사람들도 다 압니다. 하물며 하나님께서 우리 인생을 보실 때 어떻겠습니까? 하나님의 뜻을 알고 하나님께서 기뻐하시는 일을 하면서 사는 것이 참된 지혜의 삶입니다.

성공한 의사로 재산도 많고 사회적으로도 영향력 있는 인물인데 행복하지 않다는 말을 들었습니다. 자신이 하고 싶은 일을 하지 못하고 살았기 때문이랍니다. 한 분은 연예인인데, 하고 싶은 것은 다 하면서 살았지만 행복하지 않다고 했습니다. 자신은 그렇게 마음대로 살면서 가족들에게는 잘해주지 못해 인생이 후회스럽다는 것입니다.

사람들은 행복하게 살기 위해 애쓰지만 목표를 이루더라도 진정 행복한 사람은 그렇게 많지 않습니다. 하나님이 없기 때문입니다. 우리 인생을 지으신 분이 하나님이시므로 우리가 하고 싶은 대로, 우리 생각대로가 아니라 하나님의 뜻대로 살 때 진정한 행복을 느낄 수 있습니다.

십자가를 지기 전 겟세마네 동산에서 기도하시면서 주님께서는 이런 고백을 드렸습니다.

"내 아버지여 만일 할 만하시거든 이 잔을 내게서 지나가게 하옵소서 그러나 나의 원대로 마시옵고 아버지의 원대로 하옵소서"(마 26:39).

인생의 중요한 마지막 끝자락에서 예수님은 하나님의 뜻대로 살게 해달라고 기도드렸습니다. 하나님께서는 성경 66권을 통해 하나님의 뜻을 우리에게 밝히 알려주고 계십니다. 하나님의 말씀에 따라 하나님께서 기뻐하시고 원하시는 삶을 사는 인생이 지혜로운 인생입니다. 그것이 인생의 목적에 부합되는 삶이며 하나님께서 주시는 그 길을 걷는 자가 행복한 자입니다. 반대로 내 고집과 생각대로, 사람들의 의견대로 사는 것은 어리석은 인생길입니다.

성령 충만의 모습

지혜로운 삶은 하나님의 뜻대로 사는 것인데 이는 성령의 충만함이 우리 안에 있을 때 가장 극대화됩니다.

"술 취하지 말라 이는 방탕한 것이니 오직 성령으로 충만함을 받으라"(엡 5:18).

여기서 '충만함을 받으라'는 말씀은 명령형으로 쓰여 있습니다. 받으면 좋고 안 받아도 괜찮은 것이 아니라 반드시 받아야 하는 것입니다. 이것은 현재 명령형으로, 과거 어느 한때 받았던 성령의 충만함이 아니라 현재라는 이 시간에 순간순간 충만함을 유지할 것을 요구합니다. 이 구절은 또한 수동태로 쓰여 있습니다. 성령 충만은 내가 스스로 만드는 것이 아니라 누구에게서 공급 받는 것인데, 바로 하나님의 은혜로 주어지는 것이라는 뜻입니다. 따라서 하나님의 도우심을 간구해야 합니다.

바울은 성령 충만을 술 취함과 대조함으로써 성령 충만의 모습을 알기 쉽게 보여줍니다. 술에 취하면 내가 술을 통제하는 것이 아니라 술이 나를 통제하게 됩니다. 술이 나를 지배해서 몸을 가누지 못하고 자신의 여러 가지가 제약됩니다. 그러므로 성령 충만을 받으라는 것은 성령의 지배를 받아 하나님의 뜻대로 사는 사람이 되라는 것입니다. 자신의 뜻과 고집, 죄악된 성품이 원하는 것을 벗어버리고 하나님이 원하시고 이끄시는 방향으로 살라는 것입니다. 그래서 우리는 성령의 지배를 받으려고 매주 교회에 나옵니다. 교회에서 신앙생활을 같이 할 때 성령 충만함으로 나아갈 수 있기 때문입니다.

"시와 찬송과 신령한 노래들로 서로 화답하며 너희의 마음으로 주께 노래하며 찬송하며 범사에 우리 주 예수 그리스도의 이름으로 항상 아버지 하나님께 감사하며 그리스도를 경외함으로 피차 복종하라"(엡 5:19~21).

성령 충만한 모습은, 첫째 찬양으로 예배드리는 삶입니다. 죄 사함을 받아 하나님의 자녀가 된 사람은 감격에 겨워 하나님께 기쁨으로 찬양하게 됩니다. 그런데 홀로 하는 것이 아니라 서로 화답하며 "너희의 마음으로" 노래합니다. 즉 영적인 교제를 하는 것입니다. 성령으로 충만해지면 하나님을 경배하는 일을 사모하게 되고, 성도들과 사랑의 교제를 열심히 하게 됩니다. 자신의 일에 몰두하고 뒤에서

험담하는 일에 열심이었던 예전과는 다른 삶을 살게 됩니다.

둘째는 하나님으로 인해서 감사하는 삶입니다. 그냥 감사하는 것이 아닙니다. '범사에', '항상' 감사하는 것입니다. 대개 좋은 일에는 감사가 나오지만 그렇지 않을 때는 불평이 나오는 법입니다. 그런데 성령의 지배를 받으면 좋지 않은 상황에서도 하나님을 믿고 인도하심을 의지하면서 믿음과 소망의 감사가 나옵니다. 어떤 상황에서도 어느 때에라도 감사를 드리는 사람은 하나님의 완전한 지배 아래 사는 사람입니다. 절대적인 인도하심 가운데 자신의 인생을 맡긴 행복한 사람입니다. 내 자신을 의지하면 불안하고 무거운 책임감으로 짐을 지고 살아야 합니다. 하지만 "우리 주 예수 그리스도의 이름으로" 감사하는 사람은 주님이신 예수님이 함께 동행하시고 책임지시기 때문에 짐이 가볍고, 주님의 사랑으로 인해 복된 자신을 깨닫게 되어 감사를 드리게 됩니다.

셋째는 서로 복종하는 순종의 삶입니다. 얼마만큼 순종의 삶을 사는가가 그 사람이 은혜 아래 있는지, 성령의 지배를 받는지를 보여주는 척도입니다. 성령의 지배를 받는 사람은 자신의 고집대로 살지 않습니다. 자신의 감정대로 처신하지 않습니다. 성령 충만한 사람은 순종하는 사람입니다. 그리고 하나님께 순종하는 사람은 다른 사람을 섬기는 순종의 삶으로 이어집니다. 이러한 순종은 어느 한편이 아니라 우리 모두가 서로에게 해야 합니다. 순종의 삶이야말로 지혜로운 삶의 모습입니다.

5부
새사람의 실천 원리

20. 새사람 아내(5:22~24) • 212
21. 새사람 남편(5:25~33) • 222
22. 새사람 자녀(6:1~3) • 232
23. 새사람 부모(6:4) • 242
24. 새사람의 일터(6:5~9) • 252

20
새사람 아내
엡 5:22~24

—

아내들이여 자기 남편에게 복종하기를
주께 하듯 하라 이는 남편이 아내의 머리 됨이
그리스도께서 교회의 머리 됨과 같음이니
그가 바로 몸의 구주시니라
그러므로 교회가 그리스도에게 하듯
아내들도 범사에 자기 남편에게 복종할지니라
(엡 5:22~24)

천지 만물을 창조하신 하나님은 마지막 걸작품인 인간을 만들고 복을 주셨습니다. 첫 번째 복은 땅을 주시고 사명을 주신 것입니다.

"하나님이 그들에게 복을 주시며 하나님이 그들에게 이르시되 생육하고 번성하여 땅에 충만하라, 땅을 정복하라, 바다의 물고기와 하늘의 새와 땅에 움직이는 모든 생물을 다스리라 하시니라"(창 1:28).

땅을 터전으로 삼고 세상을 다스리라는 사명을 주셨습니다. 인간에게 혜택과 권한을 동시에 주신 것입니다. 에덴동산은 매우 아름답고 풍요로운 곳이었습니다(창 2:4~14 참조). 이 창조의 말씀을 통해 사랑하는 자에게 복을 주시고 우리가 행복하기를 바라는 하나님의 마음을 잘 알 수 있습니다.

두 번째 주신 복이 아담과 하와를 짝지어 주셔서 부부가 되게 하신 것입니다. 이것이 최초의 결혼입니다. 결혼은 동물들의 짝짓기와 같은 본능의 차원이 아니라 하나님이 사람에게 주신 놀라운 복의 절정이자 선물입니다. 하나님께서는 사람이 홀로 사는 것이 좋지 않음을 아셨습니다.

"여호와 하나님이 이르시되 사람이 혼자 사는 것이 좋지 아니하니 내가 그를 위하여 돕는 배필을 지으리라 하시니라"(창 2:18).

그래서 하와를 만들어 아담에게 이끌고 가서 그들을 짝지어 주셨습니다. 그들은 서로를 향해 부끄러움 없는 사랑과 평안으로 하나가 되었습니다.

"아담과 그의 아내 두 사람이 벌거벗었으나 부끄러워하지 아니하니라"(창 2:25).

서로를 향해 부끄러움만이 아니라 불평도 없었습니다. 두 사람은 서로로 인해 만족스러웠습니다. 가장 온전한 장소인 에덴동산에서 가장 온전한 결혼의 모습으로 그들은 최고로 행복한 모습을 보여주었습니다.

부부 생활은 영적 지표

결혼은 하나님의 사랑의 대상인 인간에게 하나님께서 주신 가장 복된 제도입니다. 우리는 이 선물을 누리며, 결혼을 통해 하나님께 영광을 드리고 주신 사명을 감당해야 합니다. 그런데 죄가 들어왔습니다. 하나님과 인간의 사이는 불편해졌고 부부간에도 갈등과 긴장이 생겨났습니다. 부부간의 갈등은 불행으로 치달아 오늘날 결혼은 깊은 상처와 돌이킬 수 없는 비극의 모습들로 나타나고 있습니다. 어떤 경우에는 결혼하지 않는 것이 더 낫다는 비관적인 생각들도 많이 해서 사회적인 문제가 되고 있습니다.

구원은 은혜로 인한 거대한 회복입니다. 결혼의 회복이야말로 가장 중요하고 시급한 관계 회복이라고 할 것입니다. 이러한 회복은 그리스도인의 가정에서도 중요하게 이루어져야 할 일입니다. 결혼 생활에서도 옛사람의 모습이 나타나기 때문입니다. 하나님의 말씀대로 순종하여 새사람으로 부부 생활을 하지 않으면 복된 결혼을 누릴 수 없습니다.

부부 생활은 새사람인 그리스도인에게 중요한 영적 지표입니다.

기도하는 것이나 신령한 은사를 체험하며 사는 것도 중요하지만 그런 것 이상으로 중요한 것이 결혼 생활입니다. 신앙생활을 열심히 하는 분들 중에서도 부부 생활을 소홀히 여기는 경우가 의외로 많습니다. 종종 이런 소리를 듣습니다.

"제 아내는 보기에 신앙이 대단한 것 같습니다. 교회 안에서 제 아내만큼 열정적으로 신앙생활하고 믿음이 좋은 사람이 없어 보입니다. 그런데 가정에서 남편인 제가 볼 때는 아닙니다. 남편과 자식을 돌아보지 않습니다."

아내들은 이렇게 말합니다.

"제 남편은 교회에서 중요한 직분을 맡고 있고, 활동도 열심히 해서 교회의 성도들이 다 존경하고 칭찬합니다. 그러나 집에서는 빵점입니다. 가정에서 남편으로서, 아버지로서 점수를 줄 수 없습니다. 목사님, 이것이 신앙생활을 제대로 하는 겁니까?"

우리는 영적으로 신비한 삶은 중요하다고 생각하고, 결혼 생활은 그보다 중요하지 않다고 여기는 듯합니다. 그러나 성경은 그리스도인이 살아야 할 삶의 내용들을 주제별로 이야기하는 가운데 결혼 생활을 중요한 위치에서 언급합니다. 결혼 생활이 성경의 원리에 따라 건강하고 복된 삶이 되어야 합니다. 만약 그렇지 않아 부부 관계가 무너지면 가정이 무너집니다. 가성이 무너진 사람은 건강한 사회생활이 힘들어지며, 그리스도인으로서의 삶도 힘든 과정을 거치게 됩니다. 그래서 결혼과 부부 생활의 성경적 회복이 정말 중요합니다.

새사람 된 아내들이여

결혼에 대한 성경의 교훈은 아내들에 대한 명령으로 시작합니다. 성경은 아내들에게 복종하라고 말씀합니다.

"아내들이여 자기 남편에게 복종하기를 주께 하듯 하라"(엡 5:22).

결혼에 대해 말씀하는데 남편보다 아내에게 먼저 명령하고 있습니다. 남편들은 '역시 문제는 여자구나' 하며 흐뭇해 합니다. 그러나 그렇게 생각해서는 안 됩니다. 에베소서의 명령들을 보면 6장에서 부모와 자녀의 경우 자녀들에 대한 명령으로 시작합니다. 상전과 종의 경우에도 종을 먼저 언급합니다. 이것은 신앙의 근간이 '순종'을 기초로 하기 때문입니다. 이 말씀은 이러한 순종의 차원입니다.

그리고 복종은 굴종의 차원이 아닙니다. '복종'이라고 하면 현대인은 거부감을 갖습니다. 평등이라는 가치를 소중하게 여기는 우리는 복종이란 말에 뭔가 굴욕적이며 불평등한 느낌을 떠올립니다. "내가 당신의 종이야?"라고 하는 말에서처럼 복종에 대한 어감이 좋지 않습니다. 이 말씀에 쓰인 복종은 '휘포탓소(ὑποτάσσω)'인데, '~아래에'의 뜻인 '휘포(ὑπο)'와 '질서 있게 배열하다'라는 뜻인 '탓소'(τάσσω)가 합쳐진 단어입니다. 이 뜻을 살리면 아내에게 복종하라는 명령은 남편 아래에서 질서 있게 자신을 배열시키라는 말입니다. 굴종으로서가 아니라 질서로서 그렇게 하라는 것입니다.

더욱이 헬라어 원어로 볼 때 복종하라는 말은 명령형 중간 수동태로 쓰였는데, 이를 문법적인 맥락으로 다시 해설하면 '자발적인 복종'의 의미입니다. 즉 강압적인 굴욕의 차원이 아니라 자발적으로 질서를 위해 남편의 아래에 서는 아내의 모습을 가리킵니다. 부족하거나 차원이 낮아서가 아니라 오히려 여유 있는 자가 질서를 위해 스스로 낮아진 모습을 가리킵니다. 복종한다고 해서 아내의 가치가 하락되고 굴욕적인 느낌이 나며, 그렇게 하면 자기 자신이 업신여겨질 것이라고 생각하는 것은 큰 오해입니다.

머리를 돕는 몸

남편과 아내는 절대적으로 동등합니다. 그런데 하나님께서는 가정의 질서로서 남편을 머리로 삼으셨습니다.

"이는 남편이 아내의 머리 됨이 그리스도께서 교회의 머리 됨과 같음이니 그가 바로 몸의 구주시니라"(엡 5:23).

남편은 아내의 머리입니다. 머리가 가장 중요한 기관으로 강조된 것이 아닙니다. 질서상 그렇다는 것입니다. 이 비유는 유기체적 의미로 보아야 합니다. 즉 남편과 아내는 한 몸인데, 남편이 몸의 여러 기관 중 머리의 역할을 한다는 것입니다.

몸이 제대로 움직여지기 위해서는 몸의 각 지체가 머리의 기능에 따라주어야 합니다. 머리가 뜨거운 것을 만지지 말라고 하면 손이 따라주어야 위험에서 벗어날 수 있습니다. 머리가 이것을 먹어야 건강해진다고 하면 입이 먹어야 함께 건강을 유지할 수 있습니다. 이것은 주종 관계가 아니라 유기체를 말하는 것이고, 질서의 중요성을 말하는 것입니다. 그래서 아내가 남편에게 복종하는 것은 행복한 결혼 생활을 위한 중요한 원리입니다.

아내는 가정의 질서를 위해서 스스로 남편을 도와주는 자가 되어야 합니다. 성경에서는 아내를 '돕는 배필'이라고 했습니다.

"여호와 하나님이 이르시되 사람이 혼자 사는 것이 좋지 아니하니 내가 그를 위하여 돕는 배필을 지으리라 하시니라"(창 2:18).

돕는 배필이란 '마주하는 자'로서 돕는다는 말입니다. 남편과 아내는 마주하는 쌍인데 동등한 자로서 돕는다는 것입니다. 돕는 것이 역할이고 기능이지 서열이나 계급은 절대 아닌 것입니다. 유교적으로 여자는 남자의 밑이요 발 아래 두는 존재처럼 이해해서는 안 됩니다. 만약 이것을 계급으로 이해하면 복종이라는 말에 기분이 나빠질 것입니다.

성경에서 돕는 자는 약자이거나 가치가 낮은 자가 아닙니다. 하나님은 우리를 돕는 자입니다.

"여호와여 들으시고 내게 은혜를 베푸소서 여호와여 나를 돕는 자가 되소서 하였나이다"(시 30:10, 히 13:6 참조).

또한 성령님은 우리 옆에서 우리를 도와주시는 분입니다.

"이와 같이 성령도 우리의 연약함을 도우시나니 우리는 마땅히 기도할 바를 알지 못하나 오직 성령이 말할 수 없는 탄식으로 우리를 위하여 친히 간구하시느니라"(롬 8:26).

하나님이 우리보다 낮거나 약자여서 우리를 도우시는 것이 아닙니다. 오히려 우리보다 높고 능력이 많아서 도우실 수 있습니다. 돕기 위해서는 더 여유가 있어야 하는 법입니다. 내가 강해야 도울 수 있지 약하면 도울 수 없습니다. 이처럼 아내들이 남편을 돕는다는 것은 우열의 의미가 아닙니다. 사실 여성들이 돕지 않으면 남자들은 제 구실을 하지 못합니다.

주께 하듯 하라

성경은 더 나아가 주님께 하듯 남편에게 복종하라고 말씀합니다. "그러므로 교회가 그리스도에게 하듯 아내들도 범사에 자기 남편에게 복종할지니라"(엡 5:24).

주님처럼 남편을 모시려면 얼마나 힘이 들겠습니까? 이것이 주종 관계를 확실하게 강조하는 구절이라면 얼마나 억울합니까? 남편들이 이 구절을 보고 '그것 봐. 주님처럼 나를 떠받들어야지' 하고 생각한다면 오해입니다. "그리스도에게 하듯"이라는 말은 이것이 주님께 드리는 봉사라는 의미입니다. 남편하게 복종하는 것은 내가 믿는 주님께 드리는 봉사라는 것입니다. 이처럼 부부 생활은 신앙적이고 영적인 차원을 갖습니다. 그리스도인 아내는 주님께 드리는 믿음의 삶의 모습으로 남편에게 복종해야 합니다.

"범사에" 복종하라고 했습니다. 이 말씀을 보고 여자는 남자의 말에 부조건 따라야 한나고 오해하면 안 됩니다. 그래서 히나님은 "교회가 그리스도에게 하듯"이라고 하셨습니다. 불법적이고 불의한 일까지도 무조건 복종하라는 것이 아닙니다. 그러나 그런 것이 아니라면 질서를 위해 남편이 머리로서 역할을 하도록 모든 일에 남편을 따라주고 존중해주어야 합니다.

방황하는 남편들

남편들의 불만을 들어보면 아내가 예쁘지 않은 것이 중요한 문제가 아닙니다. 음식을 잘하지 못하는 것이 문제가 아닙니다. 대부분 가장 중요한 문제는 아내가 남편을 존중해주지 않는다는 것입니다. 남자들이 젊을 때에는 아름다운 여성을 좋아합니다. 결혼 전에는 예쁜 여자를 찾아다니고 결혼 대상자로 매력 있는 여성을 택하곤 합니다. 그런데 결혼 후에는 달라집니다. 예쁜 여자보다 자신을 존중해주고 인정해주는 여자를 좋아합니다. 아무리 예뻐도 자신을 무시하고 존중해주지 않는 여성을 계속 얼굴만 바라보고 참고 지내지 못합니다. 그런데 여성들이 이것을 모르고 결혼 후에도 계속 화장만 잘하고 예쁘면 된다고 생각하면 문제가 일어날 수 있습니다.

외도하는 남성들을 보면 예상과 다르게 아내보다 인물이 못한 여성과 바람을 피우는 경우가 있습니다. 이 점을 여성들이 이해하지 못할 때가 많습니다. 어떻게 자신보다 못해 보이는 여성과 바람이 나는지 상처를 받고 자존심 상해 합니다. 그런데 남자들이 바람이 나는 경우는 보통 그 상대 여자가 그를 인정해주기 때문인 경우가 많습니다.

예를 들어 어떤 남자가 가정에서 무시당하고, 아내가 날마다 바가지를 긁어 자존심에 상처를 입힌다고 가정해봅시다. 그런데 밖에서는 온통 멋있다느니 능력 있다느니 하며 칭찬을 해줍니다. 그런 입에 침 바른 소리라도 남자들은 자신을 존중해주는 맛에 그만 넘어가 버립니다. 그런 소리들에 우쭐해져서 집에 왔는데 아내는 또다시 남편을 함부로 여기고 막 대합니다. 밖에서는 무슨 소리를 해도 잘 들어주는데 집에 오니 말만 하면 무시합니다. 그러면 남자들은 집에 들어오고 싶어 하지 않고 거리에서 방황하게 되며 그 마음을 정착하지 못합니다. 밖에 나가면 영웅 대접을 받고 귀한 존재로 존경을 받으니 마음이 그 방향으로 흐르다가 문제를 일으키게 되는 것입니다.

　복종한다는 것은 남편을 머리로 존중해주고 귀한 가치를 인정해주는 것입니다. 존중해주는 말을 하고 그러한 태도로 대하는 것입니다. 때로 어리석어 보이는 의견도 들어주고 자존심을 세워주면서 옆에서 은밀하게 돕는 지혜도 발휘해야 합니다. 칭찬과 격려를 해주어 가장으로서 보람을 느끼게 해주어야 합니다. 그러면 머리가 기쁜 마음이 되어 몸의 말에 귀를 기울이고 복종해주는 몸을 고마워하며 부족한 자신이 어떻게든 잘 이끌며 섬기려고 노력할 것입니다. 머리와 몸이 한 유기체가 되어 서로를 존중하고 아끼고 섬길 때 행복이 찾아오고 바른길을 걷게 되며 함께 건강할 수 있습니다. 남편에게 복종하고 돕는 것은 주님께 드리는 아름다운 믿음의 봉사가 될 것입니다.

21

새사람 남편

엡 5:25~33

―

이와 같이 남편들도 자기 아내 사랑하기를
자기 자신과 같이 할지니 자기 아내를 사랑하는 자는
자기를 사랑하는 것이라 누구든지 언제나
자기 육체를 미워하지 않고 오직 양육하여 보호하기를
그리스도께서 교회에게 함과 같이 하나니
우리는 그 몸의 지체임이라
(엡 5:28~30)

성경에서 "아내들이여"라고 시작한 권면은 이제 "남편들이여"로 이어집니다. 행복한 결혼을 유지하기 위해서는 남편의 역할이 매우 중요합니다. 하나님께서 가정을 만들고 남자를 머리로 세워 주관하도록 하셨기 때문입니다. 남편보다 아내를 먼저 이야기한 것은 아내의 책임이 더 무겁기 때문이 아니라 질서적인 차이입니다.

몸이 제대로 활동하기 위해서는 머리가 움직여야 하듯이 남편의 역할은 아무리 강조해도 지나치지 않습니다. 결혼을 한 그리스도인 남편이 아름다운 가정을 이루기 위해 믿음으로 헌신하는 일은 최우선 순위의 일입니다. 새사람이 된 남편이 살아야 할 모습에 대해 하나님께서 주시는 권면을 경청하고 실천해야 합니다.

가정에서 가장 중요한 것은 남편이 아내를 사랑하는 것입니다. 이 사랑이 그 무엇보다 중요한데, 성경은 남편이 아내를 어떻게 사랑해야 하는지를 알려줍니다.

"누구든지 언제나 자기 육체를 미워하지 않고 오직 양육하여 보호하기를 그리스도께서 교회에게 함과 같이 하나니"(엡 5:29).

그리스도께서 교회를 사랑하신 것같이 아내를 사랑하라는 것입니다. 우리 주님의 사랑을 묵상함으로 남편의 도리를 살펴보는 것이 우리가 해야 할 일입니다.

자기희생의 사랑

교회를 향한 주님의 사랑은 자기희생의 사랑입니다. 예수님께서 교회인 하나님의 백성들을 위해 하신 사랑의 절정은 십자가에서의 죽음, 바로 희생이었습니다. 죽기까지 사랑하신 것입니다. 전적으로 자신을 포기하고 온전히 교회를 위해 목숨을 바친 주님의 사랑처럼, 남편은 아내를 위해 전적인 희생의 사랑을 바쳐야 합니다.

이 말씀은 한국에서 예부터 전해오던 일반적인 분위기와는 정반대입니다. 우리는 아내가 남편을 위해 희생해야 한다는 말을 많이 들어왔습니다. 아내가 희생하고, 손해 보고, 자신을 돌보기보다 지아비를 섬기라는 유교적 가르침에 우리는 익숙해 있습니다. 그러나 성경은 남편이 머리이기에 오히려 아내를 위해 절대적으로 희생할 것을 가르칩니다. 그래서 이 말씀은 한국 남성들에게 매우 중요한 가르침이라고 할 수 있습니다.

남편이 아내를 희생적으로 사랑하는 것은 남편의 필수적인 의무입니다. 그러므로 남편은 아내에게 절대로 공치사해서는 안 됩니다. 내가 이렇게 고생한다, 내가 당신과 자식 때문에 이렇게 수고한다고 말해서는 안 됩니다. 이것은 남편의 의무이고 책무이며 마땅히 해야 할 일입니다. 남편은 아내에게 자기를 사랑해달라고 요구하는 이기적인 마음에 사로잡힐 때가 많습니다. 하지만 그러한 마음을 전환해야 합니다. 남편이 더 적극적으로 먼저 행하고 사랑하는 것이 성경의 원리입니다.

구체적으로 말하면 아내를 사랑하기 위해서 시간을 희생해야 합니다. 내 취미를 희생해야 하고, 내가 가지고 있는 것을 희생해야 합니다. 남편의 희생은 마땅히 책임지는 사랑입니다. 이렇게 사랑하기로 약속하고 결혼했습니다. 시간이 흐름에 따라 감정은 청춘의 때처럼 불타오르지 않아도 아내를 향한 신실한 희생의 언약은 변함이 없어야 합니다. 교회를 향한 그리스도의 사랑이 변함없듯이 말입니다.

든든히 세워주는 사랑

"이는 곧 물로 씻어 말씀으로 깨끗하게 하사 거룩하게 하시고 자기 앞에 영광스러운 교회로 세우사 티나 주름 잡힌 것이나 이런 것들이 없이 거룩하고 흠이 없게 하려 하심이라"(엡 5:26~27).

교회를 위해 자기를 내어주신 예수님은 교회가 성결하고 영광스럽고 티나 주름 잡힌 것이 없는 거룩한 모습이 되기를 원하셨습니다. 그것은 교회가 온전한 모습이 되게 하여 보시기에 기쁘고 받으실 만한 존재로 만들기 위함이었습니다. 참된 사랑은 사랑하는 상대방이 더 온전해지기를 바라는 법입니다. 더 온전해짐으로 그가 더 행복하기를 바라는 것입니다. 이처럼 참된 사랑에는 성장이 있습니다. 교회가 불완전한 것처럼 우리 역시 불완전합니다. 그래서 온전해지기 위한 성장이 필요한데, 그 목적을 달성하기 위해 가장 중요한 것이 바로 사랑을 주는 것입니다.

남편이 아내를 사랑하는 것은 연약한 아내를 든든히 세우기 위함입니다. 남편은 아내의 완전함 때문에 결혼한 것이 아님을 알아야 합니다. 오히려 아내를 완전함에 이르도록 하기 위해서 사랑하는 것입니다. 아내를 사랑하는 것은 자신으로 인해 아내가 더 온전해지고 더 복된 존재가 되도록 하기 위함입니다. 남편이 아내를 사랑하지 않으면 마음에 주름이 잡히고 티가 생기며 상처가 나고 흠이 생기게 됩니다. 그러므로 남편은 아내가 남편 때문에 영광스럽고 온전해지도록 사랑해야 합니다. 이것은 그저 기분 좋을 때 한번 안아주고 입맞춤해 주는 것으로 되지 않습니다. 남편으로 인해 아내의 마음에 상처가 생기지 않도록 사랑해야 합니다. 남편으로 인해 아내가 더욱 행복하도록 사랑해야 합니다. 남편으로 인해 아내가 더욱 든든히 세워져 온전해지도록 변함없이 사랑해야 합니다.

한 몸 본능

아내를 사랑하는 것은 바로 자신을 사랑하는 것입니다. 이 세상에서 가장 원초적이고 본능적인 사랑이 바로 자기를 사랑하는 것입니다. 우리는 누가 가르쳐주지 않아도 자기 자신을 사랑합니다. 생각하거나 따져서 하지 않고 본능적으로 합니다. 남편은 아내에게 이런 사랑을 해야 합니다.

"이와 같이 남편들도 자기 아내 사랑하기를 자기 자신과 같이 할지니 자기 아내를 사랑하는 자는 자기를 사랑하는 것이라"(엡 5:28).

부부는 한 몸입니다. 그래서 아내를 사랑하는 남편은 결국 자기를 사랑하는 것입니다. 자기 자신을 사랑하는 것과 아내를 사랑하는 몫을 나누면 안 됩니다. 경중을 다르게 해서는 안 된다는 것입니다. 자신의 건강을 끔찍하게 생각하듯이, 자신의 생각과 꿈을 소중히 여기듯이, 자기가 아플 때 최선을 다해 나으려고 노력하듯이 아내에게 해야 합니다. 우리는 조금만 머리가 아프고 목이 따끔따끔하면 감기가 오는 줄 알고 따뜻한 차를 마시며 병원에 갈 생각을 합니다. 남편은 아내가 그렇게 몸이 안 좋다고 할 때 즉시 자기 몸처럼 돌봐야 합니다. 부부는 한 몸이기 때문입니다. 한 몸이라는 것을 언제나 잊어서는 안 됩니다.

우리는 자신에게 사랑하는 표현을 끊임없이 합니다. 좋은 음식을 주고 좋은 환경에 있으려고 하고 귀한 것을 가지려고 합니다. 물질적으로든 행동으로든 비언어적인 것이든 자신에게 표현을 합니다. 마찬가지로 남편은 아내에게 끊임없이 표현을 해야 합니다. 먼저 말로 표현해주어야 합니다. 아내들이 살면서 제일 궁금한 것은 예수님이 언제 재림하실까보다 내 남편이 나를 사랑하는가입니다. 그런데 대부분의 남편들은 입을 꾹 다물고 있습니다. 청문회도 아니고 기억이 나지 않는 것도 아닌데 왜 그런지 사랑의 표현에는 그렇게도 인색합니다. 나이가 많아서라는 것도 핑계가 되지 않습니다. 결혼 생활이 오래되었다면 그 사랑의 깊이와 넓이가 더 커져서 더 잘 표현할 줄 알아야 합니다.

무촌의 사랑

우리나라에는 사람 간의 거리를 촌수로 따지는 문화가 있습니다. 촌수(寸數)란 '마디'를 의미하는 것으로 사람 간의 멀고 가까운 거리를 숫자로 표현한 것입니다. 우리가 잘 알다시피 숫자가 작을수록 가까운 관계를 의미합니다. 부모와 자식의 관계는 1촌입니다. 조금 먼 관계를 8촌이라고 표현하기도 합니다. 그러면 부부는 몇 촌일까요? 바로 무촌(無寸)입니다. 한 몸인 부부는 촌수를 따질 수 없을 정도로 가깝습니다. 가장 가깝다고 느끼는 부모와 자녀가 1촌인 것을 생각해 보면 무촌이라는 표현에서 부부의 사이를 짐작할 수 있습니다.

부부가 가장 가깝다는 것은 다른 어떤 관계보다도 우선적인 관계라는 점을 알려주는데, 이 점이 성경의 원리와 동일합니다. 즉 남편은 아내와의 관계를 최우선해야 한다는 것입니다. 결혼의 원리를 보면 "그러므로 사람이 부모를 떠나 그의 아내와 합하여 그 둘이 한 육체가 될지니"(31절)라고 말씀합니다. 내 몸보다 가까운 존재는 없습니다. 한 육체가 된 부부보다 더 가까운 관계는 세상 어디에도 없습니다. 따라서 부부의 사이가 최우선이어야 한다는 점을 알고 실천하는 것은 행복한 결혼 생활을 위해서 매우 중요합니다. 이 부분을 오해하거나 또는 이기적인 자신의 생각대로 관계의 순위를 결정하는 바람에 문제를 일으키는 경우가 우리 주변에는 참으로 많습니다.

떠나보내는 것

창세기 2장 24절에는 결혼의 정의와 원리가 나옵니다.

"이러므로 남자가 부모를 떠나 그의 아내와 합하여 둘이 한 몸을 이룰지로다."

자식이 부모를 떠나 독립하는 것이 결혼의 첫 번째 원리입니다. 자식을 결혼시킨다는 것은 떠나보내는 것입니다. 부모 입장에서 결혼은 며느리나 사위를 데려오는 것이 아닙니다. 결혼은 떠나보내는 것입니다. 그들이 독립하여 한 몸을 이루도록 보내는 것입니다. 이것이 잘 안 되면 가정에 문제가 생깁니다.

결혼식 주례 때마다 늘 하는 말이 있습니다. 양쪽에 앉아 있는 부모님들에게 묻습니다. '아들을 떠나보내시겠습니까? 딸을 떠나보내시겠습니까?' 만약 떠나보내지 않으면 두 사람은 한 몸이 될 수 없습니다. 결혼은 축복의 자리이지만 신랑과 신부와 양쪽 부모님 모두에게 눈물이 날 수밖에 없는 숙연한 자리이기도 합니다. 지금까지 품고 있던 자식을 떠나보내는 자리이고, 지금까지의 보금자리를 떠나는 자리이기 때문입니다. 그래서 진심 어린 아쉬움의 눈물이 있습니다.

그런데 오늘날 많은 부부가 부모에게서 독립하지 않고 있습니다. 자식을 떠나보내지 않는 부모도 많습니다. 특히 부모에게서 독립하는 성경의 원리를 여성들은 비교적 잘 지키는데, 남성들이 잘 실행하지 않는 경우가 많습니다. 여성들은 시집을 오는 순간 자기 집을 떠나 시아버지, 시어머니를 아버지, 어머니로 모시고 남편의 식구들과 어울려서 삽니다. 그래서 얼마 동안은 외로워하며 울고 지내기도 합니다. 그런데 성경에는 '남자가 부모를 떠나'(31절)라고 되어 있어서 남자에게 더 무게를 두고 있습니다. 남성들이 더 들어야 할 말씀인 것입니다.

이 말씀은 결혼하면 부모를 버리라는 말이 아닙니다. 결혼하면 부모와 한 집에 살지 말라는 것도 아닙니다. 이 말씀은 공간적인 의미가 아니라 관계에 초점이 있습니다. 연로하신 부모님을 모시는 것이 바로 효도입니다. 결혼했다고 부모님을 나 몰라라 하고 방치하며 자식으로서 도리를 다하지 않는 것은 불효입니다.

성경의 관심은 한 집에 사는가 아닌가가 아니라 관계의 우선순위가 무엇인가입니다. 부부 관계가 다른 무엇보다도 우선적인 관계라는 것입니다. 한 집에 부모님을 모시고 살 수 있으면 그것은 참 좋은 일입니다. 그러나 부부가 언제나 먼저입니다. 부모 자식 관계는 1촌이지만 부부 관계는 무촌입니다. 한 몸이 더욱 우선됩니다. 그래서 결혼해서 자식이 부모를 떠나 독립하여 한 몸을 이루라는 성경의 가르침에 순종할 때, 가정에 행복과 화평이 넘치며 질서가 바로잡히고 수많은 부작용에서 벗어날 수 있습니다.

행복한 결혼을 위해서 먼저 부모님에게 권면합니다. 사랑하는 자녀가 행복한 결혼 생활을 하기 위해서는 나와 내 아들 또는 나와 내 딸의 관계보다도 내 아들과 며느리, 내 딸과 사위의 부부 관계가 더 우선순위를 갖는다는 것을 잊지 마시기 바랍니다. 부모님들은 자식을 결혼시키면서 보통 "나는 아무것도 안 바란다. 너희 둘이 잘사는 것으로 만족한다"라고 말합니다. 그런데 이렇게 말해놓고는 둘이 즐겁게 살면 눈꼴시어서 못 보겠다고 합니다. 장가가기 전에는 엄마밖에 모르더니 결혼해서는 자기 마누라밖에 모른다고 합니다. 하지만 이것이 당연한 것입니다. 결혼한 부부는 서로가 가장 우선되어야 할 관계이기 때문입니다.

사도 바울은 에베소서 5장 32~33절에서 재차 권합니다.

"이 비밀이 크도다 나는 그리스도와 교회에 대하여 말하노라 그러나 너희도 각각 자기의 아내 사랑하기를 자신같이 하고 아내도 자기 남편을 존경하라."

부부간의 관계는 신비롭습니다. 그리스도와 교회의 관계처럼 귀하고 중요하며 하나님의 신비한 계획과 축복이 담겨 있습니다. 가정에서 부부가 하나님의 말씀대로 순종하면 그리스도가 계시는 교회처럼 복된 장소가 될 것입니다.

남편에게 아내는 이 세상에서 가장 가까운 존재입니다. 아내는 나 자신과 한 몸을 이룬 존재입니다. 이 세상에 이렇게 가까운 사람이 없고 이렇게 나를 사랑해줄 사람도 없습니다. 그러므로 남편은 아내를 사랑하되 그리스도께서 교회를 사랑하신 것처럼 사랑하라는 성경의 권면을 귀담아 듣기 바랍니다.

아내에게 남편은 나를 사랑해주는 가장 가까운 존재입니다. 아내는 그 사랑을 귀하게 여기고 남편이 아내를 잘 섬길 수 있도록 존경하기 바랍니다. 서로서로 하나님의 말씀 안에서 순종할 때 행복한 가정을 이룰 수 있을 것입니다.

22
새사람 자녀
엡 6:1~3

―

자녀들아 주 안에서 너희 부모에게 순종하라
이것이 옳으니라 네 아버지와 어머니를 공경하라
이것은 약속이 있는 첫 계명이니
이로써 네가 잘되고 땅에서 장수하리라
(엡 6:1~3)

산다는 것은 시간 속에 흔적을 남기는 것입니다. 이 땅에 살다 가는 모든 사람은 자신만의 삶의 흔적을 남겨놓고 갑니다. 그런데 무덤 하나만을 남기는 사람이 있는가 하면 자손들이 기억할 만한 좋은 흔적을 남기는 사람도 있습니다. 특히 귀한 신앙의 흔적을 남기고 떠난 사람은 참으로 아름다운 인생을 살았다고 여겨질 것입니다.

우리의 흔적은 눈에 보이는 물리적인 것뿐만 아니라 수많은 관계를 통해서도 남겨집니다. 나를 아는 사람들에게 남겨놓는 관계의 흔적은 매우 중요합니다. 대개 사람들은 가족을 통해 관계의 흔적들을 남겨놓는데 그 가운데 부모 자식의 관계만큼 실제적인 것이 없습니다. 육신의 유전자만이 아니라 삶의 흔적이 자녀에게 가장 많이 남아 있게 됩니다. 우리는 모두 부모를 통해 존재하게 되었습니다. 부모의 삶의 흔적이 우리 안에 그대로 남아 있습니다. 우리의 다음 세대들에게 흔적은 계속 남게 될 것입니다. 부모와 자식은 혈연으로 이어진 관계로서 우리 생애에 중요한 부분을 차지하고 있습니다.

가정생활을 생각해볼 때 부모 자식 관계는 매우 밀착되어 있고 일상적이어서 소홀히 여기고 경솔히 행동할 때가 많습니다. 사람들이 자기 취미에 관심과 주의를 기울이는 것보다도 가족에게 못할 때가 많은 것은 정말 안타까운 일입니다. 화초를 가꾸는 사람들은 화초가 잘 자라도록 물을 주고 잎사귀를 닦아주며 온도에 신경을 씁니다. 반려동물을 키우는 사람들도 그 동물의 건강에 신경을 쓰고 예방주사를 맞히며 목욕을 시키고 적당한 운동도 하게 하면서 애지중지합니다. 그런데 이보다 더 신경 써야 할 가정의 일들을 쉽게 생각하고 소홀히 하는 경우가 많습니다. 하나님의 말씀으로 우리 자신을 돌이켜보고 행하도록 합시다.

효도의 유효 기간

"자녀들아 주 안에서 너희 부모에게 순종하라 이것이 옳으니라 네 아버지와 어머니를 공경하라 이것은 약속이 있는 첫 계명이니"(엡 6:1~2). 성경은 자녀의 도리가 무엇인지 분명하게 가르칩니다. 자녀가 행해야 할 도리는 순종과 공경입니다. 이 말씀은 부모에게 순종할 것과 공경할 것을 명령하고 있습니다. 순종과 공경에 대한 명령은 식상하게 여겨지기 쉽지만 그렇기 때문에 더욱 새롭게 들어야 할 말씀입니다.

이 명령을 받은 자들은 바로 자녀들입니다. '자녀'라는 말이 우리말로는 모든 자녀를 다 지칭하는 것으로 생각되나 원문에서는 자녀를 표현할 때 나이와 위치에 따라 다른 단어를 씁니다. 이 말씀에서의 자녀는 '테크논(τέκνον)'으로서 부모의 슬하에서 아직 독립하지 않은 상태의 자식을 가리킵니다. 즉 아직 부모의 영향 아래 부모의 도움을 받고 사는 자식을 일컫습니다. 이러한 자녀들에게 "순종하라"고 명령하십니다. 그리고 곧 "공경하라"는 명령이 나옵니다.

성경은 의도적으로 비슷한 느낌의 단어인 순종과 공경을 구분하여 표현하고 있습니다. 순종이 피동적이고 수동적인 차원이라면 공경은 적극적이고 능동적인 차원입니다. 즉 부모의 슬하에 있고 부모의 도움을 받는 자녀에게는 순종하라고 하고, 독립하여 스스로 살 수 있는 능력을 갖춘 자녀에서는 공경하라고 명령하는 것으로 이해할 수 있습니다.

자식의 도리는 어떤 특별한 기간에 한정되어 있지 않습니다. 즉 어릴 때 결혼 전에는 부모님께 예속되어 있으니 부모에게 도리를 다하고, 이후에는 그렇지 않아도 되는 것이 아닙니다. 나의 어떤 능력의 유무나 시기와 상관이 없습니다. 부모님께 순종하고 공경함으로 자식의 도리를 다하는 것은 평생 지속되어야 합니다. 효도에는 유효 기간이 없습니다. 특별한 기간이나 때가 아니라 언제나 우리는 부모님께 도리를 다해야 합니다.

마땅한 성도의 도리

순종하고 공경함으로 효도해야 할 이유는 이것이 그리스도인의 마땅한 도리이기 때문입니다. 하나님께서는 순종과 공경을 명하실 때 명확히 "주 안에서 순종하라"(1절)고 하셨습니다. 이 말씀을 예수 믿는 부모에게는 순종하고 그렇지 않은 부모에게는 순종하지 않아도 되는 것으로 생각한다면 오해입니다. 이 말씀은 부모에게 순종해야 하는 이유를 가르쳐주는 말씀입니다. 즉 주님 때문에 순종해야 한다는 것입니다. 주님께서 이것을 명하셨기 때문에 순종해야 합니다.

이처럼 부모님께 순종하는 것은 윤리적인 차원을 넘습니다. 신앙인이기 때문에, 하나님의 은혜로 거듭났기 때문에, 새사람이 되었기 때문에, 예수님을 주로 섬기며 살고 있기 때문에, 이 모든 변화를 주신 주님 때문에 부모님께 순종하라는 것입니다.

부모에게 순종하는 것은 믿는 자의 마땅한 도리입니다. 신앙이 있다고 하면서 부모에게 순종하지 않는 것은 믿음 있는 자의 모습이 아닙니다. 부모가 어떠냐에 따라서, 부모의 수준과 모습에 따라서 반응하는 것이 아니라 신앙적 차원으로 이것이 근본적인 명령임을 잊지 말아야 합니다. 우리가 그리스도인임을 잊지 말아야 하듯 부모에게 순종해야 함을 잊지 말아야 합니다.

하나님을 닮은 모습

부모에게 순종하는 것은 옳은 일입니다. 성경은 이것이 "옳으니라"(1절)라고 말씀합니다. 옳다는 것은 윤리적 도덕적으로 옳다는 유교적인 의미로 보아도 틀린 말은 아닙니다. 그런데 이 말씀의 '옳다'에는 의로움이라는 의미가 담겨 있습니다. '옳다'의 헬라어인 '디카이오스(δίκαιος)'는 의로운 것을 의미하는데, '의로움'은 하나님의 품성을 표현하는 말입니다. 따라서 이것이 옳다는 것은 부모에게 순종하는 것이 하나님의 의로운 성품을 드러내는 것이라는 말씀입니다. 하나님께서는 우리에게 하나님의 거룩함을 닮으라고 명하셨습니다.

"나는 너희의 하나님이 되려고 너희를 애굽 땅에서 인도하여 낸 여호와라 내가 거룩하니 너희도 거룩할지어다"(레 11:45).

하나님은 주의 자녀인 우리가 하나님을 닮은 성품을 갖고, 하나님의 의로움을 드러내는 인생이 되기를 원하십니다. 하나님을 닮아 있는 자, 그리스도를 본받는 자가 우리 인생의 목적인데, 그것이 부모에게 순종할 때 나타나는 것입니다.

우리는 좋은 성도가 되기 위해서 교회 생활을 열심히 합니다. 기도도 열심히 하고 봉사도 많이 합니다. 성경도 많이 배웁니다. 그런데 교회 생활과는 다르게 부모를 공경하는 일은 신앙생활과 별개인 것처럼 생각하며 살 때가 많습니다. 부모에게 순종하는 일과 영적인 일을 완전히 다른 것으로 여기는 것입니다. 하지만 그렇지 않습니다. 부모를 공경하는 일은 하나님께서 기뻐하시는 신앙의 일이요, 영적인 일입니다.

하나님께 기쁨을 드리는 자

골로새서 3장 20절은 이 부분을 다르게 표현했습니다.

"자녀들아 모든 일에 부모에게 순종하라 이는 주 안에서 기쁘게 하는 것이니라."

부모에게 순종하는 것은 부모를 기쁘게 할 뿐 아니라 하나님을 기쁘시게 하는 일입니다. 우리가 하나님을 닮은 모습으로 살아갈 때 하나님은 기뻐하십니다. 우리는 하나님께서 기뻐하시기를 간절히 바라기 때문에 나를 통해 하나님께서 기뻐하시고 영광 받으시기를 기도합니다.

그런데 성경은 우리가 부모에게 순종할 때 하나님께서 기뻐하신다고 말씀합니다. 부모에게 순종하고 공경하는 것은 단지 인간의 도리 차원이 아니라 하나님께 나아가는 중요한 일입니다. 그래서 부모에게 순종하고 공경하는 일에 힘써야 합니다.

축복의 통로

부모님께 순종하고 공경한다고 하면 일차적으로 내가 손해 보고 희생을 한다는 생각을 갖게 됩니다. 그러나 성경은 그렇게 말하지 않습니다. 부모님께 효도하는 것은 그 자녀에게 큰 복을 가져옵니다.

"이로써 네가 잘되고 땅에서 장수하리라"(엡 6:3).

부모를 공경하라는 것은 십계명을 통해서도 주어졌습니다. 십계명은 크게 둘로 나누어지는데, 1계명에서 4계명까지는 하나님을 향하여 인간이 지켜야 할 내용이며, 5계명에서 10계명까지는 인간이 인간을 향하여 지켜야 할 내용입니다. 그런데 두 번째 큰 틀에서 첫째인 제5계명이 바로 부모 공경의 계명입니다.

"네 부모를 공경하라 그리하면 네 하나님 여호와가 네게 준 땅에서 네 생명이 길리라"(출 20:12).

이 계명은 약속이 뒤에 달려 있기 때문에 약속 있는 첫 계명이라고 말씀합니다.

부모를 공경하는 것은 계명으로 주어졌습니다. 부모 공경은 내가 기분이 좋을 때는 하고 그렇지 않을 때는 하지 않아도 되거나 부모가 공경 받을 만할 때는 하고 그렇지 않을 때는 하지 않아도 되는 것이 아닙니다. 부모 공경은 하나님께서 우리에게 반드시 행하도록 명하신 계명입니다. 약속을 덧붙여 놓으심으로 이 계명을 준수하고 따르는 자에게 복이 따르도록 하셨습니다. 부모를 공경하는 것은 내가 이 땅에서 하나님의 복을 누리며 사는 중요한 통로임을 기억해야 합니다. 하나님께서는 약속을 덧붙이면서까지 연약한 인생들이 이 말씀에 순종하기를 바라실 정도로 부모 공경을 중요하게 여기십니다.

'잘되고 땅에서 장수한다'(3절)는 약속에서 잘됨을 먼저 말씀하신 것은 장수가 단순히 수명의 연장이 아니라 복된 삶을 오래 누리게 하는 것임을 말씀하는 것입니다. 장수하는 것은 모든 사람의 바람입니다. 젊을 때는 잘 느끼지 못하지만, 나이가 들고 인생이 삶의 끝자락을 붙잡고 있다는 것을 인식할 때가 되면 오래 사는 것이 얼마나 소중한가를 깨닫게 됩니다. 생에 대한 애착은 가장 강렬한 것입니다. 인생의 근본적인 욕구인 장수의 복을 하나님께서는 부모를 공경하는 자들에게 주시겠다고 약속합니다. 부모에게 순종하고 공경하는 것은 결국은 나를 위한 것입니다. 내가 복 받고 하나님께 칭찬을 받는 길이며, 매우 귀한 일입니다.

공경의 태도와 실천

어떻게 하는 것이 부모를 공경하는 일일까요? 먼저 부모의 권위를 인정해주어야 합니다. 부모에게 순종하고 공경하는 사람은 언제나 부모의 권위를 존중하고 부모를 존경해야 합니다. 잘났건 못났건, 우리에게 잘해주었건 못해주었건 이유 여하를 막론하고 부모는 부모로서 권위를 갖습니다. 그 권위는 하나님께서 주신 것이므로 하나님을 섬기는 우리는 부모의 권위 앞에 고개를 숙이고 순종하는 것이 마땅합니다.

또한 부모의 필요를 채워주어야 합니다. 부모를 모시고 사는 일에는 물질이 필요합니다. 연세가 드시고 아픈 곳이 생기면 병원에 열심히 모시고 다녀야 합니다. 귀가 어두워지면 보청기를 마련해드려야 하고, 이가 약해지고 허물어지면 치과에 모시고 가야 합니다. 월급을 받아 일정한 돈으로 생활하는 자녀가 부모님을 모시고 사는 일은 쉽지 않습니다. 그러나 내가 아무리 부모를 잘 섬겨도 내가 받은 것을 다 갚을 수는 없습니다. 부모는 피를 쏟아 고통하며 저녀를 낳았습니다. 예전에는 아기를 낳는 일이 자신의 생명을 거는 위험에 직면하는 일이었습니다. 또 키울 때는 어떻습니까? 우리가 지금 존재하는 것 자체가 부모님의 헌신 때문입니다. 이 땅의 부모는 자식을 위해 평생을 사신 분들입니다. 부모의 필요를 채워주는 일은 부모의 사랑에 보답하는 것이며 우리가 마땅히 해야 할 일입니다.

지금 나는 부모님이 돌아가셔서 이 말씀과 상관이 없다고 생각하는 사람이 있을지 모릅니다. 그런데 성경은 믿음의 공동체를 가족의 개념으로 설명하고 있습니다. 바울은 디모데를 자신의 아들이라고 부릅니다.

"아들 디모데야 내가 네게 이 교훈으로써 명하노니 전에 너를 지도한 예언을 따라 그것으로 선한 싸움을 싸우며"(딤전 1:18).

육신의 부모가 없어도 우리의 공동체 안에는 연로하신 분들이 있고, 영적인 지도자인 장로님들이 계십니다. 이분들을 존경하며 따라야 합니다.

"잘 다스리는 장로들은 배나 존경할 자로 알되 말씀과 가르침에 수고하는 이들에게는 더욱 그리할 것이니라"(딤전 5:17).

연로하신 분들을 공경하고 부모처럼 대하기 바랍니다. 교회 안에서 연로하신 분들을 잘 섬기는 일은 영적인 공동체 안에서 우리가 마땅히 해야 할 도리입니다.

기독교를 불효의 종교로 매도하며 말하는 사람들이 있습니다. 부모가 돌아가시고 나서 제사를 지내지 않으니 자식의 도리를 하지 않는다는 것입니다. 그러나 돌아가신 후에 상 차려놓고 숟가락 올려놓는 것이 그렇게 중요한 자식의 도리입니까? 제사 드리면 부모의 귀신이 와서 먹고 간다고 하면서 다 자기들이 먹지 않습니까? 진정한 효도는 살아 계실 때 하는 것입니다. 하나님의 말씀은 살아 계신 부모에게 자식으로서 진정으로 효도를 다할 것을 명합니다.

기독교는 진정한 효의 종교입니다. 어떤 가르침에서도 볼 수 없는 강한 명령 축복으로 순종하고 공경할 것을 가르칩니다. 이 명령에 순종하는 자들에게 하나님의 크신 복이 임하게 될 것입니다.

# 2 3

새사람 부모
엡 6:4

―

또 아비들아
너희 자녀를 노엽게 하지 말고
오직 주의 교훈과 훈계로 양육하라
(엡 6:4)

로마 시대에는 아버지의 권위가 대단했습니다. 아버지의 권한이 절대적이어서 자식의 생사 여탈권을 가지고 있을 정도였습니다. 자녀에 대한 선택권은 오직 아버지에게만 있었습니다. 만약 아버지가 원치 않는다면 아이를 낳지 않기로 결정할 수도 있었습니다. 초기 로마 시대에는 유산 상속인의 숫자를 줄이기 위한 목적으로 절대 권력을 행사하는 아버지에 의해 낙태가 결정되기도 했습니다. 그러니 자식은 노예와 마찬가지로 아버지의 소유로 여겨졌습니다. 노예의 주인이 자기 노예를 죽이든 살리든 법적 시비가 없는 것처럼 자식이 반항하거나 큰 문제를 일으키면 드물기는 하지만 죽이거나 쫓아낼 수 있었습니다. 그러니 경우에 따라 자식들은 절대 권력을 가지고 있는 아버지 밑에서 자신의 인생을 제대로 펼쳐보지도 못하고 불행하게 사는 경우도 있었습니다. 인생을 비극으로 이끄는 일이 험한 세상에서가 아니라 가정에서부터 시작되었던 것입니다. 하나님께서 기뻐하시는 가정이 되려면 부모가 먼저 변화되어야 합니다. 지금도 부모에게 주신 권한과 책임은 막중하기 때문입니다.

에베소서 6장 4절은 '부모들아'라고 부르며 권면하지 않고 권한이 많은 아버지를 부모의 대표적인 대상으로 말하고 있습니다. 하지만 이 말씀은 아버지와 어머니 모두에게 주시는 말씀입니다. 에베소서의 배경은 로마 시대의 문화입니다. 이런 문화권에 사는 성도들에게 예수님을 믿고 교회 안으로 들어왔으니 부모의 역할도 새롭게 변화되어야 할 것을 명하고 있습니다. 4절 말씀은 간략하지만 분명합니다.

"또 아비들아 너희 자녀를 노엽게 하지 말고 오직 주의 교훈과 훈계로 양육하라."

독립된 인격체

'노엽게 한다'란 화나게 한다는 것입니다. 자녀에게 큰 상처를 주는 것을 말합니다. 권한이 절대적인 부모는 자식들에게 횡포를 부릴 수 있습니다. 자식을 소유물로 여기는 것이 자연스러웠던 고대의 문화처럼 오늘날도 내가 낳고 내가 기른 존재이기에 내 것으로 여겨 말이나 행동을 함부로 하기가 쉽습니다.

사람을 물건처럼 취급하거나 인격적으로 대우해주지 않으면 결국 상처를 받고 분노하여 빗나가 버리게 됩니다. 가정에서 부모에게 받은 상처 때문에 방황하고 고민하다가 제대로 성장하지 못하는 자녀들이 참으로 많습니다. 부모의 문제가 고스란히 자녀들에게 대물림되어 인생을 고통스럽게 만들기도 합니다. 비극적인 일이 대를 이어 되풀이되는 것입니다.

자녀들은 물건이 아닙니다. 내 것이 아닙니다. 자녀들은 각각 한 인격이며, 독립된 인격으로서 하나님의 것입니다. 그러니 자녀를 물건처럼 다루어서도 안 되고 내 것처럼 함부로 대해서도 안 됩니다. 자녀는 부모의 생각과 감정에 따라 맞추어져야 하는 존재가 아닙니다. 부모들은 사회생활을 하면서 많은 스트레스에 싸여 삽니다. 그런데 여러 곳에서 이런저런 일로 감정이 쌓였을 때 집에 들어와 자녀에게 호통을 치거나 잔소리를 퍼붓는 경우가 있습니다. 이것은 자녀들을 자신의 소유로 착각한 잘못된 행동입니다.

발레를 포기했던 엄마

한 엄마가 자신의 신체적인 조건 때문에 좋아하는 발레를 하지 못했습니다. 그래서 어린 시절부터 딸에게 발레를 가르쳤습니다. 하지만 발레를 좋아하지 않는 아이는 발레 연습이 싫고 고통스러웠습니다. 이런 딸을 엄마는 이해할 수 없었습니다. 그토록 좋은 것을 거부하는 딸이 어리석어 보이고 나중에는 화가 났습니다. 딸 역시 자기를 정해진 틀에 집어넣으려고 강요하는 엄마의 시도에 분노하게 되었습니다. 이렇게 되면 서로가 고통입니다.

자녀들은 부모의 의도와 생각대로 움직여주지 않습니다. 이러한 일에 화가 나지 않는 부모는 없을 것입니다. 그러나 자녀는 부모의 꿈을 성취하는 대리자나 부모의 좌절을 성공으로 이끄는 해결사가 아닙니다. 자녀는 내 것이 아니라 하나님의 소유입니다. 자녀는 우리의 소유물이 아니라 한 명의 독립된 인격입니다. 아직 생각과 감정과 판단이 비록 미숙하지만 존중받아야 합니다. 부모와 자식의 관계는 매우 복잡한 심리의 선들이 얽혀 있습니다. 이 문제에서 달인이 되어 아무런 문제가 없는 사람은 거의 없습니다. 그래서 우리는 먼저 자녀를 노엽게 하지 말라는 성경 말씀을 반복적으로 듣고 지속적으로 순종해야 합니다. 그리고 하나님께 이 문제를 내어놓아야 합니다.

주의 말씀과 우리의 경험

하나님께서는 자녀들을 양육하라고 우리에게 명하십니다. '양육(엑트레포, ἐκτρέφω)'은 '자양분을 주고, 가르쳐 길들이는' 것입니다. 무엇인가를 주고 잘 훈련시켜서 길들이는 것이 중요한 것임을 알 수 있습니다.

그런데 무엇으로 양육해야 하는가 하면 바로 "주의 교훈과 훈계"로 해야 합니다. 주의 교훈과 훈계가 양육하는 내용이며 그것에 입각해서 잘 훈련된 사람이 되도록 하는 것입니다.

그런데 우리는 자신의 '경험'으로 가르칠 때가 많습니다. 그러고는 부모 말대로 자녀들이 움직여주지 않으면 서운해합니다. 하지만 내 생각과 경험을 자녀들에게 주입하는 것은 잔소리가 되기 십상입니다. 성경은 하나님의 말씀을 가지고 양육하라고 말씀합니다. 우리의 인생 경험은 대단한 자산이지만 여러 가지 한계가 있습니다. 어느 때에는 나의 한계를 벗어나지 못하는 것이 사실입니다.

오늘날에는 부모의 경험으로도 자식을 교훈하기가 쉽지 않습니다. 지금부터 10, 20년 전만 해도 자식은 부모에게 많은 것을 배워야 했습니다. 부모는 먼저 태어난 자로서 인생 경험이 많았기 때문입니다. 부모의 경험은 굉장한 자산으로 여겨졌고, 이는 지식을 얻는 주요한 통로였습니다. 그런데 요즘은 오히려 부모가 경험하지 못한 것을 자녀들이 경험하는 시대가 되었습니다. 그러니 우리의 경험과 지식으로 자녀를 충분하게 가르칠 수 없게 되었습니다.

컴맹 부모

오늘날에는 자식이 초등학교 고학년만 되어도 부모가 자식에게 배워야 할 것이 많아졌습니다. 부모는 컴퓨터를 잘하지 못하고 스마트폰도 잘 다루지 못합니다. 스마트폰 어플리케이션에 대해서 자녀들에게 묻고 배워야 하는 경우가 다반사입니다. 단순해 보이는 텔레비전은 또 어떻습니까? 옛날에는 켜서 돌리면 되었습니다. 다음에는 리모컨이 나와서 매우 편리하게 되었습니다. 단지 번호를 누르면 되니 굉장한 진보였습니다. 그런데 리모컨이 더 복잡해져서 이제는 왜 있는지조차 알지 못하는 단추들이 마구 늘었습니다. 리모컨을 함부로 누르면 아예 텔레비전이 나오지 않거나 이상한 방송들로 연결됩니다. 온종일 텔레비전 리모컨을 만지작거려도 그 단순한 텔레비전을 볼 수가 없습니다.

어떤 할아버지가 리모컨을 만지다가 그만 미궁에 빠졌습니다. 아무리 눌러도 텔레비전이 나오지 않습니다. 그래서 손자가 학교에서 돌아올 때까지 기다렸습니다. 드디어 손자가 와서 할아버지가 텔레비전 좀 켜달라고 부탁했습니다. 그랬더니 손자가 "나 시간 없어요. 학원에 가야 돼요. 그것도 못하고 할아버지 바보예요?"라고 하더랍니다. 나이 든 할아버지가 초등학생 손자에게 배워야 하는 시대에 우리가 살고 있습니다. 텔레비전이 이러한데 컴퓨터나 스마트폰은 어떻겠습니까?

우리는 자녀를 교훈하기 쉽지 않은 시대에 살고 있습니다. 우리의 경험만 가지고는 제대로 교훈할 수 없습니다. 지식만으로 따지면 인터넷이 더 많은 정보를 자녀들에게 공급해주고 있기 때문입니다. 그러나 지식 외에도 가치관과 인생관과 신앙관 등을 자녀에게 전수해주어야 그들이 바르게 살 수 있습니다. 하나님께서는 우리 인생의 경험으로 하지 말고 "주의 교훈"으로 양육하라고 말씀하십니다. 우리의 말이 아니라 하나님의 말씀으로 하라는 것입니다. 세상의 가치관과 처세와 방식을 따르지 말고 하나님의 말씀의 진리와 성경의 가치관으로 양육하라는 것입니다. 주의 말씀으로 양육 받은 자들을 성령께서 인도해주실 것입니다.

훈계하라

에베소서 6장 4절은 "오직 주의 교훈과 훈계로 양육하라"고 말씀합니다. 자녀들을 주의 말씀으로 양육할 뿐만 아니라 훈계해야 한다는 것입니다. 훈계는 훈련과 징계를 말합니다.

부모가 강압적으로 억압하는 것도 바람직하지 않지만 아예 방치하고 방임하여 책임을 감당하지 않는 것도 좋지 않습니다. 오늘날에는 징계가 사라졌습니다. 잠언은 "매를 아끼는 자는 그의 자식을 미워함이라 자식을 사랑하는 자는 근실히 징계하느니라"(잠 13:24)라고 말씀합니다. 자녀를 사랑한다면 징계한다는 것입니다. 그런데 그 징계는 사랑에서 비롯되어야 합니다.

하나님께서는 우리를 사랑하기 때문에 징계하십니다. 이스라엘 백성이 어그러진 길로 잘못 갈 때마다 하나님께서는 이방인을 들어서 징계하시기도 하고 질병을 통해서 징계하시기도 했습니다. 하나님의 양육 방법에는 설득도 있지만 징계도 있습니다. 그래서 교훈과 함께 훈계가 필요합니다.

"아이를 훈계하지 아니하려고 하지 말라 채찍으로 그를 때릴지라도 그가 죽지 아니하리라 네가 그를 채찍으로 때리면 그의 영혼을 스올에서 구원하리라"(잠 23:13~14).

이 말씀은 문자 그대로 채찍으로 엄하게 때려도 된다는 것이 아닙니다. 정상적인 부모가 사랑하는 자식을 죽도록 때리겠습니까? 이 말씀은 징계하면 큰일날 것처럼 여기는 태도를 교정하며 징계에 힘쓸 것을 권장하는 차원에서 하는 말씀입니다. 그리고 징계가 중요함을 강조하는 표현입니다. 부모는 사랑 가운데 징계를 해야 할 의무가 있습니다.

식당에서 버릇없이 구는 아이들을 그냥 내버려두는 부모들이 있습니다. 아이들이 이리 뛰고 저리 뛰어도 내버려둡니다. 소리 지르고 싸워도 놔둡니다. 마치 예절이나 공중도덕은 무시하면서 살아도 된다는 것을 가르치는 것만 같습니다. 만약 혼을 내거나 행동을 제지하면 자식들이 기죽는다고 생각하기도 합니다. 험한 세상이니 남을 무시하면서 사는 법을 가르치는 것도 같습니다. 그래서 다른 사람들이 뭐라고 하면 큰 싸움이 나기도 합니다. 이것은 부모의 도리를 하지 않는 방임 행위입니다. 비인격적인 훈육이나 체벌도 문제지만 징계를 아예 하지 않는 것도 큰 문제입니다. 성경은 자녀를 적극적으로 가르치라고 말씀합니다. 아이들이 말을 듣지 않더라도 포기하지 말고 징계할 것을 권면하고 있습니다.

우리의 모든 교훈과 훈계는 주님의 사랑과 진리 가운데 이루어져야 합니다. 어느 편에 치우쳐 너무 많거나 너무 모자라지 않게 균형을 맞추어 양육하기 위해서는 하나님께 지혜를 구해야 합니다. 그럴 때 우리의 자녀들은 신앙 인격체로 자라나 하나님 나라의 일꾼이자 하나님의 영광을 드러내는 귀한 존재로 성장할 것입니다.

관심과 사랑

하나님께서는 우리를 사랑하시고 우리를 성장시켜 나가십니다. "우리가 다 하나님의 아들을 믿는 것과 아는 일에 하나가 되어 온전한 사람을 이루어 그리스도의 장성한 분량이 충만한 데까지 이르리니"(엡 4:13)라는 말씀처럼, 우리가 더욱 온전해지고 그리스도를 닮아가기를 원하십니다. 자녀의 성장에 앞서 부모가 먼저 성장해야 합니다. 부모가 먼저 하나님의 사랑과 은혜를 충만히 받아서 그 사랑과 은혜를 자녀들에게 보여주고 경험하게 해주어야 합니다. 자녀는 우리보다 연약하고 결핍된 자들임을 기억해야 합니다. 그들에게는 사랑과 관심이 필요합니다. 주의 교훈과 훈계로 양육하는 것은 사랑과 관심을 주라는 것이고, 그것이 바로 하나님 나라를 이루는 귀한 가정의 사역임을 말하는 것입니다.

자녀에게 얼마나 관심을 갖고 있습니까? 자녀의 영적 성장과 인격적인 완성에 얼마나 신경을 쓰고 있습니까? 부모들은 늘 '아빠 엄마가 직장에 다니고 돈을 버는 것은 다 너희를 위한 것'이라고 말합니다. 그러면서 정작 자녀를 제대로 양육할 생각은 하지 않습니다. 자녀들이 무엇을 좋아하고 무엇을 싫어하는지, 꿈은 무엇이며 지금 가슴앓이하는 것은 무엇인지 잘 모릅니다. 잘 모르니 그들을 위한 하나님의 말씀이 무엇이고, 어떻게 훈계해야 할지 방향을 잡지 못합니다.

자녀의 인생에 관심을 갖는 것이 진정한 사랑의 출발점입니다. 자녀에게 물질과 환경만 주지 말고 그들의 영혼에 하나님의 말씀이 깃들어 바른길로 인도함을 받도록 양육해야 합니다. 이것이 바로 우리의 가정에 주님이 원하시는 것입니다.

24
새사람의 일터
엡 6:5~9

—

종들아 두려워하고 떨며 성실한 마음으로
육체의 상전에게 순종하기를 그리스도께 하듯 하라……
상전들아 너희도 그들에게 이와 같이 하고
위협을 그치라 이는 그들과 너희의 상전이 하늘에 계시고
그에게는 사람을 외모로 취하는 일이 없는 줄 너희가 앎이라
(엡 6:5, 9)

삶을 하루 단위로 쪼개어보면 우리 인생의 대부분의 시간을 어디에서 보내는지 쉽게 알 수 있습니다. 우리는 대개 일터와 직장에서 하루를 보냅니다. 시간의 비중을 놓고 볼 때 일터는 우리 삶에서 큰 부분을 차지합니다. 그런데 신앙인은 이렇게 중요한 일터의 삶을 중요하지 않게 생각하는 경우가 있습니다. 교회 생활은 매우 신앙적인 것이나 직장이나 일터의 생활은 세상적인 것으로 여기는 것입니다. 이것은 전형적인 이원론적인 사고입니다.

이원론이란 거룩함과 속된 것을 나누어 가치를 평가하는 태도입니다. 신앙에서 이원적인 구별 의식은 중요하고 필요할 때가 있지만, 반대로 잘못된 생각일 때도 있습니다. 교회는 거룩한 곳이라고 생각하면서 직장이나 일터는 속된 것으로 여겨 평가절하하고 영적이지 않은 것이라고 여겨버리는 것입니다. 그러면 직장에서의 일은 월급을 받기 위한 일로만 여기게 되고 그곳에서 성도로서 해야 할 일은 축소되고 맙니다.

그러나 우리의 삶은 그렇게 거룩한 일과 속된 일, 두 가지로 명확하게 나누어지지 않습니다. 세상 속에서 소금과 빛으로 살기 원하시는 하나님의 부르심은 오히려 직장에서의 믿음 생활이 얼마나 중요한지를 깨닫게 해줍니다. 직장에서 그리스도인이 아름다운 열매 맺기를 포기한다는 것은 인생의 대부분을 차지하고 있는 곳에서의 수확을 포기하는 것이며, 이것은 하나님의 사역의 측면에서도 매우 안타까운 손실입니다.

그래서 우리 마음속에 있는 잘못된 이원론적 사고를 버려야 합니다. 이원론적 생각은 노동에 대한 생각에서도 발견됩니다. 작업복을 입고 기계를 만지고 잿더미와 같은 곳에서 일하는 것은 천한 것이고, 사무실에서 행정하고 기획하는 일은 높은 일처럼 생각하는 것입니다. 이런 생각도 잘못된 이원론적 생각입니다.

우리의 삶 전체는 무엇인가 일하는 것으로 가득 차 있습니다. 따라서 일터에 대한 하나님의 말씀을 경청하고 따를 때 더 많은 열매를 맺고 복된 삶을 살게 될 것입니다.

일터는 신앙생활의 현장

신학자 바클레이에 따르면 로마 시대의 노예는 7,000만 명이 넘었다고 합니다. 이 숫자는 당시 인구의 절반 이상이 노예였다는 것을 말해줍니다. 피고용인으로서 많은 노예가 있었고 귀족들은 고용주가 되었습니다. 이런 상황을 염두에 두고 말씀을 보아야 하는데, 그 원리는 오늘날도 동일합니다.

"종들아 두려워하고 떨며 성실한 마음으로 육체의 상전에게 순종하기를 그리스도께 하듯 하라"(엡 6:5).

먼저 주목해야 할 부분이 일터에서 일을 할 때 "그리스도께 하듯 하라"는 명령입니다. 직장 생활은 예배가 아니며 교회 생활과도 판이하게 다릅니다. 불신자들과 함께 더불어 살아가는 현장입니다. 그런데 그리스도께 하듯 하라는 것은 우리의 예배 대상인 그리스도를 경배하듯이 상전을 섬기라고 명하시는 것입니다. 이것은 상전에 해당하는 윗사람을 하나님처럼 경배하라는 것이 아니라 노동의 현장도 신앙의 현장이라는 점을 가르쳐줍니다. 우리가 행하는 모든 일이 신앙생활이라는 것입니다. 이 말씀은 신앙의 현장이 교회에만 국한된다는 사고를 버리라는 뜻입니다. 내 삶 전체가 신앙생활이고, 내가 생활하는 모든 것이 하나님을 섬기는 것이며, 삶 전체를 통해 하나님을 영화롭게 해야 할 것을 말씀해주고 있는 것입니다.

직장과 일터에 대해서 하나님께서 주시는 가치를 회복해야 합니다. 이 일들이 단지 내 생계를 꾸려나가는 도구로서만이 아니라 이 일을 통해 하나님께서 기뻐하시는 일을 할 수 있다는 것을 깨닫는 것이 열매 맺는 직장 생활의 첫걸음이 될 것입니다.

일에 대한 신학

노동에 대한 신학이 필요합니다. 우리는 노동을 인간이 범죄하여 그 결과로 주어진 하나님의 징계라고만 생각하기 쉽습니다. 창세기 3장 18~19절에서 "땅이 네게 가시덤불과 엉겅퀴를 낼 것이라 네가 먹을 것은 밭의 채소인즉 네가 흙으로 돌아갈 때까지 얼굴에 땀을 흘려야 먹을 것을 먹으리니 네가 그것에서 취함을 입었음이라 너는 흙이니 흙으로 돌아갈 것이니라 하시니라"고 하였기 때문입니다. 그러나 타락 이전에도 노동은 있었습니다.

하나님께서는 천지창조를 하시며 일을 하셨습니다. 거룩하신 하나님, 사랑과 공의의 하나님에 앞서 '일하시는 하나님'이 가장 먼저 등장합니다. 그리고 하나님께서 인간을 만들고 선물로 주신 복의 내용 중에는 바로 일, 노동이 담겨져 있었습니다.

"하나님이 그들에게 복을 주시며 하나님이 그들에게 이르시되 생육하고 번성하여 땅에 충만하라, 땅을 정복하라, 바다의 물고기와 하늘의 새와 땅에 움직이는 모든 생물을 다스리라 하시니라"(창 1:28).

노동은 타락 이전에 이미 사람에게 주신 복이자 최고의 선물이었습니다. 타락 이전에 노동은 보람이자 사명이었으며 즐거움이었습니다. 타락 이후에 노동은 고통으로 변화되었지만 우리는 성도로 변화되어 새사람이 되었기 때문에 노동에 대해서도 회복된 시각을 갖고 원래의 복으로서 누리고 실천해야 합니다.

하나님께서는 지금도 우리를 위해서 일하고 계십니다. 하나님께서 일하심으로 우리는 복을 누리고 있습니다. 노동은 열매와 복을 불러오므로 우리에게 참으로 감사한 것입니다. 이러한 면에서 십일조를 다시 돌아볼 필요가 있습니다. 십일조는 하나님께서 나를 위해 일하신다는 것에 대한 고백입니다. 우리가 노력했지만 열매는 하나님의 은혜로 받는 것입니다. 농부가 잠든 시각에도 하나님께서 나무를 자라게 하시는 것처럼 나를 위해 일하셔서 소득을 주신 것에 대해 감사하는 것입니다. 그래서 십일조 생활을 하지 않는 것은 나를 위해 일하시는 하나님을 인정하지 않는 것입니다.

예수님도 "내 아버지께서 이제까지 일하시니 나도 일한다"(요 5:17)라고 말씀하셨습니다. 우리는 주님을 본받아 우리가 일하기 이전에 하나님께서 일하심을 묵상하며 감사를 드려야 합니다. 일은 하나님께서 주신 선물이자 가치 있는 것이요 신앙생활의 중요한 부분입니다. 이 일을 잘함으로 우리가 하나님께 복을 받게 되는 것입니다. 따라서 직장 생활을 신앙생활로 여기고 잘해야 합니다. 직장 생활과 교회 생활이 분리되어서는 안 됩니다. 대충 월급만 받으면 된다는 식이면 곤란합니다. 세상 사람들조차 우리가 신앙생활을 하는 것처럼 직장 생활을 하지 않는 데 대해서 비판하고 판단합니다. 신앙이 성숙해지는 만큼 직장 생활에도 영향을 주어야 합니다.

권위에 대한 순종

성경은 일터에서 우리의 태도가 어떠해야 하는지를 말씀해주고 있습니다. '육체의 상전에게 순종하라'는 것입니다(5절). 모든 관계에서 순종에 대한 명령이 나타납니다. 순종은 새사람 된 성도들의 표지입니다.
'육체의 상전에게 순종하라'는 의미는 윗사람의 '권위를 인정하라'는 뜻입니다. 이는 당시의 상황에서도 꽤 충격적인 말씀입니다. 당시에는 노예 제도가 있었습니다. 사실 이는 옳지 않은 제도입니다. 없어져야 하는 제도입니다. 그런데 이런 불합리한 제도 속에 살아가고 있는 에베소 교인들에게 이 말씀을 하고 있는 것입니다. 자신들을 착취하고 인간 취급을 하지 않는 주인들이 분명히 있었을 텐데, 그들에게 그리스도께 하듯 하며 순종하라는 말은 참으로 충격적입니다. 오늘날도 마찬가지입니다. 시위로 권리를 주장하기도 하고 손해에 민감하게 반응하는 오늘날에도 이 말씀은 받아들이기가 쉽지 않습니다. 그러나 하나님께서 원하시는 것은 근본적인 권위에 대해서 순종하라는 것입니다. 어려운 상황에서 하나님을 믿는 신앙으로 인내하며 순종하는 믿음의 행동으로 나아가는 자에게 하나님의 복이 임할 것입니다.

고대에 노예들은 수준 높은 자들이 많았습니다. 여러모로 뛰어난 자들을 노예로 데려오는 경우가 많았기 때문입니다. 그래서 오늘날로 말하면 대학교수 노예가 있었습니다. 그들은 귀족들의 자녀를 가르쳤습니다. 아픈 곳을 치료해주는 의사 노예도 있었습니다. 이 노예들이 그리스도인이 되어 가르침대로 상전들에게 순종하고 그들을 섬겼습니다. 그랬더니 나중에 로마는 노예 제도 자체를 없애는 나라가 되었습니다. 그리고 로마가 복음을 받아들이고 기독교화됩니다. 피를 흘리지 않고 변화되도록 하신 것입니다.

하나님의 역사는 불합리한 가운데 말씀대로 살고 순종하는 자들을 통해 때가 이르면 놀라운 섭리로 그 상황을 변화시킵니다. 우리 생각에는 불합리한 제도를 바꾸기 위해서 상전들에게 반항하고 그들을 자리에서 내려오게 해야 할 것 같지만, 하나님의 방법은 우리의 생각을 뛰어넘습니다. 세상은 인간의 지혜가 아니라 하나님의 섭리로 바뀝니다. 그래서 성경의 가르침은 오늘날도 그대로 유효합니다. 하나님께서는 통상적인 면에서 권위에 순종하기를 원하십니다. 죄악된 일을 방조하고 그 일에 열심히 조력하라는 뜻이 아닙니다. 근본적으로 윗사람을 존중하고, 심지어 그가 합당하지 않은 자일지라도 그 직위만큼은 존중해주는 태도가 필요합니다. 권위에 대한 순종은 하나님께 대한 순종의 연장선상에 있습니다.

성실한 마음

우리는 일터에서 성실한 마음으로 행해야 합니다. '성실'이란 말의 영어 유래에 대한 재미있는 설명이 있습니다. '성실'이라는 단어의 영어는 '신세러티(sincerity)'인데 이것은 라틴어 '씬케리타테(sinceritate)'에서 나왔다고 합니다. 이 단어는 '~없는(without)'의 의미인 '씬(sine)'과 '왁스(wax)'의 의미인 '케라(cera)'의 합성어로서 즉 '왁스칠을 하지 않는(without wax)'이란 말인데, 그 설명이 이렇습니다.

토기장이가 도자기를 만들려고 정성껏 빚어 화덕에 넣고 굽는데 작업이 끝나고 보니 실금이 살짝 가 있습니다. 일반적으로는 상품 가치가 떨어져 버려야 합니다. 그런데 아까워서 거기에 유약을 바르고 왁스칠을 해서 실금이 감쪽같이 보이지 않도록 하는 사람이 있습니다. 이런 행동이 성실하지 않은 대표적인 행동이라는 것입니다. 그래서 '왁스칠하지 않는 것'이 '성실'이라는 단어가 되었다고 합니다.

성경은 성실하지 않은 것을 "눈가림만 하여 사람을 기쁘게 하는 자"(엡 6:6)라고 말씀합니다. 성실하지 않은 것은 눈가림하는 것, 곧 왁스칠을 해서 속이는 것입니다. 그리스도인 직장인은 이래서는 안 됩니다.

상사가 눈앞에 있을 때에는 열심히 일하는 척하다가 없을 때에는 하지 않는 것이 이런 것입니다. 직장에서 해야 할 일을 하는 척만 하고 개인적인 일만 열심히 하는 것도 이런 것입니다. 상사 앞에서는 열심히 일하다가 없을 때에는 쇼핑하고 카톡만 계속 보내고 있는 것이 이런 것입니다. 이런 눈가림을 하나님께서는 싫어하십니다.

신분이 아니라 기능의 차이

상사, 곧 윗사람은 어떠해야 하는지도 성경은 말씀합니다. 지금까지의 말씀이 상전들에게도 똑같이 해당되는 것임을 밝힙니다. "상전들아 너희도 그들에게 이와 같이 하고"(9절)라고 하였습니다. 상전들도 하나님의 다스림 아래 있음을 깨닫고 주께 하듯 아랫사람을 섬겨야 합니다. 상전도 지금까지 말씀하신 내용을 받아 순종해야 한다는 것입니다.

그리고 이어서 "위협을 그치라 이는 그들과 너희의 상전이 하늘에 계시고 그에게는 사람을 외모로 취하는 일이 없는 줄 너희가 앎이라"(9절)고 말씀합니다. 이것은 아랫사람이라고 무시하거나 협박하지 말라는 말씀입니다. 인격으로 대하라는 것입니다. 고용인과 피고용인은 신분이 다른 것이 아닙니다. 단지 기능이 다를 뿐입니다. 아랫사람도 똑같은 인격이고 무시 받아야 할 존재가 아니라는 것입니다. 각각의 역할이 다를 뿐이지 가치와 존재, 신분이 다른 것은 절대 아님을 기억해야 합니다.

인격적으로 존중하라는 말씀은 로마 시대의 주인들에게도 꽤 충격적인 말이었을 것입니다. 노예를 수단으로 생각하여 사고파는 시대에 그들을 존중하라는 것은 새사람 된 주인들에게 결단을 요구하는 것이었습니다. 요즘 동남아시아에서 돈을 벌기 위해 우리나라에 오는 사람들이 많습니다. 이들을 종처럼 취급해서는 안 됩니다. 오죽하면 그들이 와서 제일 많이 하는 말 중 하나가 "사장님 나빠요"입니까? 성도인 사장님이 이들을 나쁘게 취급하고는 교회 총동원 주일이라고 20명을 데리고 온들 이들이 고국에 돌아갔을 때 현지 선교사님들이 교회에 가자고 하면 즐겁게 가겠습니까? 성도들은 직장에서 하나님의 영광을 드러내는 삶을 살아야 합니다.

보상하시는 하나님

"이는 각 사람이 무슨 선을 행하든지 종이나 자유인이나 주께로부터 그대로 받을 줄을 앎이라"(엡 6:8).

종이든 자유인이든 자기 생각과 기분대로 살면 안 됩니다. 내게 주어진 위치와 해야 할 일은 주께서 주의 귀한 섭리 가운데 우리에게 주신 것입니다. 억울한 상황이나 힘든 상황 가운데서도 선을 행하는 자들에게 주님은 반드시 갚아주실 것임을 약속하십니다. 하나님은 선을 행하는 자들에게 그대로 갚아주시는 '보상하시는 하나님'입니다. 직장 생활에서 하는 모든 행동과 삶을 하나님께서 보고 기억하실 것입니다.

6부
영적 전투를 위한 전신 갑주

25. 영적 전투 준비(6:10~11) • 264
26. 영적 전투 자세(6:12~13) • 274
27. 전신 갑주의 방어(6:14~17) • 284
28. 전신 갑주의 승리(6:14~17) • 294
29. 영적 군사의 간구(6:18) • 304
30. 영적 군사의 도고(6:18~24) • 314

25
영적 전투 준비
엡 6:10~11

―

끝으로 너희가 주 안에서와
그 힘의 능력으로 강건하여지고
마귀의 간계를 능히 대적하기 위하여
하나님의 전신 갑주를 입으라
(엡 6:10~11)

에베소서 6장 10절은 "끝으로"라는 단어로 말씀이 시작됩니다. "끝으로"는 '이제 결론으로서'라는 마무리의 의미도 있지만 '이제부터는'이라는 의미로 새로운 시작을 알리는 것이기도 합니다. 따라서 결론 부분이기도 하면서 앞으로 마음에 깊이 담아두어야 할 말을 할 것을 강조하고 있습니다. 지금까지 이렇게 살아야 한다고 말했던 것을 기억하고 이제부터는 그 말씀대로 살아야 한다, 앞으로 이렇게 살지 않으면 그리스도인이라고 할 수 없다는 최종 권면의 말씀으로 들어야 합니다.

그러면 무엇을 마음에 깊이 담아두고 신앙생활을 해야 할까요? 이 세상을 바라보는 시각의 변화에서부터 시작되어야 합니다. 우리는 눈에 보이는 세계만이 전부라고 생각하기 쉽습니다. 그러나 신앙인은 눈에 보이지 않는 영적 세계에 대해 분명히 믿고 있고 이것을 중요하게 여기는 사람들입니다. 눈에 보이는 세계는 영적 세계의 지배를 받는 것입니다. 영적 세계에서도 특별히 인식해야 할 점은 우리가 영적인 전쟁 가운데 있다는 것입니다. 이것은 세상이 타락한 이후 끊임없이 벌어지고 있는 전쟁입니다. 이 전쟁에 대한 대비가 다른 무엇보다도 시급한 점은 우리를 끊임없이 대적하며 공격하는 마귀가 있기 때문입니다.

영적인 전쟁

요즘 우리나라에는 남북 간의 관계에 새로운 차원의 큰 변화의 바람이 불어오고 있습니다. 하지만 얼마 전만 해도 남북한의 휴전 상태는 언제나 큰 전쟁이 벌어질 수 있는 위험성을 갖고 있었습니다. 그러한 전쟁을 일깨워주는 장소가 비무장지대(DMZ, demilitarized zone)입니다.

비무장지대는 서로 간에 전쟁이 일어날 수 있는 일촉즉발(一觸卽發)의 지대인데 실제로 가보면 놀랍게도 평화롭습니다. 매우 고요하고 평화로워서 오히려 특별히 지정하여 자연이 잘 보존되도록 한 녹지로 여겨집니다. 철책을 다 거두고 확성기를 끈 상태에서 비무장지대를 본다면 지구에 이런 곳이 있을까 할 정도로 아름답고 자연이 잘 보존되어 있습니다. 하지만 이처럼 평화로운 모습에 속아서 현재 휴전 상태로 대치하고 있다는 사실을 잊어서는 안 됩니다. 사물의 외면만 보고 현재의 상황을 잊어버리는 것이 한계가 많은 우리 인간의 모습입니다.

그런데 영적인 세계도 마찬가지입니다. 인간이 타락하고 마귀의 종노릇을 하게 된 이래로 악한 세력이 하나님을 대적하는 싸움은 진행 중에 있습니다. 이 싸움은 이미 하나님의 은혜로 예수 그리스도께서 이 땅에 오셔서 십자가에서 죽으시고 부활하심으로 기선 제압이 되었습니다.

"예수께서 이르시되 사탄이 하늘로부터 번개같이 떨어지는 것을 내가 보았노라"(눅 10:18).

그러나 하나님의 나라가 완성되어 종말에 이르기까지는 계속되는 도발과 영적 전쟁이 진행되고 있습니다. 하나님 나라는 '이미 시작'되었으나 '아직 완성되지 않은' 상태입니다. 영적 싸움과 전쟁이 그치고 완전한 하나님 나라가 완성되는 그날은 아직 오지 않았습니다.

영적인 전쟁 중인데도 전쟁이 아닌 것처럼 산다면 문제가 발생합니다. 전쟁 중에는 모든 일상적인 생활이 평화로울 때와는 다르기 때문입니다. 전쟁에 대한 인식의 유무는 영적 군사인 그리스도인의 삶에 큰 차이를 가져다줍니다. 먹는 것이나 생활하는 모습, 물자를 쓰는 것, 가치관과 행동 등 모든 것이 달라질 것입니다. 하나님께서는 먼저 우리가 영적 전쟁 중에 있는 자임을 인식하기를 원하십니다. 그래야 이 상황에 합당한 생활을 할 수 있기 때문입니다.

예수 안에 있는 것

우리의 대적은 마귀입니다. 마귀와의 싸움에서 승리하려면 우리가 적보다 강해야 합니다. 그런데 우리는 마귀보다 약합니다. 그래서 승리하기 위해서 해야 할 일이 있는데, 첫 번째로 우리가 주 안에 있는 것입니다. 그래서 바울은 "끝으로 너희가 주 안에서와 그 힘의 능력으로 강건하여지고"(엡 6:10)라는 권면의 말을 시작합니다.

우리는 주 안에 있을 때 강건해질 수 있습니다. 내 스스로 강해지는 것이 아니라 주님 곁에 붙어 있음으로 강해지는 것입니다. 이쑤시개 하나는 쉽게 부러지지만 이쑤시개가 쇠파이프에 딱 붙어 있으면 절대 꺾지 못합니다. 나는 연약한 존재여서 악한 영들이 공격할 때 쉽게 무너지지만, 강하신 예수님 안에 있으면 이길 수 있습니다. 예수님의 능력으로 마귀와 악한 세력이 물러가기 때문입니다.

그러므로 승리하기 위해서는 나의 연약함을 깨닫고 열심을 다해서 예수님 안에 있기 위해 노력해야 합니다. 주님은 마귀의 권세와 죽음의 권세를 이기고 부활하신 승리자입니다. 주님 안에 있으면 우리는 강해집니다. 신앙생활은 주님과 함께 있는 것입니다. 이것이 전부입니다. 예배를 드리고 기도를 하며 말씀을 공부하고 찬양하는 모든 것이 주님 안에 거하려는 것입니다. 주님 안에 거하려고 열정적으로 나아가는 자에게 주님은 함께해 주십니다.

주님께 나아가는 일을 소홀히 하면서 주님 안에 있기는 어렵습니다. 기도를 놓아버린 사람이 주님 안에 있는 것은 불가능합니다. 말씀과 동떨어져 사는 사람이 주님 안에 있는 것 역시 불가능합니다. 그래서 우리는 교회에 모여 예배드리고 말씀과 기도로 나아가는 일에 전력질주하는 것입니다. 올해 첫날, 첫 주일에 각오했던 결단, 주님과 함께하겠다는 결심을 다시 회복해야 합니다. 예수 안에 있는 사람은 은혜 안에서 보호를 받으며 말씀으로 마귀를 물리치고 주님이 주시는 능력으로 결국 승리하게 될 것입니다.

능력으로 덧입기

악한 영들과 싸워 이기기 위해서는 하나님께서 공급해주시는 능력이 필요합니다. 그래서 "그 힘의 능력으로" 강건해질 것을 명하고 있습니다. 주 안에 있는 자들에게는 하나님의 능력이 주어져 강건해집니다. 약한 우리는 강한 하나님의 능력을 덧입어야 합니다. 악한 영들은 우리가 직접 대적하여 이길 수 없지만, 하나님의 힘을 빌려 이길 수 있습니다. 그래서 우리의 기도는 '하나님의 능력을 덧입게 하여주소서!'라는 간구로 가득해야 합니다.

하지만 실제로 우리의 기도는 '좋은 집 주세요, 좋은 옷 주세요, 높은 지위를 주세요' 같은 세상적인 것들을 달라는 간구로 가득합니다. 물론 이런 기도도 필요합니다. 그런데 이런 것만을 구해서는 안 됩니다. 영적인 눈이 열려 대적하는 마귀의 존재를 인식하게 된 이상 우리에게 이길 힘을 달라고 간구해야 합니다. 하나님의 능력을 덧입혀달라고 기도해야 합니다.

능력을 달라는 기도는 매사에 유익합니다. 하나님께서 우리에게 주시는 많은 선물들은 능력이 있어야 지킬 수 있기 때문입니다. 좋은 사업을 달라고 간구해서 하나님이 주셨다고 해도 그것이 전부가 아닙니다. 사업이 유지되고 번성하기 위해서는 그것을 잘 지킬 수 있는 능력이 필요합니다. 빼앗기지 않을 수 있는 힘이 필요합니다. 하나님께서 주신 복을 감당하려면 능력이 필요합니다. 그래서 하나님께 능력을 달라는 간구를 언제나 빠짐없이 해야 합니다.

목회 현장에서 보면 하나님께 받은 것이 참으로 많은 분들이 있습니다. 그런데 그것을 누리지 못하며 그것으로 하나님께 영광 돌리지 못합니다. 남다르게 받은 그 선물들을 제대로 활용하시 못하는 모습을 볼 때 매우 안타까운 마음이 듭니다. 부족한 것이 없는데 왜 그럴까 생각하며 살펴보니 그 선물을 움직이고 활용할 힘이 없습니다. 하나님의 능력이 없으니 제대로 활용하지 못하는 것입니다. 하나님께서 주시는 능력을 덧입을 때 그 모든 것을 잘 활용하고 그것으로 많은 열매를 맺을 수 있습니다. 그러므로 하나님의 능력을 덧입기를 힘쓰고 간구해야 합니다.

적의 음모

전쟁에서 잘 싸우기 위한 병법서인 『손자병법』에 "적을 알고 나를 알면 백 번 싸워도 위태롭지 않다(지피지기 백전불태, 知彼知己 百戰不殆)"는 말이 있습니다. 적을 알아야 어떻게 싸울지 계획을 세울 수 있습니다. 우리가 승리해야 할 적은 마귀입니다. 그런데 마귀는 간계를 통해 성도를 공격합니다. 그래서 "마귀의 간계를 능히 대적하기 위하여 하나님의 전신 갑주를 입으라"(엡 6:11)라고 말씀합니다.

'간계'는 마귀의 속성을 보여주는 단어로서 교활함을 나타냅니다. 영어 성경에서는 '음모(scheme, NIV)' 또는 '책략(wile, ASV)'이라고 번역했습니다. 마귀의 전술, 교묘한 책략을 보여줍니다. 마귀가 얼마나 교활한지 성경은 "이것은 이상한 일이 아니니라 사탄도 자기를 광명의 천사로 가장하나니"(고후 11:14)라고 경고합니다. 천사로도 가장하여 인간을 유혹하고 미혹한다는 것입니다. 마귀의 교활함을 잘 아는 바울은 우리를 향한 염려를 보이고 있습니다.

"뱀이 그 간계로 하와를 미혹한 것같이 너희 마음이 그리스도를 향하는 진실함과 깨끗함에서 떠나 부패할까 두려워하노라"(고후 11:3).

하나님께서는 아담과 하와에게 에덴동산 중앙에 있는 선악을 알게 하는 나무의 실과를 먹지 말라고 금하시며 먹는 날에는 반드시 죽게 될 것이라고 하셨습니다. 그런데 뱀을 통해 마귀는 그것을 먹으면 하나님처럼 된다고 유혹했습니다. 하나님의 말씀의 진위를 부정하게 하고 하나님과 인간 사이를 멀어지도록 미혹했습니다. 그런데 그 유혹이 첫 사람 아담과 하와에게 통했습니다. 그래서 결국 타락하여 하나님과 인간의 관계가 깨어져 단절되었던 것입니다. 이렇게 음모가 가득하고 교활한 마귀는 광명한 천사의 모습으로 나타나 미혹하므로 그의 말에 넘어가기가 쉽다는 것을 알고 잘 대처해야 합니다.

하늘의 무장

마귀를 대적하려면 우리의 힘만으로는 안 됩니다. 마귀의 모든 간계함을 간파할 수 있는 능력과 그것을 대적하여 물리칠 수 있는 영적 무장이 필요합니다. 그래서 하나님께서는 우리를 무장시킬 수 있는 것을 마련하셨습니다. 그것이 바로 전신 갑주(全身甲冑)입니다.

평화로울 때와 전쟁 시에 입는 옷은 다릅니다. 전쟁 시에는 생명을 위협하는 일들이 다반사로 일어나므로 전쟁을 잘 치르기 위해서는 특별한 옷과 장비가 필요합니다. 고급 비단 옷을 입고는 잘 싸울 수 없습니다. 몸을 보호하지 못하는 옷을 입고 전쟁터에 가면 안 됩니다.

군대에서 해마다 열심히 하는 일 중 하나가 군인들이 전투에 잘 임할 수 있게 하기 위해서 전투복과 장비를 개량하는 일입니다. 그래서 가벼우면서도 찢어지지 않는 질긴 소재로 만든 군복으로 교체합니다. 총이나 파편에 강한 방탄 기능이 있는 옷을 개발하기도 합니다. 야간에도 전투할 수 있는 뛰어난 성능의 야간 투시경을 개발하여 사용하게 하고, 총도 조준경, 확대경을 새롭게 하여 교체합니다. 이 모든 것이 전투에서 보호받고 승리하도록 하기 위함입니다. 하나님께서도 우리 성도들이 영적인 싸움을 잘하도록 하기 위해 특별히 제작된 하나님의 전신 갑주를 주셨습니다.

전신 갑주의 현재성

하늘의 전신 갑주를 모셔두어서는 안 됩니다. 성경은 그것을 "입으라"(11절)고 명합니다. "입으라"는 명령의 시제는 현재형입니다. 과거에 강했던 것으로 오늘 일어나는 싸움에 대응할 수 없습니다. 현재 전신 갑주를 입고 있어야 합니다. 현재 힘이 있어야 합니다.

이만기 씨는 은퇴할 때까지 천하장사만 열 번을 한 유명 인물입니다. 그런데 그가 한 텔레비전 프로그램에서 어떤 무명의 일반 사람과 팔씨름을 하는데 예상과 다르게 어이없이 졌습니다. 어떻게 천하장사였던 이가 그렇게 무력하게 질 수 있는지 다들 의아해했습니다. 다른 사람이 이만기 씨의 팔뚝을 만져보니 말랑말랑합니다. 전에 운동할 때는 돌덩이처럼 단단했는데 지금은 아닌 것입니다. 그러자 이만기 씨가 말합니다.

"세월이 많이 지났지요. 내가 20년 전에 천하장사였지 지금은 아니잖아요."

과거의 천하장사가 오늘도 천하장사는 아니라는 것입니다. 그래서 성경은 전신 갑주를 입되 지금 입으라고 명하는 것입니다. 하나님께서 주시는 이 장비를 지금 착용해야지 과거가 나를 지켜주지 않는다는 것입니다. 과거에 받은 은혜로 평생을 살 수는 없습니다. 과거에 하나님께 드린 헌신을 가지고 지금 내가 아무 일도 하지 않아도 되는 면제권을 받은 것이 아닙니다. 과거에 받은 능력으로 지금 대처한다면 그것은 만용입니다.

삼손은 하나님께서 주신 능력을 가지고 대단한 용사로 힘을 발휘했지만 그것을 소중히 여기지 않고 관리하지 않아 결국 타락하여 무너졌습니다. 무력하게 사람들에게 끌려다니며 모욕과 수치를 당하고 결국 눈이 뽑혀 짐승 취급을 받는 데까지 추락하게 됩니다. 과거의 것을 가지고 현재에 활용할 수는 없습니다. 하나님의 능력은 지금 바로 내게 임해야 합니다. 하나님께서 주신 전신 갑주는 지금 착용해야 합니다. 하나님의 명령을 오늘 나에게 주시는 명령으로 알고 겸손하게 순종하는 사람만이 전쟁에서 승리할 수 있습니다.

26
영적 전투 자세
엡 6:12~13

―

우리의 씨름은 혈과 육을 상대하는 것이 아니요
통치자들과 권세들과 이 어둠의 세상 주관자들과
하늘에 있는 악의 영들을 상대함이라
그러므로 하나님의 전신 갑주를 취하라 이는 악한 날에
너희가 능히 대적하고 모든 일을 행한 후에 서기 위함이라
(엡 6:12~13)

오늘날 우리는 최첨단의 문명 가운데 살고 있습니다. 더욱이 우리나라는 IT 강국이어서 최신의 기술들을 통신과 인터넷을 통해 누리고 있습니다. 스마트폰만 보더라도 매우 놀랍습니다. 과거에는 전화기를 호주머니에 넣고 다니는 것은 상상조차 할 수 없는 일이었습니다. 그런데 지금은 이 전화기로 통화만 하는 것이 아니라 메일도 보내고 인터넷도 하고 결제도 하니 정말 놀라운 일입니다. 서로 마주보고 대화하는 영상 통화는 공상 과학 영화에서나 가능해 보이던 일이었습니다. 하지만 이제는 의사가 먼 곳에 있는 사람의 병을 진찰하고 조치를 취하기도 합니다. 자동차는 자율 주행이 도입되고 있습니다. 가고 싶은 목적지를 세팅해놓으면 운전대에 손을 올려놓지 않아도 차가 자동으로 운전해주는 시대가 곧 열릴 것입니다.

이처럼 기술이 발달하는 사회에서는 각종 문명에 대한 감탄과 자부심으로 과학 만능주의에 빠지기 쉽습니다. 그래서 인간이 무엇이든 가능하다는 인본주의와 낙관주의가 널리 퍼지게 됩니다. 20세기에 들어서면서 인간이 그러했습니다. 그러다가 세계 대전이 발발하여 전쟁의 불합리함과 부조리함과 비극을 경험하면서 인간 안의 문제는 기술로 해결할 수 없다는 것을 깨달았습니다. 인간에 대한 무한한 낙관주의가 허물어지면서 더 겸손해지게 된 것입니다.

인간의 문명은 인간을 근본적으로 변화시킬 수 없습니다. 기술 이전에 인간은 영적인 존재입니다. 영적인 문제의 해결함이 없이는 인간의 영혼에 근본적인 만족도 없고 복된 삶도 기약할 수 없습니다. 우리의 눈을 열어서 영적인 세계를 바라보아야 합니다. 시편 기자는

"내 눈을 열어서 주의 율법에서 놀라운 것을 보게 하소서"(시 119:18)라고 간구했습니다. 성도들은 이러한 영적인 눈이 언제나 열려 있도록 간구해야 합니다.

영적 시야

영적인 눈으로 이 세상을 보면 하나님의 존재뿐 아니라 마귀의 존재도 인식하게 됩니다. 사탄 마귀는 어둠의 권세를 가지고 이 세상에서 활동하면서 하나님과 교회와 성도들을 미워하며 역사하고 있습니다. 우리는 이러한 공격에 그냥 맞고만 있을 수 없습니다. 하나님과 함께 어둠의 영들과 전투를 해야 합니다.

"우리의 씨름은 혈과 육을 상대하는 것이 아니요 통치자들과 권세들과 이 어둠의 세상 주관자들과 하늘에 있는 악의 영들을 상대함이라"(엡 6:12).

이 말씀에서 씨름은 단순히 스포츠와 같은 경기가 아닙니다. 이것은 '전쟁, 전투'를 말합니다. 이 세상을 사는 것은 누구나 쉽지 않습니다. 그런데 예수님을 믿는 성도는 다른 차원에서 힘겨운 싸움을 싸우게 됩니다. 바로 영적 전쟁에 임하고 있는 것입니다. 악한 영들이 가만히 있지 않고 신앙에서 실패하게 하고 타락하게 하려고 노심초사하며 전투를 걸어오고 있습니다. 베드로는 이에 대해 "근신하라 깨어라 너희 대적 마귀가 우는 사자같이 두루 다니며 삼킬 자를 찾나니"(벧전 5:8)라고 했습니다. 우리의 대적인 마귀가 굶주려 사나워진 사자처럼 다닌다는 것입니다.

우리가 살아가는 삶의 현장은 아무 생각 없이 지낼 수 있는 평화로운 곳이 아니라 마귀와 대적해야 하는 전쟁터입니다. 이러한 인식이 있을 때 우리의 삶이 바뀝니다. 영적인 눈을 뜨고 그것에 대처하는 것이 신앙생활입니다. 그리고 싸우는 가운데 믿음이 성장하고 더욱더 하나님께 나아가게 됩니다.

혈과 육이 아니라

우리가 싸우는 대상은 사람이 아니라 마귀이며 악의 영들입니다. 그래서 성경은 "혈과 육을 상대"(12절)하는 것이 아니라고 말씀합니다. 혈과 육은 현상 세계, 보이는 세계를 뜻하는데, 그중에서도 사람을 말합니다. 우리가 싸우는 대상이 인간이 아니라는 점을 인식하는 것은 매우 중요합니다. 우리는 매일 인간과 싸우며 살기가 쉽기 때문입니다. 남편이 아내를, 아내가 남편을 싸움의 대상으로 여깁니다. 서로서로 싸우고 물어뜯습니다. 하나님께서 원하시는 부부의 삶은 서로 사랑하고 섬기며 도와주고 희생하는 모습인데, 서로를 싸움의 대상으로 여기니 부부의 삶이 망가집니다. 하나님을 믿는 성도인데 부부의 삶은 엉망진창입니다.

부부의 삶만 그런 것이 아닙니다. 우리는 많은 경우에 서로를 싸움의 대상으로 여기고 내 사람이 아니면 적으로 여기면서 힘과 능력을 낭비하고 있습니다. 서로 간에 편을 갈라서 싸웁니다. 영남과 호

남을 가르고, 진보와 보수를 가르고, 신세대와 구세대를 가릅니다. 요즘은 또 남성과 여성이 서로를 혐오하며 편을 갈라 싸우기도 합니다. 교회 밖에서도 싸우지만 교회 안에서도 싸웁니다. 교회의 모임끼리 싸우기도 하고, 오래된 사람과 늦게 온 사람이 편을 가르기도 합니다. 이런 분쟁들은 참으로 비극적입니다. 너무나 많은 에너지와 시간을 낭비하게 하며 상처받고 고통을 주는 것입니다.

무선 마이크는 그 자체에서 소리가 나는 것이 아니라 방송 조정실에서 소리를 받아 크기를 증폭하고 음색도 조절하여 소리가 납니다. 이 마이크 자체만으로는 소리가 나지 않습니다. 언젠가 교회의 마이크가 도난당한 적이 있습니다. 아마 소리가 잘 나는 것을 듣고 가져가야겠다고 마음먹었나 봅니다. 그러나 집에 가져가서 아무리 사용하려고 애써도 소리가 나지 않았을 것입니다. 마이크 자체가 아니라 보이지 않는 음향 시스템에 의해 소리가 나는 것이기 때문입니다. 이처럼 우리는 눈에 보이지 않는 이 세상의 배후 실체를 분명히 알아야 합니다.

인간 세상은 대립과 갈등으로 가득합니다. 이렇게 편을 가르고 싸우는 중심에는 마귀의 역사가 있습니다. 원래부터 마귀는 이간질의 고수입니다. 하나님과 인간의 관계를 이간질합니다. 그리고 사람들끼리 편을 갈라 싸우게 합니다. 그런데 성경은 분명히 우리가 싸울 것은 혈과 육이 아니라 "통치자들과 권세들과 이 어둠의 세상 주관자들과 하늘에 있는 악의 영들"(12절)이라고 말씀합니다. 이 모두는 다 어둠의 세력을 의미합니다. 우리가 싸울 대상을 분명하게 바로잡는 것은 영적으로 중요한 인식의 전환입니다. 우리가 싸울 대상은 인간이 아니라 '어둠의 세력'입니다. 악한 영들과 싸워야지 인간들과 싸우면 안 됩니다.

남편과 아내가 싸워서 어느 한편이 이기고 어느 한편이 졌다고 해 봅시다. 그래도 실체는 여전히 살아 있습니다. 이처럼 이간질하고 싸움을 부추기는 사탄의 세력은 여전히 건재합니다. 결국 인간은 사탄의 속임수에 놀아나고 승리하지 못하는 것입니다. 아내는 남편을 죽일 놈이라고 생각해서는 안 됩니다. 죽일 놈처럼 보이도록 한 그 뒤에 악한 영의 세력이 있는 것을 보아야 합니다.

투계하는 닭들은 날개를 퍼덕거리며 날뛰면서 상대방의 머리를 부리로 마구 쪼아서 싸웁니다. 피를 흘리고 만신창이가 됩니다. 한참을 그렇게 자기네들끼리 싸우고 있을 때 주인은 뒤에서 커피를 마시며 보고 있습니다. 마귀가 그런 존재입니다. 서로 싸움을 붙여놓고 즐거워하는 존재입니다. 우리는 에너지와 능력을 다 소모하고 피투성이가 되었는데 이겼다 한들 무슨 승리의 기쁨이 있겠습니까? 우리 싸움의 대상은 어둠의 세력이 되어야 합니다.

악한 영들의 전략

우리가 싸워야 할 대상인 "악의 영들"(12절)은 영적인 존재들입니다. 과학이 발달한 이 시대에는 영적인 존재가 눈에 보이지 않으니 하나님이 없다고 할 뿐 아니라 악의 영들의 존재도 부인하는 경우가 있습니다. 그러나 악의 영들은 실제로 존재하며 지금도 활약하고 있습니다. 성경에서는 귀신을 언급할 때 항상 복수 형태를 사용합니다. 귀신들이 존재하는데, 수많은 귀신들의 대장이 사탄 또는 마귀입니다. 악의 영들은 마귀에게 조종당하는 마귀의 심부름꾼들로서 세상에서 악한 역사를 하는 존재입니다. 악의 영들이 사람에게 사용하는 방법은 유혹을 하거나 협박하여 두려움을 주는 것입니다.

악의 영들은 그들의 대장 마귀와 함께 거짓을 가지고 유혹합니다. 세상의 좋은 것들을 가지고 죄짓는 데 오용하도록 이끕니다. 하나님의 말씀을 왜곡하고 죄를 합리화시키며, 인간을 죄악된 연민에 빠지게 하기도 하고 교만하게도 하며, 타락하게 하여 결국 죄를 짓게 합니다. 하나님께서 주신 선물을 죄짓는 일에 사용하게 합니다. 에덴동산에서 하나님께서 주신 많은 복을 바라보지 못하게 하고 단 한 가지 금하신 것에 대해 불만을 갖게 한 것처럼, 지금도 주신 복을 바라보지 않고 없는 것만 보게 하여 불평하게 하고 하나님께 반역하도록 부추기고 있습니다. 이들의 설득력은 대단하기 때문에 하나님의 말씀으로 분별하고 물리치지 않으면 죄에 쉽게 빠지고 맙니다.

악한 영들은 우리에게 두려움을 가져다줍니다. 두려움에는 두 종류가 있습니다. 하나님을 경외하는 거룩한 두려움이 있고, 악한 영들이 가져다주는 두려움이 있습니다. 악한 영들이 주는 두려움은 어둠의 공포 그 자체입니다. 그래서 세상의 힘 앞에서 굴복하게 합니다. 하나님보다 재물과 권력과 포악함을 더 두려워하여 그것을 칭송하게 하고 그 앞에서 굴종하게 하는 것입니다. 우상은 하나님보다 내가 좋아하고 사랑하는 어떤 것이기도 하지만 절대적인 복종을 일으키는 존재이기도 합니다. 그래서 마귀는 수많은 우상들을 만들어 그 앞에 절하게 합니다.

어떤 경우에는 직접적인 영적인 세계의 힘으로 공포를 가져다줍니다. 잘못된 어둠의 영적 세계에 빠진 사람들을 보면 악한 영들이 공포와 불안과 두려움으로 그들을 협박한 것을 보게 됩니다. 무당들이나 신접한 자들은 사람들을 협박하고 위협합니다. 석 달 안에 죽는다느니 끔찍한 일이 곧 닥친다느니 하면서 귀신을 달래지 않으면 큰 화가 닥칠 것이라며 공포를 주는 것입니다. 어둠의 세력은 공포와 죽음으로 사람들을 다스리고 있습니다. 공포와 두려움은 상대방을 굴복시켜 종으로 삼기가 쉽습니다. 두려움으로 종을 만들면 마음껏 유린할 수 있기 때문에 마귀는 이런 일을 즐겨하는 것입니다.

『천로역정(天路歷程, 1678)』을 쓴 존 버니언(John Bunyan) 목사는 마귀가 쓰는 두 가지 고도의 정책이 '협박과 회유'라고 말했습니다. 순례의 길을 행하는 주인공 크리스천은 무서운 사자가 으르렁거리는 길을 가야 했습니다. 몇 사람이 그 두려운 광경에 순례의 길을 포기하고 돌아가면서 크리스천에게 사자의 위협을 알려주었습니다. 그러나 '경계'라는 문지기가 용기를 가지라는 말에 힘입어 크리스천이 죽기를 각오하고 그 길을 통과했을 때, 그는 사자의 목이 사슬로 매여 있는 것을 발견하게 됩니다. 사나운 개에 튼튼한 목줄이 있는 것처럼 그들은 실제로는 해할 수도 없으면서 공포와 두려움으로 순례의 길을 위협했던 것입니다. 이러한 거짓 두려움을 물리쳐야 합니다.

우리가 전쟁을 해야 하는 대상은 초자연적인 악한 영들입니다. 그러니 초자연적인 대비책이 필요합니다. 바로 하나님의 전신 갑주를 입는 것입니다.

"그러므로 하나님의 전신 갑주를 취하라 이는 악한 날에 너희가 능히 대적하고 모든 일을 행한 후에 서기 위함이라"(엡 6:13).

우리가 싸우는 대상이 내 남편이나 직장 상사, 나를 미워하는 어떤 사람이 아니라 영적 존재들이기 때문에 하나님의 전신 갑주를 취해야 합니다. 11절에 전신 갑주를 "입으라"고 명하신 하나님께서 13절에서는 다시 "취하라"고 명하십니다. 전신 갑주는 영적 전쟁을 앞둔 자가 취해야 할 당연한 준비인 동시에 싸우기 위해서 반드시 갖추어야 할 준비입니다. 하나님이 주시는 영적인 무장을 하고 이 싸움에서 승리해야 합니다.

전신 무장

모든 일에는 끝이 있습니다. 시작하신 하나님께서는 완성하여 끝을 내십니다. 따라서 마귀와 악한 영들과의 전쟁 또한 영원히 계속되지 않습니다. 하나님 나라가 완성되고 마귀와 그의 졸개들이 다 무저갱에 들어갈 날이 옵니다.

"또 그들을 미혹하는 마귀가 불과 유황 못에 던져지니 거기는 그 짐승과 거짓 선지자도 있어 세세토록 밤낮 괴로움을 받으리라"(계 20:10).

그때까지만 우리가 행하는 영적인 전쟁은 계속됩니다. 따라서 전신 갑주를 입어야 견딜 수 있습니다. "이는 악한 날에 너희가 능히 대적하고 모든 일을 행한 후에 서기 위함이라"(13절)고 했습니다. 우리가 사는 이 시대는 악한 시대입니다. 이것은 영적 전쟁 중인 환란을 말합니다. 하나님을 믿는 믿음으로 풀무 불에서 견뎌낸 다니엘의 세 친구처럼 환란의 악한 날에 전신 갑주로 무장되어 있는 성도는 견뎌낼 것입니다. 하나님께서 마련하신 전신 갑주는 단지 견디는 정도가 아니라 능히 이기게 해주실 것입니다. 그리고 믿음으로 당당히 서게 할 것입니다.

"소년이라도 피곤하며 곤비하며 장정이라도 넘어지며 쓰러지되 오직 여호와를 앙망하는 자는 새 힘을 얻으리니 독수리가 날개치며 올라감 같을 것이요 달음박질하여도 곤비하지 아니하겠고 걸어가도 피곤하지 아니하리로다"(사 40:30~31).

육체적인 힘은 아무리 뛰어나도 곧 한계에 부딪칩니다. 더욱이 영적인 일은 영적인 능력으로만 물리칠 수 있습니다. 따라서 영적 싸움에 전신 갑주를 입지 않으면 쓰러지게 됩니다. 쓰러진 자를 다시 일으켜 세워 앞으로 나아가게 하려면 힘이 듭니다. 고생하며 시간을 낭비합니다. 그러나 하나님의 전신 갑주로 무장한 자는 넘어지지 않고 당당히 서 있습니다. 서서 경계하고 든든하게 무장된 모습으로 물리칠 것입니다. 그를 통해 이루고자 하시는 하나님의 모든 사명을 잘 감당하게 될 것입니다. 하나님의 전신 갑주를 취해 영적인 싸움에서 승리하기 바랍니다.

27
전신 갑주의 방어
엡 6:14~17

—

그런즉 서서 진리로 너희 허리 띠를 띠고
의의 호심경을 붙이고
평안의 복음이 준비한 것으로 신을 신고
(엡 6:14-15)

영국이 영적으로 부흥할 때 웨스트민스터 교회를 30년이 넘도록 목회하신 분이 로이드 존스(David Martyn Lloyd-Jones, 1899~1981) 목사입니다. 이분은 원래 의사였는데 사람의 육신의 질병을 고치는 것도 대단히 귀하지만 영혼을 치료하는 것이 더욱 중요하다고 생각하여 목회자가 되었습니다. 그래서 설교를 통해 엄청난 영향력을 끼쳤습니다. 존스 목사는 그리스도인에게 '영적 전쟁'이라는 주제가 아주 중요함을 깨닫고, 영적 전쟁에서 실패하면 그리스도인의 삶은 있을 수 없다는 생각에 에베소서 6장 10~20절의 말씀을 가지고 설교를 많이 했습니다. 그것을 책으로 출간했더니 1,000여 쪽의 책이 되었습니다. 그는 "그리스도인에게 영적 전투만큼 중요한 것은 없다. 아무리 강조하고 세밀하게 설명을 해도 충분하지 않다"라고 말했습니다.

그리스도인의 삶은 곧 영적 전쟁이며 그것 자체가 신앙생활입니다. 하나님께서는 우리 모두가 이 전쟁에서 승리하기를 원하시며 이를 위해 우리가 전신 갑주를 입어야 함을 강조하셨습니다. 전신 갑주는 그리스도의 정병인 우리에게 꼭 필요한 것이며 에베소서의 결론이라고 할 수 있습니다.

전신 갑주의 방어력

전신 갑주는 '파노플리아($πανοπλία$)'로서 '완전한 무장'을 의미합니다. 사람의 전신 모두에 착용하는 '전신 무장'을 말합니다. 전신 갑주의 모습은 로마 군인이 무장한 모습을 떠올리면 됩니다. 에베소서

6장 14~17절의 말씀으로 살펴보면 '허리띠, 흉배(호심경), 신발, 방패, 투구, 검'을 착용한 것입니다. 바울은 당시 완전 무장한 군인의 모습에 비추어 그리스도인도 영적 전쟁에서 승리하려면 온전한 장비로 무장되어야 함을 이해하기 쉽게 전해주고 있습니다.

이 하나하나의 의미를 살펴보는 것도 유익하지만 전체 무장에 대한 성격을 중심으로 묵상하는 것도 좋습니다. 먼저 전신 갑주로 무장하라고 강조한 이유는, 영적 차원의 전쟁 중에 있는 우리가 마귀의 공격적인 특성을 인지하는 가운데 자신을 철저하게 방어해야 할 것을 명하는 것입니다. 전쟁에서 가장 중요한 것은 자신이 살아남는 것입니다. 다른 모든 것을 얻어도 자신을 보호하지 못하고 잃어버린다면 그 승리는 아무런 의미가 없습니다. 가장 중요한 것이 방어를 통해 자신을 보전하는 것입니다.

축구 경기를 보면 공격수와 수비수가 있습니다. 수비수가 잘하면 골을 먹지 않아 승리로 연결됩니다. 그런데 아무리 공격을 잘해서 골을 넣어도 수비를 잘하지 못해서 계속 골을 먹으면 결국 지게 됩니다. 결국 방어는 소극적인 차원이 아니라 가장 중요한 것을 보전하는 것으로서 핵심적이며 근본적인 것입니다. 그래서 군인들도 총을 잘 쏘아 공격하는 것도 중요하지만 더 근본적인 방어, 엄폐를 하여 자신이 총을 맞지 않도록 하는 것이 매우 중요합니다. 내가 죽으면 아무 소용이 없습니다.

영적인 전쟁에서 상대방을 격파하고 무너뜨리는 것은 근본적으로 하나님께서 이미 이루셨기 때문에 내가 할 일은 최선을 다해 방어하고 보호를 받는 것입니다. 전신 갑주의 내용을 하나하나 들여다보면 공격하는 무기가 아니라 방어하고 보호하는 의미가 더 크다는 점을 알게 됩니다. 허리띠는 나를 잡아주는 중심입니다. 방패는 공격을 막아주는 방어의 직접적인 도구입니다. 투구나 흉배, 신도 마찬가지입니다. 몸을 보호해줍니다. 칼은 공격 무기이기만 동시에 나를 방어하는 무기이기도 합니다. 한결같이 적의 공격에서 우리를 보호해주는 것들입니다. 영적 전쟁터에 있는 우리는 자신을 잘 보전하는 것이 가장 중요합니다.

선물 보전

우리는 하나님의 은혜로 구원을 받아 하나님의 백성이 되었습니다. 우리에게 일어난 영적인 수많은 변화들은 하나님께서 주신 선물들입니다. 이 소중한 것들을 지켜내는 것이 우리가 해야 할 가장 중요한 사명입니다. 즉 싸워서 획득하는 것보다는 이미 주신 것들을 잘 지키는 것이 관건입니다.

전신 갑주의 내용을 차례로 보면 알 수 있습니다. 구원의 투구는 우리에게 주신 구원의 선물이자 그에 따른 확신입니다. 의의 호심경은 구원을 가져다주는 하나님의 의로서, 우리는 칭의를 통해 하나님과 함께 영원히 살 수 있게 되었습니다. 진리의 허리띠는 하나님의 말씀의 진리로, 사망으로 이끄는 거짓을 분별하고 바른길을 선택하는 것입니다. 평안의 복음의 신은 말씀을 증거하고 그리스도로 인한 평강을 전해주는 우리의 사명이자 인생의 가치입니다. 믿음의 방패는 믿음을 말하는 것으로, 우리는 믿음을 통해 우리가 가진 모든 것을 지켜냅니다. 말씀의 검은 하나님의 진리의 말씀으로 이것으로 우리는 험한 세상을 살 수 있게 되었습니다.

이 모든 것을 보면 하나님께서 주신 귀한 은혜의 선물들임을 알 수 있습니다. 이미 주신 이 선물을 잘 간수하고 지키는 것은 우리의 몫입니다. 그런데 이것들을 전신 갑주 형태로 주셔서 지키는 것을 도와주시니 참으로 감사를 드려야 합니다.

영적 긴장의 이유

마귀는 매우 공격적입니다. 마귀는 거짓됨, 교활함, 참소 등과 함께 호시탐탐 우리를 공격하는 적극성이 특징입니다. 우리의 대적 마귀는 쉬는 법이 없습니다. 그래서 우리는 긴장해야 합니다. 베드로는 "근신하라 깨어라 너희 대적 마귀가 우는 사자같이 두루 다니며 삼킬 자를 찾나니"(벧전 5:8)라고 말했습니다. 마귀의 특성 때문에 우리가 잠시라도 긴장을 늦추면 공격을 당하기 일쑤입니다.

우리가 기도할 때 회개를 많이 하는데, 대부분 마귀의 공격에 제대로 대처하지 못하여 당하고 난 후에 후회하며 회개하는 경우가 많습니다. 성도답게 살아야 하는데 그렇게 살지 못하고, 성도다운 말과 행동을 해야 하는데 그렇지 못한 때가 많습니다. 그래서 가만히 있으면 공격을 당하고 신앙이 후퇴되는 경우가 많은 것입니다. 원래 싸움을 좋아하지 않는 사람도 싸움을 자꾸 걸어오면 상황이 달라집니다. 운전도 나만 잘해서는 안 됩니다. 상대편이 잘못하면 결국 큰 사고가 납니다. 그러니 언제나 긴장하고 방어 운전을 해야 합니다.

영적인 싸움을 계속 걸어오는 마귀의 존재가 있는 한 우리는 언제나 긴장하고 우리의 소중한 것들을 잘 지켜내야 합니다. 안일한 태도로 살다가는 마귀의 위협과 유혹에 넘어가 죄를 짓고 귀한 것들에 손상을 입히며 어떤 경우에는 치명적인 상처를 입게 될 수도 있습니다. 그러니 언제나 영적으로 깨어 있어야 합니다.

1950년 6월 25일 우리나라에 전쟁이 일어났습니다. 이 전쟁에서 우리는 처음에 속수무책으로 당했습니다. 우리나라에 군인이 없었던 것은 아니지만 무기가 절대적으로 부족했습니다. 전쟁을 대비하지 못했기 때문입니다. 공격하는 자는 적극적으로 무기를 마련해서 준비하고 있었는데 우리는 미처 그러지 못했습니다. 그래서 전쟁이 일어나니 너무나 큰 전력 차이에 처음에는 당할 수밖에 없습니다. 이런 일을 겪고 난 이후 우리나라는 달라졌습니다. 이제는 미리 유사시를 생각하고 대비합니다.

바이러스와 백신

바이러스 세균은 눈에 보이지 않습니다. 그런데 분명히 존재합니다. 바이러스가 몸 안으로 들어와 확산되면 몸이 아프고 병이 듭니다. 이처럼 악한 영들이 공격할 때 우리 스스로의 힘으로는 물리칠 수 없습니다. 우리는 연약한 존재입니다. 귀신들이 귀신같이 공격하는데 우리로서는 속수무책입니다. 그래서 우리의 연약함을 아시는 하나님께서 우리를 보호할 수 있는 전신 갑주를 주신 것입니다. 이 전신 갑주로 단단히 무장해야 합니다.

건강하기 위해서 운동을 합니다. 운동을 통해 근육을 키우고 힘을 키우는 것만이 목적이 아닙니다. 바이러스의 침입을 막는 면역력을 키우기 위해 평소에 운동을 하는 것입니다. 그런데 운동하는 것은 힘이 드는 일입니다. 그래서 운동을 하지 못하는 핑계를 찾습니다.

어떤 사람은 시간이 없어서 운동을 하지 못한다는 핑계를 달고 삽니다. 사실은 시간이 없는 것이 아닙니다. 건강을 위해서는 시간을 내야 합니다. 잠깐이라도 하면 되는데 하기 싫으니까 하지 않습니다. 그러다가 주변에서 갑자기 심장 쇼크로 돌아가셨다는 얘기를 들으면 그날 밤에 팔 굽혀 펴기를 합니다. 그런데 그 다음날 팔을 쓰지 못합니다. 갑자기 하니 문제가 발생하는 것입니다. 그래도 계속해야 하는데 팔이 아프다는 핑계로 또 그만둡니다. 그러다가 또 어떤 분이 혈관에 피가 잘 돌지 않다가 뇌출혈로 쓰러졌다는 소식을 들으면 피를 맑게 하겠다고 미나리를 갈아 마시고 윗몸 일으키기를 합니다. 그리고 다음날 목이며 어깨 근육이 아프고 몸살감기도 와서 힘들어 합니다. 이렇게 운동을 하면 효과가 없습니다. 건강하기 위해서 하는 운동은 꾸준히 습관적으로 지구력을 가지고 해야 합니다.

영적인 일도 마찬가지입니다. 평소에 늘 꾸준히 해야 합니다. 바이러스가 침투해서 퍼지기 시작하면 이미 늦었는지도 모릅니다. 미리 예방 주사를 맞아야 합니다. 백신을 맞아야 바이러스가 들어와도 물리칠 수 있습니다. 영적인 훈련도 미리미리 해야 합니다. 경건의 훈련은 미리 습관이 되도록 해야 합니다. 누가는 "예수께서 나가사 습관을 따라 감람 산에 가시매 제자들도 따라갔더니"(눅 22:39)라고 기록했습니다. 예수님은 "습관을 따라" 익숙해진 경건의 본을 보이셨습니다. 제자처럼 우리는 예수님을 따라야 합니다.

방어 전략

마귀의 공격은 눈에 보이지 않는 위협이어서 더 무섭습니다. 어느 때에는 공격을 당하는 줄도 모르면서 당합니다. 사기를 당하고 나면 내가 왜 사기를 당했는지 똑똑히 알게 됩니다. 당하고 난 후에는 모든 것을 알게 되고 드러나게 되어 있습니다. 그런데 당할 때에는 잘 모릅니다. 속이기 때문입니다. 마귀는 아주 지능적으로 접근합니다. 어느 때에는 문화의 옷을 입고 공격합니다. 문화는 사는 방식이므로 자연스럽게 한 발씩 세속으로 발을 들이게 합니다. 또 자유라는 옷을 입고 공격해옵니다. 행복의 이름으로, 기쁨의 이름으로, 진리의 탈을 쓰고도 접근합니다. 막아낼 갑옷을 입고 있지 않으면 당할 수밖에 없습니다.

에덴동산에서 마귀의 공격을 받은 아담과 하와는 처음에 그것을 공격으로 여기지 않았습니다. 그들은 마귀에게 속았습니다. 하나님께서는 아담과 하와에게 너무나도 큰 은혜와 영광을 주셨는데, 마귀에게 속아 죄를 짓자 그 모든 것이 하루아침에 저주로 변하고 불행과 비극으로 추락하고 말았습니다. 에덴동산에서 아담과 하와를 유혹했던 마귀는 오늘날 우리에게도 행복으로, 영광으로, 성공으로, 출세로, 재물로 유혹하고 있습니다. 인간이 가지고 있는 힘만으로는 그 유혹을 이기기가 어렵습니다. 힘이 없어서 무너지는 것이 아니라 힘이 가장 강성했을 때 넘어지는 법입니다.

하나님을 사랑했던 다윗도 가장 강성했을 때 넘어지는 일이 있었습니다. 다윗의 전성기 때에 하나님께서 얼마나 큰 은혜를 주셨는지 그의 칼을 당할 자가 없었습니다. 나라는 강성했고 백성들은 왕을 따랐습니다. 그래서 마음껏 정복하고 번성하게 되었습니다. 마귀는 이러한 좋은 때를 놓치지 않고 교만의 죄를 짓도록 그를 유혹했습니다. 인구 조사를 하게 한 것입니다. 이는 단순한 통계 조사가 아니라 우리나라의 힘이 얼마나 큰지를 조사하게 함으로써 하나님을 의지하는 마음에서 사람을 의지하는 마음으로 돌이키도록 이끈 것입니다. 다윗은 이 일로 넘어지고 맙니다. 마귀의 공격을 받을 때 '아, 이것이 사탄의 역사구나'라고 깨닫는다면 얼마나 좋겠습니까? 하지만 그렇지 못할 때가 많은 것이 사실입니다. 그래서 성경은 전신 갑주를 입으라고 명하는 것입니다.

바울은 이러한 과거의 역사를 잘 알고 있었습니다. 그는 부활하신 주님을 직접 만났으며 삼층천 즉 셋째 하늘을 체험(고후 12:2 참조)했습니다. 지식과 지혜도 풍성하여 누구와 견주어도 지지 않는 실력자였습니다. 그러나 그는 자신이 언제라도 넘어질 수 있는 약한 존재임을 깨닫습니다. 그리고 이런 교만의 조건들로 인해 넘어질 수 있음을 하나님께서 아시고 미리 대비하신 것을 깨닫게 되었습니다. 그래서 "여러 계시를 받은 것이 지극히 크므로 너무 자만하지 않게 하시려고 내 육체에 가시 곧 사탄의 사자를 주셨으니 이는 나를 쳐서 너무 자만하지 않게 하려 하심이라"(고후 12:7)고 증언합니다.

계시를 받은 것은 신령한 체험을 한 것인데, 신령한 체험을 해도 마귀는 공격을 하더라는 것입니다. 그러나 하나님께서는 그러한 교만함으로 멸망하지 않게 하기 위해서 자신의 육체에 어려움을 주셔서 오히려 대비하게 하셨다는 고백을 하는 것입니다.

하나님께서 우리에게 대비책으로 주신 것이 바로 전신 갑주입니다. 다양한 공격에 다양한 방어를 하도록 덧입혀주신 은혜의 선물을 잘 활용하면 우리의 구원과 믿음과 의와 진리를 보호할 수 있습니다. 최선의 방어는 우리 자신의 힘에서 나오지 않습니다. 최선, 최고의 방어는 하나님의 전신 갑주를 입는 것입니다. 하나님께서 주신 능력과 은혜로 대비하는 것입니다. 하나님께서 주신 전신 갑주로 무장하여 세상에서 가장 귀한 은혜의 선물들을 지키기 바랍니다.

28
전신 갑주의 승리
엡 6:14~17

―

모든 것 위에 믿음의 방패를 가지고
이로써 능히 악한 자의 모든 불화살을 소멸하고
구원의 투구와 성령의 검 곧 하나님의 말씀을 가지라
(엡 6:16~17)

해마다 성탄절이 되면 자선냄비가 등장합니다. 자선냄비 사업을 통해 어려운 이웃을 돕는 것인데 이 사역을 하는 교단이 구세군입니다. 윌리엄 부스(William Booth, 1829~1912)가 영국 런던에서 창설한 구세군은 하나님의 군대를 표방하여 모든 기관이 군대식으로 편제되어 있습니다. 군인 복장의 제복을 입고 여러 가지 봉사 활동을 하는 그들의 모습에서 배울 점이 있습니다. 다른 것보다도 그리스도인이 영적인 군사라는 점에서 그렇습니다. 눈에 띄는 제복을 입는 것은 유익한 면이 있습니다. 그러나 제복을 입지 않은 군인, 첩보원도 있습니다. 오히려 이들이 세상에 더 잘 침투하여 제대로 역할을 감당할 수 있을 것입니다. 바울은 에바브로디도에게 함께 군사 된 자라고 표현했습니다.

"그러나 에바브로디도를 너희에게 보내는 것이 필요한 줄로 생각하노니 그는 나의 형제요 함께 수고하고 함께 군사 된 자요 너희 사자로 내가 쓸 것을 돕는 자라"(빌 2:25).

디모데에게는 병사라고 표현합니다.

"너는 그리스도 예수의 좋은 병사로 나와 함께 고난을 받으라"(딤후 2:3).

사도 요한은 요한계시록을 통해 하늘의 군대에 대해 언급합니다.

"하늘에 있는 군대들이 희고 깨끗한 세마포 옷을 입고 백마를 타고 그를 따르더라"(계 19:14).

성경은 우리를 하나님의 군대에 소속된 병사, 군인으로 표현함으로써 영적인 전투에 임할 것을 말씀하고 있습니다. 나 자신이 사명이 있는 군인임을 언제나 잊지 말아야 합니다. 그리고 전투에 임했다면 승리해야 합니다. 하나님께서는 승리할 수 있도록 우리에게 전신 갑주를 주셨습니다.

승리를 위한 자세

우리는 신앙생활을 좀더 전투적으로 해야 합니다. 적극적으로 훈련이 되어 있어야 한다는 뜻입니다. 한번은 예배를 마치고 나가며 성도 한 분이 이렇게 인사를 했습니다.
"목사님, 잘 싸우고 오겠습니다."
예배를 드리고 세상을 향해 나아가는, 전쟁터를 나가는 영적 군사로서 매우 적절한 표현입니다. 아무런 무장도 없이, 전투에 대한 결의도 없이 맥없이 나아가서 한 주간 얻어터지고 묵사발이 되어와서 주님께 위로만을 구하는 모습이 아니라, 이런 당당하고 패기 있는 영적인 군사 된 모습이 우리에게 있었으면 좋겠습니다. 우리가 매 주일 기도하는 것처럼 우리에게는 하나님의 위로가 필요하고 하나님의 부드러운 치유가 필수적입니다. 하지만 동시에 영적인 능력을 힘입어 세상을 이기고 돌아오는 모습을 바라보며 구해야 합니다.
예수님이 70인을 세워 파송했을 때 그들이 의기양양해서 돌아와 보고합니다.
"칠십 인이 기뻐하며 돌아와 이르되 주여 주의 이름이면 귀신들도 우리에게 항복하더이다"(눅 10:17).
보고를 들은 예수님이 그들에게 다시 말씀하십니다.

"내가 너희에게 뱀과 전갈을 밟으며 원수의 모든 능력을 제어할 권능을 주었으니 너희를 해칠 자가 결코 없으리라"(눅 10:19).

하나님께서는 우리에게 승리를 보장해주시고 전신 갑주를 입게 해주셨습니다. 그것을 취하여 활용하는 것은 이제 우리의 몫입니다.

승리를 위한 훈련

전쟁에서 승리를 원한다면 평소에 훈련이 잘되어 있어야 합니다. 마귀와 영적 전쟁 중인 우리가 전신 갑주를 입는 것 자체가 철저하게 훈련되어 있어야 할 것을 보여줍니다. 군인이 무장하는 것은 멋있게 보여주기 위함이 아닙니다. 군인으로서의 자세를 각인시키고, 훈련하기 좋은 복장으로 전투에 임하며, 그 무기들을 가지고 활용하여 싸움의 실력을 연마하기 위함입니다. 하나님께서 주신 무기들은 은혜의 선물들인데 이것을 활용하려면 우리가 훈련되어야 합니다.

에베소서 6장 14~17절의 전신 갑주 말씀에서 동사 부분을 집중적으로 살펴보겠습니다. 진리의 허리띠를 "띠고", 의의 호심경을 "붙이고", 평안의 복음이 준비한 것으로 신을 "신고", 모든 것 위에 믿음의 방패를 "가지고", 이로써 능히 악한 자의 모든 불화살을 "소멸하고", 구원의 투구와 성령의 검 곧 하나님의 말씀을 "가져야" 합니다. 곧 모든 무기를 우리가 취해서 활용해야 함을 보여줍니다. 장신구가 아니고 실제 전투에서 사용되어야 하는 것이므로 그것을 운용하는 우리가 노력하고 수고하고 애써서 활용해야 합니다. 아무리 좋은 무기가 있고 체계를 갖추었더라도 그것을 사용하는 사람이 훈련되어 있지 않으면 안 됩니다. 따라서 영적 군사로서 그것들을 능숙하게 사용할 수 있도록 훈련되어야 합니다.

저는 군대에 입대하여 3년간 사병으로 복무했습니다. 군대에 가 보니 같은 것을 계속 시킵니다. 총 쏘는 법을 가르쳐주는데 시간이 지나도 계속 똑같은 것을 반복 교육시킵니다. 총 쏘는 법은 10분 만에도 배울 수 있습니다. 그런데 그것을 계속 반복시킵니다. 숙달되게 하는 것입니다. 능숙하게 되어 언제 어떤 상황에서도 잘 활용하도록 훈련을 시키는 것입니다. 여러 번 반복하다 보면 반사 신경적으로 총을 사용할 수 있게 됩니다.

군인들은 전투 전후에 쉬지 않고 훈련에 임합니다. 전투가 완전히 끝나지 않았으므로 대비해야 하고 훈련되어야 합니다. 전신 갑주는 단 한 번 착용하고 보여준 다음 끝나는 것이 아닙니다. 그것을 입은 채로 날마다 전투에 임해야 합니다. 마귀와의 싸움은 계속 진행되고 영적 전투는 계속 벌어지고 있기 때문입니다.

교회는 예배를 드리는 공동체인 동시에 영적 무장을 훈련시키는 훈련소입니다. 교회에서 기도의 훈련, 전도의 훈련을 받습니다. 여러 가지 성경공부 프로그램이 있습니다. 주일예배 한 번 드리는 것으로 신앙생활을 다한다고 여기는 분들이 있는데 이것은 오해입니다. 훈련에 게으르면 머리로는 알아도 실전에서는 사용하지 못하게 됩니다.

군사력을 높이기 위해 고가의 무기 장비를 들여오는 경우가 있습니다. 그런데 그 장비가 너무나 비싸 한 방 쏘는 데도 큰 비용이 듭니다. 그러니 모셔두기만 한다고 해봅시다. 귀한 것이라고 고이 놔두고 외형에 기름칠만 하고 있으면 보는 사람은 엄청난 화력의 무기라고 감탄할 것입니다. 그런데 문제는 실제 전투가 벌어질 경우 사용하지 못하는 일이 발생할 수 있습니다. 실제 사용하려고 했는데 방법을 잊어버린 것입니다. 그제야 매뉴얼을 보고 단추를 눌러봅니다. 급한 상황이라 당황해서 실수하기도 쉽고, 오랫동안 사용을 하지 않아 그 안에는 녹이 슬어 있을지도 모릅니다. 이런 일이 전쟁 시에 벌어진다면 그야말로 낭패입니다.

오늘날 많은 사람들이 주일날 교회에 한 번 와서 예배드리는 것으로 좋은 성도로 인정받으려고 합니다. 예배 한 번 드리는 것으로는 사람들 앞에서 성도로 불릴 수는 있어도 주님을 위한 영적 군사로서 정예 부대원이 되지는 못합니다. 그리고 아름답고 멋진 열매를 적극적으로 맺지 못할 가능성이 높습니다. 평소에는 그런대로 괜찮을지 모르지만 적군인 마귀가 수없이 공격해올 때 그 공격을 방어하기에는 힘이 부족할 것입니다.

하나님께서 주신 영적 은사들과 선물들을 자주 사용하고 반복하여 숙달하지 않으면 제때에 활용할 수 없습니다. 이것은 참으로 안타까운 일입니다. 훈련되어 있지 않으면 머리로는 다 아는데 실제 삶에서는 열매를 맺지 못합니다. 하나님의 진신 갑주는 복장으로서 의미 있는 것이 아니라 실제 영적인 삶을 위해서 필수적인 것입니다. 그것들을 잘 활용하려면 평소에 다양한 훈련을 꾸준히 해야 합니다.

승리의 목표

그리스도인이 영적 싸움에서 승리해야 하는 이유는 그리스도인으로서 남아 있기 위함입니다. 성경은 그 이유를 분명하게 언급합니다. "그러므로 하나님의 전신 갑주를 취하라 이는 악한 날에 너희가 능히 대적하고 모든 일을 행한 후에 서기 위함이라"(13절)고 하였고, "그런즉 서서"(14절)라고 하였습니다.

서 있다는 것은 그리스도인의 정체성을 유지하고 하나님께서 주신 복과 선물을 빼앗기지 않는 것을 의미합니다. 서 있는 것의 반대는 넘어지는 것입니다(시 116:8, 잠 16:18, 사 63:13, 렘 31:9 참조). 넘어진다는 것은 그리스도인의 정체성이 훼손되어 자신을 성도로 드러내 보이지 못하며, 하나님께서 주신 복과 은혜를 누리지 못할 뿐 아니라 성도로서 사명을 감당하지 못하는 것을 의미합니다. 즉 승리한다는 것은 마귀의 공격에 넘어지지 않고 서 있는 것이고, 서 있다는 것은 하나님께서 에베소서를 통해 주신 은혜들, 하나님의 백성 됨과 자녀 됨, 하늘에 속한 신령한 복과 은혜를 누리며 그것을 통해 사명을 감당하는 자가 된다는 것입니다. 따라서 우리는 이러한 복을 빼앗기지 않기 위해 영적 전쟁에서 반드시 승리해야 합니다.

서 있어야 할 성도가 누워 있거나 잠을 자거나 영적 게으름에 빠져 있다면 결국에는 넘어지고 말 것입니다. 전신 갑주로 무장하여 깨어 있고 어디서 들어올지 모르는 공격에 대비하는 자만이 자신의 귀중한 것을 지킬 수 있습니다.

하나님으로 무장하라

전신 갑주를 통한 승리는 결국 하나님을 신뢰하는 믿음의 승리가 될 것입니다. 전신 갑주에 대한 말씀은 장비의 우수성을 강조하기보다는 그것을 우리에게 주신 하나님께 초점이 맞추어져 있습니다. 주석가 헨드릭슨(William Hendriksen, 1900~1982)은 이것을 "하나님에 의해 제조되고 하나님에 의해서 공급되는 것"이라고 표현했습니다. '전신 갑주를 입으라'는 말은 이것을 만드신 분이 하나님이고 공급해주시는 분도 하나님이니 '하나님을 온전히 신뢰한다'는 말로 바꿀 수 있습니다. 곧 전신 갑주를 입고 이긴다는 것은 하나님을 온전히 신뢰하는 것으로 이긴다는 뜻입니다.

이것을 가장 잘 설명해주는 것이 '다윗과 골리앗의 싸움'입니다. 골리앗은 외형적인 모습 자체가 거구인데다가 중무장을 하고 나타났습니다. 골리앗과 맞서 싸워야 하는 다윗은 전쟁 경험이 없는 소년으로, 전혀 무장되어 있지 않은 목동에 불과했습니다. 어린아이와 헤비급 권투 선수가 맞붙은 것보다 더한 모습입니다. 싸움 자체가 되지 않는 모습입니다. 이는 마귀와 우리의 싸움의 모습을 보여주는 듯합니다. 그런데 결국 다윗이 이겼습니다. 사무엘상 17장 37절에서 다윗은 선두를 앞두고 사울 왕에게 이런 고백을 합니다.

"또 다윗이 이르되 여호와께서 나를 사자의 발톱과 곰의 발톱에서 건져내셨은즉 나를 이 블레셋 사람의 손에서도 건져내시리이다."

과거에 구원의 하나님을 경험한 다윗은 살아 계신 하나님께서 오늘도 자신을 구원해주실 것을 믿고 있습니다. 다윗은 하나님을 전적으로 신뢰하며 하나님으로 무장하고 나아갔던 것입니다. 다윗에게 전신 갑주란 하나님에 대한 신뢰였습니다. 사울 왕이 자기의 군복과 투구를 주어 입혀보려 했으나 다윗은 자신에게 익숙하지 않아 입지 않겠다고 말합니다. 다윗에게는 눈에 보이는 갑옷보다 중요한 무장이 있었습니다. 그가 골리앗을 향해 결정적인 말을 외칩니다.

"다윗이 블레셋 사람에게 이르되 너는 칼과 창과 단창으로 내게 나아오거니와 나는 만군의 여호와의 이름 곧 네가 모욕하는 이스라엘 군대의 하나님의 이름으로 네게 나아가노라"(삼상 17:45).

골리앗은 육체적인 무장을 했고, 사울 왕도 육체적인 무장을 권했지만, 다윗은 하나님에 대한 신뢰의 믿음으로 무장하고 나아갔습니다. 그에게 전신 갑주는 하나님에 대한 절대적인 신뢰였습니다. 다윗은 또 말합니다.

"여호와의 구원하심이 칼과 창에 있지 아니함을 이 무리에게 알게 하리라 전쟁은 여호와께 속한 것인즉 그가 너희를 우리 손에 넘기시리라"(삼상 17:47).

이 말씀에서 다윗이 진리로 허리띠를 띤 것이 보입니까? 평안의 복음이 준비한 신발을 신고 있는 것이 보입니까? 믿음의 방패와 의의 흉배, 구원의 투구와 성령의 검을 갖고 나아가는 것이 보입니까? 하나님을 신뢰하는 다윗은 전신 갑주로 무장하여 나아가는 용사였습니다. 그는 하나님으로 무장한 것입니다.

이와 같이 전신 갑주는 하나님으로 무장하는 것이며, 이는 하나님을 향한 전적인 신뢰입니다. 하나님을 전적으로 신뢰하고 의지하며 믿음으로 나아가는 자는 마귀를 물리치고 악의 세력을 이기며 승리할 수 있습니다. 그리하여 하나님께서 주신 무한하신 은혜를 누리며 살고 자신의 사명을 이룰 수 있습니다.

신령한 일상

영적인 싸움이란 현실을 무시하고 영적인 현상만을 좇아서 행하는 것이 아닙니다. 신령한 삶이란 하나님의 음성을 듣거나 환상을 보거나 귀신을 내쫓는 일에 치중하는 것이라기보다는, 일상적인 생활 가운데 마귀의 영적인 공격을 인식하여 어둠의 세력을 물리치고 하나님과 동행하며 사는 것입니다. 이런 의미에서 일상생활에서 '영적인 감수성'을 길러야 합니다. 영적으로 민감해져서 어떤 일이 일어날 때 이것이 마귀의 공격이 아닌가 생각해보고 자신의 마음과 행동을 다스리는 것이 필요합니다. 내 못된 성질로 어둠의 감정이 들끓어 일어날 때 배후에 있는 악한 영적 세력을 기억하여 주님께 문제를 내어놓고 나아가는 것이 필요합니다.

이같이 영적인 차원을 인식하면 우리의 말과 태도와 행동을 함부로 하지 않게 되며 주님의 도우심을 구하게 됩니다. 그리스도인은 세상 사람들과는 차원이 다른 영적 세계를 보고 느끼는 자들입니다. 영적 감수성을 길러 성령의 음성에 귀 기울이고 하나님께서 기뻐하시는 삶을 살아야 할 것입니다.

29
영적 군사의 간구
엡 6:18

—

모든 기도와 간구를 하되
항상 성령 안에서 기도하고 이를 위하여
깨어 구하기를 항상 힘쓰며
여러 성도를 위하여 구하라
(엡 6:18)

요즘 나온 스마트폰은 굉장한 기능들을 갖고 있습니다. 스마트폰은 말 그대로 스마트(smart)한 기능들을 자랑합니다. 전화나 문자를 보내는 것에서부터 인터넷으로 검색을 하고 메일을 보내는가 하면 카메라나 음악 감상용으로도 손색이 없습니다. 스마트폰 앱은 종류가 무척 많고 필요에 따라 계속 개발이 되니 사용할 수 있는 기능이 무제한적으로 열려 있다고 할 수 있습니다.

그러나 이러한 스마트폰도 약점이 있습니다. 배터리가 방전되면 무용지물이 된다는 점입니다. 엄청난 기능들이 한순간에 사라져 먹통이 되는 순간 스마트폰은 한낱 고철 덩어리가 됩니다. 모든 기능을 활용하기 위해서는 배터리 충전이 필수적입니다. 무용지물이 되어버리는 스마트폰은 자체의 기능이 부족해서가 아니라 그 기능을 제대로 발휘하기 위한 힘이 공급되지 않았기 때문입니다.

하나님께서 우리에게 주신 전신 갑주가 제대로 활용되려면 꼭 필요한 힘이 공급되어야 합니다. 그 힘은 하나님께 기도함으로 옵니다. 칼빈은 『기독교 강요』에서 '땅속에 감추인 보화가 어디 묻혀 있다는 것을 알려주었는데도 그 보화를 무시하는 사람의 경우'를 예로 들면서 기도의 중요성을 말하고 있습니다. 기도의 중요성은 아무리 강조해도 모자랄 것입니다.

두 가지 기도

기도가 없는 곳에는 능력도 없습니다. 기도의 상실은 곧 승리의 상실입니다. 기도하지 않으면 아무런 일도 일어나지 않습니다. 우리는 구원을 받아 의롭다 여김을 받게 되었습니다. 또 하나님께서 주신 믿음이 있습니다. 그래서 주님과 늘 동행하기를 원합니다. 그런데도 삶의 현장에서 넘어지고 무기력한 이유는 여러 가지가 있겠지만 가장 중요한 것이 기도의 부족입니다. 신앙의 연륜도 있고 성경 지식과 열정이 있는데 오히려 교만하여 실패하고 하나님이 원하시는 삶과는 거리가 먼 인생을 사는 것은 기도가 없어서입니다.

신앙생활을 통해 열매를 맺는 것은 말의 논리가 아닌 성령의 능력으로 되는 것인데, 그 능력은 기도를 통해 공급받게 됩니다. 하나님께서는 전신 갑주에 대한 명령 이후에 기도해야 한다고 말씀하십니다. "모든 기도와 간구를 하되 항상 성령 안에서 기도하고 이를 위하여 깨어 구하기를 항상 힘쓰며 여러 성도를 위하여 구하라"(18절)고 하였습니다. 이 말씀은 기도의 전반적인 것을 다 포괄하고 있지는 않지만 중요한 원리를 가르쳐줍니다.

기도는 하나님과의 대화입니다. 기도는 성도가 하나님과 얘기할 수 있는 수단입니다. 에베소서 6장 18절은 기도를 몇 가지의 형태로 이야기합니다. 바로 "모든 기도와 간구"입니다. "모든 기도"라면 기도 전체가 다 들어 있을 텐데 굳이 "간구"를 붙였습니다. 의도적으로 두 가지로 구분하고 있는 것입니다. 첫째는 보편적인 형태의 기도를 말하고, 두 번째는 특별한 형태의 기도를 말합니다. 이 두 가지 형태의 기도가 우리의 삶에서 끊임없이 필요하다는 말씀입니다.

우리는 가정에서 식탁에 앉아서 대화하기도 하고 소파에서 이야기를 나누기도 합니다. 마주앉아서 하기도 하고 손짓 발짓을 하면서 하기도 하고 다양한 형태로 대화를 합니다. 장소와 방법은 다양해도 대화는 결국은 둘로 나누어집니다. 보편적인 대화는 아주 편한 일상적인 대화로, 생활하는 중에 흔하게 나타납니다. 그런가 하면 특별한 대화가 있습니다. 만약 남편이 아내에게 "여보, 이리 좀 와봐요. 의논해야 할 일이 있어요"라고 말한다면 이것은 특별한 대화라고 할 수 있습니다.

기도에는 일반적이고 일상적인 것이 있는가 하면 특별한 목적이 있는 기도가 있습니다. 바울은 일반적인 것을 기도, 특별한 것을 간구라고 말하고 있습니다. 그런데 기도의 두 가지 형태는 치우치지 말고 균형 있게 해야 합니다. 어떤 사람은 특별한 간구만 합니다. 병든 몸을 고쳐달라거나 현재 일어난 사고나 문제를 해결해달라는 기도만 합니다. 보편적인 기도만 하는 사람도 있습니다. 늘 하는 대로 "우리가 오늘 잘못한 것을 용서해주세요. 건강하게 해주세요, 오늘 편히 자게 해주세요"와 같은 기도입니다. 그러나 기도와 간구는 어느 쪽으로도 치우치지 말고 골고루 다 해야 합니다.

하나님은 우리의 아버지이십니다. 따라서 우리는 일상적인 모든 일을 기도로 대화해야 하고, 또 특별한 문제를 위해서 간구해야 합니다. 하나님은 끊임없이 우리와 대화하는 것을 기뻐하시는 우리의 아버지이십니다. 하나님께 기도를 통해 대화하고 교제하는 자가 참된 자녀입니다. 기도는 문제가 있을 때만 하는 것도 아니고 일상적인 대화만 하는 것도 아닙니다. 기도는 우리 신앙의 삶 자체이기 때문에 기도하는 것을 빼고 신앙을 말할 수 없고, 기도가 빠진 하나님과의 동행은 생각조차 할 수 없습니다.

항상 기도하라

기도는 "항상" 하는 것입니다. "항상"의 헬라어는 '파스 카이로스(πᾶς καιρός)'로서, 직역하면 '모든 시간'이라는 말입니다. 항상 기도하라는 명령은 모든 시간에 기도하라는 의미로, 모든 시간이 기도의 시간이 되라는 것입니다. 성경의 다른 곳에서도 같은 명령을 합니다. 데살로니가전서 5장 17절에서는 "쉬지 말고 기도하라"고 합니다.

그런데 사람이 쉬지 않고 모든 시간에 기도를 하는 것이 가능합니까? 이것을 앞에서 말한 기도 중 특별한 형태의 기도라고 생각하면 불가능합니다. 모든 시간에 기도하라는 것은 보편적인 대화의 기도를 말합니다. 보편적인 대화에는 논리가 없고 주어, 서술어의 순서도 중요하지 않습니다. 우리 삶의 크고 작은 일들 무엇이든지 간에 하나님께 아뢰고 하나님께 마음을 쏟는 것입니다.

이 기도는 정해진 시간과 정해진 장소에서 이러이러한 방식으로 해야 한다 식의 공식들을 다 없애버립니다. 기도가 삶이 되게 하라는 것입니다. 순간순간 주님과 동행하며 살라는 것입니다. 주님과의 대화가 끊이지 말라는 것입니다. 어떤 일에도 주님을 제외하고 사는 일이 없어야 한다는 것입니다. 기도는 우리가 주님과 대화를 나누는 것으로서 어떤 제약도 없음을 보여줍니다.

항상 기도하지 않으면 우리는 항상 염려 가운데 살아가게 됩니다. 순간순간 일어나는 마음속의 염려와 불안은 인간의 근본적이며 존재적인 차원의 것인데 근심, 걱정 가운데 파묻혀 사는 우리가 기도를 통해 자유롭게 되기를 하나님은 원하십니다.

"아무것도 염려하지 말고 다만 모든 일에 기도와 간구로, 너희 구할 것을 감사함으로 하나님께 아뢰라"(빌 4:6).

항상 기도하지 않으면 우리는 육체의 욕심에 사로잡혀 살아가게 됩니다. 내 마음의 욕망이 이끄는 대로, 내가 하고 싶은 대로 산다면 죄를 짓고 후회스러운 인생을 살게 됩니다. 항상 기도함으로 탐심을 버리고 우리의 마음을 아뢰며 구할 때 바른길을 걷게 됩니다. 항상 기도해야 승리할 수 있습니다. 항상 기도하지 않으면 악한 영들의 공격에 무방비 상태가 됩니다. 악한 영들을 물리치고 하나님의 뜻대로 살기 위해서는 늘 기도해야 합니다.

성령 안에서 기도하라

또한 "성령 안에서" 기도해야 합니다. 내 생각으로 기도하지 말라는 말씀입니다. 내 생각으로 기도하면 육체의 정욕을 따라 구하게 되기 때문에 잘못 구하게 되고 아무것도 얻지 못하게 됩니다. 그래서 성령 안에서 간구함으로 하나님의 인도하심을 받으라는 것입니다. 성령님께서 하시는 역할 가운데 하나가 무엇을 기도해야 하는지를 알게 해주시는 것입니다.

"이와 같이 성령도 우리의 연약함을 도우시나니 우리는 마땅히 기도할 바를 알지 못하나 오직 성령이 말할 수 없는 탄식으로 우리를 위하여 친히 간구하시느니라"(롬 8:26).

우리는 우리의 연약함과 어리석음이 얼마나 큰지 그리고 무엇을 구해야 하는지조차 모를 때가 많습니다. 그래서 성령께서 도와주신다는 것입니다. 무엇을 간구해야 할지 모르는 상태에서 억지로 기도를 시작했는데, 어느 순간 성령께서 내 기도를 붙들고 내 기도의 방향을 잡아주십니다. 기도를 도와주셔서 기도의 제목이 생겨나고, 기도하는 가운데 처음 시작했던 기도의 주제와 내용이 바뀌어 회개하게 하거나 어떤 것을 간구하게 하시는 일이 있습니다.

지나치게 격식을 갖춘 사변적인 기도는 생명력 있는 참된 기도라고 할 수 없습니다. 영국의 경건한 청교도들이 나라에서 만든 '공동기도서' 사용을 거부한 이유가 여기에 있습니다. 모든 사람이 획일적인 기도문을 읽으면서 기도하는 것이 가져오는 문제가 무엇인지 알고 있었던 것입니다.

우리도 다른 사람들과 함께 기도할 때 이런 유혹을 많이 받습니다. 성령님의 인도하심을 받기보다는 기도의 자리에 있는 다른 사람들을 의식해서 신앙적으로 인정받고 싶은 욕구가 강하게 움직입니다. 내 영성의 우수함과 탁월함이 돋보이도록 하기 위해서, 사람들의 공감을 불러일으키기 위해서, 어떤 사람들을 설득시켜 마음을 돌이키게 하기 위해서, 또는 내 주장을 펼치려는 의도로 기도를 하는 것입니다. 기도할 때에 이런 셀 수 없는 인간적인 유혹이 많은 것이 사실입니다. 그래서 성경은 성령 안에서 기도하라고 명합니다. 모든 유혹을 이기고 하나님의 인도하심을 받아 기도해야 합니다.

깨어 힘써 기도하라

한 파수꾼이 망대에서 주변 동태를 파악하느라 두리번거리며 주의를 기울이고 있습니다. 그것이 그의 소임입니다. 파수꾼은 적이 있다는 것과 그 적은 몰래 침입할 가능성이 많다는 것, 만약 그렇게 되면 성이 무너질 위험에 처한다는 것을 잘 알고 있습니다. 그러니 그는 초긴장 상태입니다. 피곤하더라도 그 일은 꼭 해야 할 일입니다. 그가 하는 모든 일 중에 이 일은 최우선순위의 일입니다. 그는 이 일의 중요성을 알고 있는 좋은 파수꾼입니다. "깨어" 기도하라는 것은 바로 이런 파수꾼의 모습을 떠올리면 됩니다. 이 파수꾼과 같이 긴장감을 가지고 기도하라는 것입니다. 영적인 게으름을 물리치고 주의 깊게 자신의 소임을 다하는 것이 기도입니다.

왜 편안하게 기도하지 말고 긴장을 하면서 기도해야 합니까? 그 이유는 첫째로 마귀 때문입니다. 대적 마귀는 사람들을 삼키려고 돌아다닙니다(벧전 5:8). 따라서 근신해야만 우리가 살 수 있습니다. 깨어 있어야만 마귀의 공격에서 무사할 수 있습니다.

깨어 기도해야 할 두 번째 이유는 우리 자신 때문입니다. "그러므로 우리는 다른 이들과 같이 자지 말고 오직 깨어 정신을 차릴지라"(살전 5:6).

다른 사람들이 영적으로 잠들어 있는 모습이 너무나 자연스럽게 여겨지기 때문에 이 말씀을 하시는 것입니다. 영적 게으름이 당연시 되는 가운데 우리 자신도 넘어질 수 있다는 것입니다. 그래서 정신을 차리라고까지 명령합니다. 마귀의 공격은 우리의 게으름을 정조준하고 있음을 잊지 말아야 합니다.

그리고 성경은 "힘써" 기도하라고 말씀합니다. '힘쓰다'의 헬라어는 '프로스카르테르시스(προσκαρτέρησις)'로 '버팀', '인내'를 의미합니다. 즉 인내하여 오래 참으며 기도하라는 것입니다. 오래 참음으로 기도해야 값진 열매를 얻을 수 있습니다. 오늘 한 번 기도해보고 금방 원하는 결과가 나오지 않으면 기도를 중단해버리는 경우가 있습니다. 기도를 마치 요술 방망이나 알라딘의 요술 램프처럼 취급하는 것입니다. 이런 조급한 마음의 자세로는 기도의 응답을 받을 수 없습니다. 우리는 넘어지지 않고 영적으로 승리하기를 원합니다. 그렇다면 항상 깨어 힘써 기도하는 일에 매진해야 합니다.

책으로 수영 배우기

수영은 물속에서 배우는 것이지 책상에서 배우는 것이 아닙니다. 만약 어떤 사람이 책으로 배운 수영 지식으로 태평양을 횡단할 수 있다고 주장한다면 어떻겠습니다. 수영을 이렇게 하면 된다고 그가 말합니다.

"이쪽으로 팔을 내밀어 물을 헤칠 때 반대로 숨을 쉬고, 저쪽으로 할 때는 동작을 반대로 하면서 앞으로 나아가면 됩니다. 어깨가 아프고 힘이 들 즈음에는 뒤로 누워서 배영을 하면 됩니다. 그것도 힘이 들면 온몸의 힘을 빼고 둥둥 떠서 쉬면 됩니다. 이것을 반복하면 태평양을 건널 수 있습니다."

이런 이야기를 그대로 믿을 사람은 없습니다. 이런 설명이 과연 실제적인 것입니까? 일단 물에 들어가면 번갈아 숨을 쉬는 것이 잘 안 됩니다. 몸에 힘을 빼는 것도 잘 안 됩니다. 20m 갔나 보다 생각하고 눈을 떠보면 1m밖에 나가지 않은 상태입니다. 이론과 현실은 차원이 다릅니다.

기도에 대해서 배우고 바른 기도에 대해 연구하는 것은 중요합니다. 그러나 실제로 기도하는 것이 더 중요합니다. 하나님께서는 기도하는 사람에게 역사하여 부족한 것을 가르쳐주시고 옆에서 도우셔서 바른 방향으로 나아가게 하십니다. 기도는 책으로 하는 것이 아니라 무릎으로 하는 것입니다.

30
영적 군사의 도고
엡 6:18~24

―

모든 기도와 간구를 하되
항상 성령 안에서 기도하고 이를 위하여
깨어 구하기를 항상 힘쓰며
여러 성도를 위하여 구하라
또 나를 위하여 구할 것은
내게 말씀을 주사
나로 입을 열어 복음의 비밀을
담대히 알리게 하옵소서 할 것이니
(엡 6:18~19)

유럽에 제1차 대전(1914~1918)이 일어났을 때 많은 사람이 고통 가운데 빠졌습니다. 다행히 끔찍한 전쟁이 끝났지만 후유증은 무척 컸습니다. 도시가 파괴되고 다리가 끊긴 것을 복구하는 것도 큰 문제였지만, 황폐해진 사람들의 정신은 더 심각했습니다. 상당수의 사람들에게 정신적인 문제가 발생했습니다. 수많은 사람이 불안과 우울, 절망감에 사로잡혀 의사에게 약을 처방받아야 했습니다. 약만으로 해결되지 않자 정부는 곳곳에 상담소를 세워 사람들을 치료하고자 노력했고 많은 돈도 투자했습니다. 이것은 점차 사회적인 큰 문제로 여겨졌습니다.

그런데 그 와중에 유럽에 또 전쟁이 발생했습니다. 전쟁의 상흔이 아물려는 순간에 다시 전쟁의 공포에 휩싸이게 되었습니다. 그것은 바로 스페인 내전(Guerra Civil Española, 1936~1939)이었습니다.

스페인 내전은 공산주의와 파시즘 등 복잡한 이념들이 얽히고설킨 가운데 벌어졌습니다. 유럽 각국에서 직간접으로 참전을 결정하느라 초비상이 걸렸습니다. 스페인 전쟁으로 뒤숭숭하고 매일 신문에 기사가 넘치는데 희한한 일이 일어났습니다. 사람들의 정신 질환이 하나둘씩 사라지기 시작한 것입니다.

사람들이 내란에 주목하고 전쟁이 끝나기를 간절히 바라면서 이 문제를 해결하려고 관심과 에너지를 쏟기 시작하자, 자신이 가지고 있던 우울과 불안과 의욕이 없는 삶의 태도가 변화되기 시작했습니다. 자기 자신에게 집중하여 바라보던 것에서 다른 쪽으로 눈을 돌리자 오히려 내면의 건강이 회복되기 시작한 것입니다. 타인을 생각하고 다른 문제에 주목하니 자기 연민과 부정적인 생각에서 벗어나 오히려 활력을 찾게 되는 일이 벌어진 것입니다.

나 자신만을 바라보는 데서 벗어나는 것은 여러 차원에서 매우 유익합니다. 역설적으로 그것이 오히려 나 자신을 위하는 길이 되는 법입니다. 기도 생활도 마찬가지입니다. 우리 자신만을 바라보던 시각을 이제는 넓혀야 합니다.

도고의 기도

기도는 영적인 군사로서 필수적인 일입니다. 그런데 성경은 기도의 방향이 어디로 향해 나아가야 하는지를 보여줍니다. 바로 다른 사람을 위해 기도해야 한다는 것입니다. 성경은 "여러 성도를 위하여 구하라"(18절)고 말씀합니다. 바로 도고 기도를 말합니다. 도고(禱告, Intercession)란 '남을 위해 드리는 기도'입니다. 자신을 위한 기도 못지않게 중요한 것이 도고 기도입니다.

다른 사람을 위해 기도드리는 것은 자신에게 손해나는 것이 아닙니다. 도고의 기도는 그 기도를 드리는 사람에게 오히려 새롭게 되는 은혜와 활력을 가져다줍니다. 자기 자신의 문제에만 집중하기보다 다른 사람들을 위해 기도를 드리는 것은 기도 대상자에게 유익할 뿐 아니라 기도드리는 자신에게도 큰 유익이 있습니다. 자신의 문제에 집중하여 절망스러웠던 사람도 다른 사람을 위해 기도하다 보면 자신에게만 문제가 있는 것이 아님을 깨닫게 되고, 자신의 문제와 다른 이들의 문제를 번갈아보는 가운데 새롭게 감사할 점들이 깨달아지게 됩니다. 또한 개인적인 차원을 떠난 이 순수한 기도를 통해 하나님께서 주시는 만족과 평강이 있으며, 기도를 드리며 나아가는 사역 위에 은혜를 더해주십니다.

우리는 한 몸 공동체입니다. 지상의 교회는 그리스도를 머리로 하는 한 몸입니다. 다른 사람이 잘되는 것이 곧 내가 잘되는 길로 연결됩니다. 그래서 다른 사람에 대한 판단을 그치고 그들을 위해 기도해주는 것이 우리의 사명입니다. 다른 사람들의 허물과 약점을 드러내는 손가락질을 그치고 그들의 연약한 부분을 위해서 두 손을 모아 기도하는 것이 마땅합니다. 그들이 온전해질수록 공동체가 온전해지며 그 가운데 있는 우리 자신도 복을 누리게 됩니다.

더 나아가 다른 사람의 복을 비는 사람은 그 자신이 복을 받게 됩니다. 하나님께 간구한 것은 땅에 떨어지거나 허공에 사라지지 않고 유익을 가져다줍니다.

"또 그 집에 들어가면서 평안하기를 빌라 그 집이 이에 합당하면 너희 빈 평안이 거기 임할 것이요 만일 합당하지 아니하면 그 평안이 너희에게 돌아올 것이니라"(마 10:12~13).

하나님께 드리는 기도는 낭비되지 않습니다. 하나님께서는 하나님과 그의 나라를 사랑하여 구하는 자에게 그가 미처 구하지 못한 것까지도 풍족하게 채워 주십니다. "다만 너희는 그의 나라를 구하라 그리하면 이런 것들을 너희에게 더하시리라"(눅 12:31)고 하였습니다. 사도 바울은 그래서 고린도 교회에 증거합니다.

"누구든지 자기의 유익을 구하지 말고 남의 유익을 구하라"(고전 10:24).

도고의 기도는 기도 대상자에게 은혜가 임하고, 공동체에 은혜가 임하며, 기도하는 자신에게 은혜가 넘치게 됩니다.

사명을 위한 기도

"또 나를 위하여 구할 것은 내게 말씀을 주사 나로 입을 열어 복음의 비밀을 담대히 알리게 하옵소서 할 것이니 이 일을 위하여 내가 쇠사슬에 매인 사신이 된 것은 나로 이 일에 당연히 할 말을 담대히 하게 하려 하심이라"(엡 6:19~20).

도고의 기도를 말씀하면서 바울은 이제 자신을 위해 기도해달라고 부탁합니다. 자신을 도고해달라는 것인데, 그 내용이 중요합니다. 바울은 사명을 잘 감당하게 해달라는 기도를 부탁했습니다. 이 말을 바꾸면 하나님의 영광을 위하여 살 수 있도록 기도해달라는 것입니다. 기도 내용의 목적이 어떤 방향이어야 하는지를 바울은 잘 가르쳐줍니다.

우리는 '부자 되게 해주세요, 승진하게 해주세요, 행복하게 해주세요' 등의 기도를 많이 합니다. 물론 이러한 기도를 우리는 해야 합니다. 세상에 사는 동안 이런 복이 필요하기 때문입니다. 그러나 왜 그렇게 되어야 하는지 목적이 더 중요합니다. 왜 부자가 되어야 하는지, 왜 건강해야 하는지, 승진해서 무엇을 하려고 하는지가 중요합니다.

그 목적은 분명하게 하나님의 영광을 위한 삶이 되어야 합니다. 내게 건강과 물질을 주신 것은 이것을 통해 하나님께서 부르신 부름의 자리에 내가 제대로 서서 잘 감당하게 하기 위함입니다. 만약 그렇지 않다면 부자가 되거나 승진하거나 건강한 것이 우리를 믿음에서 떠나게 하거나 타락시키는 일이 될 수도 있습니다. 그렇게 된다면 그것은 참된 복이라고 할 수 없습니다.

바울은 현재 감옥에 갇혀 있습니다. 쇠사슬에 묶여 있습니다. 그러면 마땅히 이 감옥에서 건져주시고 쇠사슬이 벗겨지도록 기도해달라는 부탁을 먼저 해야 할 것입니다. 그러나 그는 그보다 더 중요한 것에 관심을 갖고 있습니다. 그의 주된 관심사는 자신이 아니라 하나님과 하나님의 나라입니다. 그의 주된 관심사는 복음 전파이므로 하나님의 복음을 잘 전파하도록 간구해달라고 요청하는 것입니다. 쇠사슬에 매여 있는 상황에서도 하나님의 일을 잘 감당하게 해달라는 목적에 집중하고 있습니다. 그래서 바울은 자신이 감옥에 있는 것이 오히려 복음을 담대히 잘 증거하는 기회가 될 수 있는 것처럼 말하기까지 합니다. 우리도 바울의 이런 믿음의 태도를 배워 기도해야 합니다.

하나님께서는 바울처럼 어느 때에는 감옥에 갇혀 있게도 하시고, 베드로처럼 기적으로 옥문을 열어 나오게도 하십니다. 야고보처럼 순교하게도 하시고, 다른 사도들처럼 목숨을 건지게도 하십니다. 다양한 하나님의 역사와 방법을 믿고 의지하는 가운데 우리가 해야 할 일은, 우리를 통해 하나님께서 영광 받으시며 우리가 하나님의 복음의 증인으로 살도록 갈망하는 것입니다. 우리의 기도를 통해 이러한 믿음이 드러난다면 하나님의 은혜와 능력이 충만하게 임하게 될 것입니다.

자신이 해야

우리는 운동의 필요성과 중요성을 잘 압니다. 그런데 자기 자신이 하지 않으면 아무 소용이 없습니다. 다른 사람이 운동하는 모습을 아무리 봐야 자신의 근육이 키워지지 않습니다. 운동은 자신이 직접 해야 합니다.

도고의 기도라고 하니 남에게 기도 부탁만 하고 자신은 하지 않아도 되는 것처럼 여기는 경우가 있습니다. 그런 사람들은 다른 이들에게 기도해달라고 열심히 부탁하며 다닙니다. 목회자에게는 기도해달라는 부탁이 많이 들어옵니다. 그럴 때 경우에 따라 간혹 이렇게 말하기도 합니다.

"저도 하겠지만 성도님이 기도하셔야 합니다."

기도를 부탁하는 것을 봐서는 기도의 능력을 믿는 것 같습니다. 그러니 여러 사람에게 기도를 부탁할 것입니다. 그런데 명함을 돌리듯이 많은 이들에게 부탁을 하면서 정작 자신이 기도하지 않는다면, 그리고 기도의 자리에 나오지 않는다면 무슨 소용이 있겠습니까? 자신은 기도하지 않을 정도로 중요하지 않은 것이라면 다른 사람들이 기도하는 것이 얼마나 간절한 것이 되겠습니까? 이것은 기도를 통한 형통함만을 바라는 요행주의이지 참된 믿음의 모습이 아닙니다. 기도는 먼저 자신이 열심히 해야 합니다. 그런 가운데 다른 사람에게도 부탁을 하는 것입니다.

기도의 자리

교회의 별칭은 기도하는 집입니다.
"내가 곧 그들을 나의 성산으로 인도하여 기도하는 내 집에서 그들을 기쁘게 할 것이며 그들의 번제와 희생을 나의 제단에서 기꺼이 받게 되리니 이는 내 집은 만민이 기도하는 집이라 일컬음이 될 것임이라"(사 56:7).
이 말씀을 예수님께서는 직접 인용하기도 했습니다(마 21:13, 막 11:17). 교회는 언제나 하나님께 드리는 기도로 풍성해야 합니다. 교회는 기도하는 데 적합하도록 최선을 다해 시간과 환경을 마련해놓았는데 아무도 기도하러 오지 않으면 소용이 없습니다. 기도하는 자리로 모두 나와야 합니다.
직분을 맡은 자들과 사역을 감당하는 분들은 사명을 감당하기 위해 먼저 기도해야 합니다. 그래야 자기 경험이나 자기 생각대로 일하지 않고 하나님의 힘을 공급받아 일할 수 있습니다. 가르치는 교사들과 리더들은 자신이 맡은 어린 영혼들과 성도들을 위해서 기도해야 합니다. 그들을 이끌어주실 분은 바로 성령님이시기 때문입니다. 그들의 영혼은 교사가 갖고 있는 지식과 달변을 통해서가 아니라 하나님의 능력으로 성장하기 때문입니다. 찬양대원들은 찬양 연습도 중요하지만 기도를 해야 합니다. 아름다운 찬양을 멋있게 하는 것도 중요하지만 하나님께서 받으시는 영감 있는 찬양이 되게 해달라고 기도해야 할 것입니다. 성도들이 서로 만나 교제하고 차를 마시는 것은 좋은 일이지만 함께 나와 기도의 교제를 하는 것이 더 우선되어야 합니다. 서로를 향한 간절한 기도는 하늘을 여는 풍성한 역사가 될 것입니다.

기도로 하나 된 공동체는 영적으로 하나 되어 하나님께서 주시는 사랑으로 충만하게 됩니다. 바울은 에베소 교회에 두기고를 보내면서 "사랑을 받은 형제요 주 안에서 진실한 일꾼"(엡 6:21)이라고 말합니다. 그러면서 바울이 감옥에 갇힌 것 때문에 염려에 빠져 있는 교회에 두기고가 위로를 줄 것이라고 말합니다. 두기고가 에베소 교회에 가서 바울의 믿음의 간구를 알려줌으로써 소망과 사명에 대한 용기를 다시 불러일으켰을 것입니다. 서로를 사랑의 마음으로 보고 믿음을 칭찬해주며 서로에게 위로가 되는 관계는 기도를 통해 하나 될 때 이루어집니다. 단합 대회도 중요하고 모임이나 교제도 좋습니다. 그렇지만 기도로 모인 곳에는 성령님께서 역사하여주십니다. 다른 모든 것보다 기도의 자리로 나아오는 일에 힘써야 합니다.

마지막 축복

마지막 축복의 말씀이 나옵니다.

"아버지 하나님과 주 예수 그리스도께로부터 평안과 믿음을 겸한 사랑이 형제들에게 있을지어다 우리 주 예수 그리스도를 변함없이 사랑하는 모든 자에게 은혜가 있을지어다"(엡 6:23~24).

바울 사도는 인간에게 가장 만족을 주며 복된 존재가 되게 하는 '평안과 믿음을 겸한 사랑과 은혜'가 임하기를 선포합니다. 이 모든 복은 오직 하나님께로부터 흘러나옵니다. 세상에서 찾을 수 없고 우리 자신에게서도 나오지 않습니다. 오직 하나님께로부터 우리에게 주어진 것입니다. 에베소서를 통해 우리는 수많은 신령한 복들이 하나님께로부터 우리에게 주어졌음을 믿음으로 확인했습니다.

찬양으로 시작한 에베소서의 마지막은 축복으로 마칩니다. 하나님께 받은 복을 찬양하며 시작한 에베소서의 말씀은 하나님의 복이 그대로 임할 것에 대한 선포로 마칩니다. 이 말씀을 받은 우리는 얼마나 복이 많은 사람인지 모릅니다. 이제는 은혜의 자녀로서 하나님께서 원하시는 인생을 살아야 합니다. 세상은 참으로 험하지만 하나님께서 주신 은혜와 전신 갑주를 입은 우리는 이 세상에서 마침내 승리하게 될 것입니다.

에베소서에서 만나는 승리의 비결
그리스도인, 어떻게 살 것인가

초판인쇄 2018년 11월 5일
초판발행 2018년 11월 15일

지은이 이승희
발행인 최우식
발 행 익투스

기획 정건수 **편집** 김귀분 **제작** 서우석
경영지원 임정은 **마케팅** 김경환, 박경헌
마케팅지원 주정중, 박찬영 **인터넷** 현지혜

교열 김우정 **교정** 송지수
표지및내지 디자인 생기

주소 서울시 강남구 영동대로 330
전화 (02)559-5655~6 **팩스** (02)564-0782
홈페이지 www.holyonebook.com
출판등록 제2005-000296호

ISBN 979-11-86783-16-0 03230

ⓒ2018, 익투스
※잘못된 책은 바꾸어 드립니다.